축제·이벤트의
전략과 기획 실무

머 리 말

오늘날 이벤트는 정치 · 경제 · 사회 · 문화는 물론 대중의 생활과도 밀접한 관계를 맺고 있는 총체적 사회 현상으로 인식되고 있을 정도로 각광받고 있다. 이벤트는 본래의 사전적 의미인 '사건'으로서의 인식이 아니라 체험하고 공감하고 확인할 수 있으며 직접적인 상호 소통 및 교류가 가능한 새로운 미디어로서 인식되기 시작하여 많은 사람으로부터 관심을 모으고 있다.

현대는 '이벤트의 시대'라 불릴 만큼 다양한 이벤트가 전국 곳곳에서 펼쳐지고 있는데 최근에는 기업뿐만 아니라 지방자치 단체 출범 이후 각 지자체에서도 각종 문화 행사를 통해 주민과의 거리감을 좁히고 일체감을 형성하기 위해 노력을 하고 있다. 제3 또는 제5의 미디어라 불리는 이벤트는 일반적인 4대 매체와는 달리 직접적, 쌍방향적, 개인적 커뮤니케이션에 의해 마음의 여유를 찾고자 하는 일반 대중의 삶과 생활 속에 깊이 파고들고 있다.

이와 같이 이벤트가 각광받고 있는 이유는 TV, 라디오, 신문, 잡지 등 대중 매체에서 쉽게 얻을 수 없는 현장에서의 참가, 체험을 통해 공존 · 공감하는 등 직접적이고 탈일상적인 경험을 할 수 있는 데 있다. 다시 말해 특정 시간과 장소를 공유함으로써 체험을 통한 커뮤니케이션이 가능하다는 점이 오늘날 이벤트가 발전하게 된 계기가 되었다.

우리나라의 이벤트 산업은 '88 서울올림픽'을 계기로 급성장을 하였고, 또한 '2002 월드컵' 개최를 계기로 전 국민적인 관심을 바탕으로 각 기업과 지방자치 단체에서는 이벤트라는 매개체를 통하여 이미지 향상 및 지역 홍보, 소비자 또는 주민들과의 일체감을 형성하였다.

그럼에도 불구하고 이벤트 산업과 관련 업계의 현실을 바라보면 많은 문제점이 노출되고 있다. 먼저 이벤트 산업 발전에 부응할 만한 이론 정립과 체계적인 지침서가 매우 부족하고, 지나치게 현장 중심적으로 편향되어 이벤트 업계의 실무 담당자들과 이벤트를 학술적으로 연구하고자 하는 전문 연구원, 그리고 학생들이 이벤트에 관한 학문적 배경 및 이론적 틀을 이해하는 데 많은 어려움을 느끼고 있는 실정이다.

또한 아직까지 이벤트의 효과 측정을 과학적인 기준에 의해 정확히 측정, 평가하기가 어렵고 이벤트의 영역 및 전개 형태가 너무 광범위하여 이벤트의 이론적 체계화가 명확하게 제시되지 못하고 있는 것이 사실이다. 이러한 현실을 고려하여 볼 때, 현재 가장 시급한 것은 이벤트를 실시하고 참가하는 이벤트 담당자와 전문가들이 마케팅·광고와 같은 이론적 체계를 하나하나씩 올바로 정립해 나가는 일이다.

본서의 가장 큰 특징은 이벤트 이론에 대한 올바른 이해를 바탕으로 효과적인 이벤트 기획서를 작성하는 것에 초점을 맞추었다. 기존의 이벤트 기획에 관련된 서적들은 대부분 공연·행사기획을 중시하며 이벤트의 전술적 개념에 치우쳐 있어 보다 통합적, 전략적으로 이벤트를 활용하는 데 문제점이 발견되고 있다.

또한 이벤트 기획방향을 지역축제나 문화, 예술 분야에 한정시켜 컨벤션과 전시 이벤트, 스포츠 이벤트 등과 같은 이벤트 영역에 종사하는 사람들에게 도움을 주기에는 다소 부족한 느낌을 주고 있다. 왜냐하면, 여러 장르에 속한 이벤트는 기획 개념을 비롯해 미디어믹스 방법, 고객의 반응 등과 같이 여러 항목에 걸쳐 많은 차이점을 나타내고 있어서, 만약 이것을 동일시하게 되면 서로 다른 영역에 있는 사람들에게 도움을 주기에는 부족한 점이 많고 효율성이 떨어지기 때문이다.

이러한 문제점을 보완하기 위하여 본서는 먼저 이벤트의 배경이 되는 다양한 이론체계를 알기 쉽게 정리하였고, 기획서를 입안하기 전에 명확히 알아야 될 기획의 개념과 기획서 작성 방법, 그리고 비단 지역축제에 제한을 두지 않고 현재 활발히 전개되고 있는 문화, 공연 이벤트와 컨벤션, 전시 이벤트를 중심으로 하는 다양한 분야의 이벤트를 대상으로 기획서 작성 과정과 활용 방법을 자세하고 구체적으로 제시하고 있다. 단지 기업, 판촉 이벤트나 스포츠 이벤트 등과 같이 상업성이 강하고 영리를 목적으로 실시하는 이벤트 마케팅 분야는 기획의 발상 및 콘셉트 자체부터 많은 차이가 있고, 그 양도 방대하기 때문에 별도의 장을 할애하여 서술하고 있다.

이와 같은 인식에서 출발하여 본서는 크게 서문을 포함해 4장으로 구성되고 있다. 먼저 '제1장 축제·이벤트의 이해'에서는 이벤트의 개념, 특성을 통해 본질을 파악하고 축제의 기능 및 가치, 이벤트와 축제의 의미적인 관계를 통하여 축제와 이벤트와의 관련성과 상이점을 발견해 본다. 또한 이벤트의 종류에 관한 다각적인 이해와 스페이스 마케팅, 캐릭터 마케팅 등과 같은 이벤트 이론의 심화과정을 통해 기존 이벤트에 대한 새로운 시각에서의 이론적 틀을 다시 정립한다.

'제2장 통합적 이벤트기획 과정의 개요'에서는 크게 세 가지로 구분하여 이벤트 기획 방법에 대한 분석을 시도한다.

첫째로 이벤트의 실시 목적을 상업성, 경제성에 두는 방식으로 기업이 마케팅 활동의 일환으로 이벤트를 실행하는 경우이다. 판촉이벤트, 기업이벤트와 산업전시회, 견본시 등과 같이 이윤추구를 극대화하기 위해 비교적 직접적이고 단기적인 효과를 얻어내려는 것에서부터 스포츠이벤트처럼 대중적, 장기적인 관점에서 효과를 기대하는 경우에도 이 기획방법이 활용된다.

둘째로 상업적인 목적보다는 공공성, 문화성, 예술성에 중심을 두어 이벤트를 실시하는 경우이다. 주로 지역이벤트나 문화·관광축제, 문화·예술·공연이벤트와 같이 장기적인 효과와 공적가치를 추구하기 위하여 개최되는데, 이때 기획과정에는 교육적, 문화적 가치나 창의성이 반영될 수 있도록 고려된다.

셋째로 상업적·경제적인 목적과 문화적·예술적·공적 가치가 함께 추구되는 복합적인 이벤트 형태다. 이윤을 추구하는 기업이나 공공기관을 막론하고 다양한 주체가 참여한다. 박람회, 견본시 등 전시 이벤트나 스포츠 이벤트처럼 이벤트 운영 방식과 프로그램 구성, 기획 방법 등이 앞 두 가지 사례와 달리 혼합된 방식으로 추진된다.

'제3장 문화·공연이벤트 영역의 기획'은 지역축제나 문화, 예술, 공연이벤트와 같은 범주에서는 이벤트를 진행하기 위해 일반적으로 공식행사, 부대행사를 근간으로 공연시설이나 행사장을 통하여 공연, 연출 계획이 추가되는 것이 특징이다. 이 영역의 기획방법의 핵심은 기본계획을 시작으로 행사 계획, 운영계획, 홍보계획, 예산계획 등과 같은 다섯 개의 계획단계가 설정된다.

마지막으로 '제4장 전시이벤트의 기획과정'에서는 컨벤션, 전시 이벤트와 같은 영역에 대한 구체적인 기획방법이 서술된다. 이것은 『5단계 17항목』으로 구성된 것으로 앞에서 언급된 문화이벤트나 축제의 기획방법의 『5단계 19항목』의 구성 기법과는 달리, 업무 진행 스케줄과 기획안이 복합적으로 구성된 것이 특징이다.

이 기획 방법은 전시이벤트를 유치하기 전부터 유치하여 실행에 이르기까지를 크게 기본(계획)단계를 비롯한 준비단계, 유치단계, 개최(및 실행)단계, 종료단계와 같은 5단계로 구분하고 행사의 운영·관리계획과 홍보계획, 예산계획을 시간의 흐름에 맞춰 진행해 나가는 방법이다.

한편 이 책은 '부록'으로 축제와 이벤트에 대한 기획방법을 제안하는데 도움을 주기 위해 참고로 할 만한 몇 가지 내용을 새롭게 추가하였다.

먼저 「한국이벤트컨벤션학회 세미나」를 통하여 발표된 문화관광부의 「문화관광축제 정책방향」을 통해 현재 우리나라 축제의 현주소를 비롯하여 문화관광축제 제도 현황, 문화관광축제 운용결과로 본 전국의 지역축제 기획 및 운영에 대한 평가, 문화관광축제기획 사례, 그리고 문화관광축제 기획시 주안점 등이 소개되고 있다.

또한 성공한 세계축제의 몇 가지 사례를 통하여 벤치마킹에 도움을 주고자 하였다. 우선 예술축제로 유명한 오스트리아의 '잘츠부르크 음악 페스티벌'를 비롯해 지역산업을 경제 활성화에 연계한 대표적 산업축제의 하나인 독일의 '뮌헨 맥주축제(옥토버 페스트)', 마지막으로 전통축제로 잘 알려진 일본의 '하카다 기온야마카사 축제' 등이 여기에 포함된다. 이와 같이 선정된 3개의 축제는 지역적인 안배와 예술, 산업, 전통축제와 같은 나름대로의 일정한 기준을 설정하여 적은 사례로도 많은 참고가 될 수 있도록 노력하였다.

끝으로 이 책이 이론적, 실무적으로 모두 폭넓게 활용되어 이벤트 담당자와 대학 또는 연구단체에서 이벤트를 현장 실무와 학문적으로 활용하고자 하는 사람들에게 부족하나마 좋은 지침서 역할을 해주었으면 하는 바램을 갖는다. 그리고 본서에서 제시한 내용 중 일부는 주관적인 관점에서 접근이 있을 수 있었음을 인정하고 부족한 내용에 대해서는 차후에 시간을 두고 수정, 보완할 생각이다.

이 책이 출간될 수 있기까지 자료를 제공하고 많은 조언과 도움을 주신 모든 분들께 감사의 뜻을 전한다. 먼저 본서의 출판에 참가하여 저술을 담당해 주신 안태기 교수님을 비롯해, 자료 제공과 함께 많은 노력을 기울여주신 김정희, 조진형 선생님께 깊은 감사를 드린다. 특히 한·일 이벤트 마케팅의 발전에 기여하기 위해 열심히 연구 노력하고 있는 KEMA(Korea Event & Marketing Association) 회원 여러분에게도 고마움을 전하고 싶다.

2014년 7월
대표저자 김 희 진

서 문

현대는 기획력이 요구되는 사회다. 올바른 기획을 입안할 수 있는 능력은 모든 분야에 종사하고 있는 사람들이 다 같이 바라는 공통된 사항이다. 특히 이벤트 업계는 비일상적이고 새로운 가치를 창조하는 창의성이 매우 요구되는 분야로 기획력은 가장 필요한 덕목이라고 하겠다. 따라서 누구에게나 평가받을 수 있는 이벤트 기획서를 작성하기 위해서는 먼저 기획이 무엇인지 그리고 기획력을 향상시키기 위해서 어떻게 접근해야 하는지에 대해 충분한 인식이 선행되어야 한다.

기획 방법과 이벤트의 주요 쟁점

한편 이벤트 기획을 논할 때 가장 문제가 되는 것은 각각의 이벤트가 가진 속성과 특징을 무시한 채 모두 동일한 방법으로 기획 과정이 진행된다는 점이다. 모든 제품이 고유의 속성과 이미지를 가지고 있으며 서로 다른 마케팅 기법과 광고 기획 방법이 적용되고 있듯이 이벤트도 다양한 종류에 따라 이에 맞는 기획 방법이 도입되어야 한다.

이벤트 기획 방법은 다음과 같이 크게 세 가지로 구분할 수 있다. 첫째로 이벤트의 실시 목적을 상업성·경제성에 두는 방식으로 기업이 마케팅 활동의 하나로 이벤트를 실행하는 경우다. 이때의 기획 방향은 이윤 추구를 극대화하기 위한 합리적 사고가 기획 과정에 반영되며 판촉 이벤트, 기업 이벤트 등과 같이 비교적 직접적이고 단기적인 효과를 얻어내려는 경우에 이 기획 방법이 활용된다.

둘째로 상업적인 목적보다는 공공성·문화성·예술성에 중심을 두어 이벤트를 실시하는 경우다. 주로 공공 단체나 지역 자치단체가 주체가 되며 지역 이벤트나 문화·관광 축제, 문화·예술·공연 이벤트 등과 같이 장기적인 효과와 공적 가치를 추구하기 위해 개최된다.

셋째로 상업적·경제적인 목적과 문화적·예술적·공적 가치가 함께 추구되는 복합적인 이벤트 형태다. 이윤을 추구하는 기업이나 공공기관을 막론하고 다양한 주체가 참여한다. 박람회, 견본시 등 전시 이벤트나 스포츠 이벤트처럼 이벤트 운영 방식과 프로그램 구성, 기획 방법 등이 앞 두 가지 사례와 달리 혼합된 방식으로 추진된다.

먼저 전시 이벤트는 대상물을 전시하거나 프레젠테이션, 데먼스트레이션 등을 통해 다양한 정보나 지식을 관객에게 제공함으로써 기대 효과를 창출한다. 또한 스포츠 이벤트는 스포츠가 가지고 있는 고유의 건전성, 건강미, 드라마틱한 속성을 이용해 프로그램이 전개되어야 하고, 특히 유명 스포츠인을 상업적으로 활용하기 위해 다양한 마케팅 기법을 도입해야 한다.

본서에서는 기업의 영리를 추구하는 목적으로 실시되는 기업·판촉 이벤트를 제외한 대부분의 축제와 이벤트의 형태를 논의의 대상으로 삼는다. 그 이유는 다른 범주의 이벤트와 비교해 기업·판촉 이벤트는 특성이 차별화되고 속성이 매우 구별되기 때문이다.

물론 둘째로 제시된 공공성과 문화성에 중심을 두는 지역 이벤트나 문화·관광 축제, 문화·예술 이벤트 등과, 셋째로 제시된 경제적인 목적과 문화적·예술적 가치가 함께 추구되는 복합적인 이벤트 형태의 박람회, 컨벤션, 견본시 등 전시 이벤트나 스포츠 이벤트는 이벤트 운영 방식과 프로그램 구성, 기획 방법 등에 차이가 있으며, 이들은 기업·판촉 이벤트와는 또 다른 기획 상의 차별된 특징이 존재한다. 또한 스포츠 이벤트는 전시 이벤트와는 또 다른 기획서 작성 상의 특징이 많으며, 이를 설명하기 위해서는 방대한 양이 요구됨으로 본서에서는 전시·컨벤션 이벤트를 중심으로 설명을 진행하기로 한다.

주지된 바와 같이 기업·판촉 이벤트의 구체적인 특성 및 기획방법에 대해서는 별도의 서면을 통해 밝힐 예정이다. 그 밖의 이벤트 기획방법을 서술하기에 앞서 본서에서 다루는 축제와 이벤트의 주요 쟁점에 대해 정리하면 다음과 같다.

스토리텔링과 이벤트

스토리텔링(storytelling)은 이야기(story)와 텔링(telling)의 합성어로 여러 장르의 이야기를 들려주는 활동을 의미하지만, 단순히 이야기를 구성해 메시지를 전달, 소구하는 데 그치는 것이 아니라 그 속에 담긴 꿈과 감성을 보다 적극적이고 강렬하게 설득하려는 의도가 포함되어 있다. 최근 스토리를 만들어 고객에게 감동의 폭을 넓히고 재방문의 동기부여에 공헌한 사례는 〈아바타〉나 〈해리포터〉 등으로 영화뿐만 아니라 이벤트, 지역 축제, 테마파크, 문화 콘텐츠 산업 등에 이르기까지 여러 장르에서 융합적인 형태를 보이며 폭넓게 활용되고 있다.

스토리텔링은 이야기가 가지고 있는 감성과 창의성을 바탕으로 소비자를 설득시키는 데 매우 강력한 도구다. 또한 식상하고 무덤덤한 정보의 홍수 시대에 기업과 이벤트 주최자에 대한 고객의 호감도와 충성도를 높이고 고객 만족을 유도해 고정적이고 장기적인 고객 확보에 매우 용이한 수단이다. 스토리텔링과 창의적이고 개성 있는 이야기 만들기는 다양한 분야로 확산되고 있으며, 메시지의 설득성이 중시되는 이벤트 기획과 연출에서는 매우 중요한 요소로 자리 잡았다.

캐릭터가 마케팅이나 광고에 전략적으로 이용되어 그저 차가운 물건에 지나지 않는 제품에 새로운 생명력을 불어넣듯이 건물이나 시설물, 다양한 행사의 프로그램 등에 새로운 이야깃거리를 만들고 의미를 부여하는 일은 이벤트나 축제에서 설득력을 높이고 전략적인 가치를 향상시키는 일이 될 수 있다.

스페이스 마케팅과 이벤트

스페이스 마케팅(space marketing)은 목표 소비자를 대상으로 해 공간을 효율적으로 관리하고 의도된 목적을 달성하기 위해 다양한 마케팅 방법을 통합적으로 제공하는 행위나 일련의 과정이다. 스페이스 마케팅은 마케팅학과 같은 이론과 학문 체계를 갖춘 정통 입장에서 출발한 것이라기보다는 마케팅의 기능 측면을 강조하면서 주목받기 시작했다. 특히 오늘날과 같이 쌍방향적이며 직접적인 마케팅 효과를 중시하는 사회적인 배경 속에서 더욱 각광받게 되었다.

전시 공간과 장소를 효율적으로 관리하고 수요자가 요구하는 것을 제대로 찾아내어 가치를 제공하고 교환 과정을 창출하는 것이야말로 스페이스 마케팅의 중심이다. 특히 공간의 효율성을 향상시키기 위해서는 주변 시설이나 자원과 통합되고 연계된 클러스터 효과가 요구되며, 집객력을 높이기 위해 효과적인 홍보 활동이 전개되어야 한다.

오늘날 도시나 공공기관의 건축물이나 전시관, 그리고 백화점, 슈퍼마켓 등 유통 기관을 비롯한 상업 시설 등 다양한 전시 대상물과 공간을 이용해 고객에게 강력한 자극을 주거나 설득적인 요소를 제공하고 의도된 효과를 거두려는 상업적 행위가 주목 받고 있다.

여성 소비자와 이벤트

오늘날 경쟁이 심화되고 소비자의 다양화, 개성화가 진행되는 가운데 불특정 다수를 대상으로 한 지금까지의 전략은 재검토되어야 한다.

여성의 소비성향은 남성과 크게 다르며 여성 경제인구 증가와 함께 커진 구매력은 여러 기업이나 단체에서 주목하고 있다. 여성과 같이 세분화된 시장의 소비자 욕구를 충족시키려는 데 중점을 두는 이유는 경제성과 효율성 때문이다. 따라서 여성의 소비심리를 자극하고 설득할 수 있는 이벤트의 개발은 치열한 시장 상황에서 경쟁 우위를 확보하는 데 좋은 전략 수단으로 자리 잡을 수 있다.

취업 여성은 과거의 여성층이나 남성층과 크게 차이가 있는 좀 더 새로운 형태의 구매자, 소비자로 등장하고 있다. 최근 기업이나 여러 단체에서 여성 소비자의 마음을 사로잡고 만족을 추구하려는 프로모션 활동과 이벤트가 계속해서 증가하는 이유도 여기에서 찾을 수 있다. 성공적인 이벤트

전략을 위해 여성 목표 대상층에 대한 철저한 이해, 분석과 함께 이벤트 프로그램의 구성과 콘셉트, 테마 등에서 차별화된 시각과 자세가 필요하다.

캐릭터 이벤트

캐릭터(character)란 광고, 마케팅뿐만 아니라 여러 비즈니스 속에 자주 사용되는 상징물로 실존하는 것이나 가공의 것, 그리고 경쟁 대상과의 차별화와 정체성(Identity)을 표현, 확립하기 위한 다양한 수단을 포함한다.

이와 같이 캐릭터가 여러 기업이나 다양한 기관의 관심을 유발하는 이유는 캐릭터 안에 본질적으로 내재한 상징성, 차별성, 독창성, 오락성, 문화성 등으로 경쟁 대상과 손쉽게 차별되고 넓은 계층의 메시지 수용자에게 심리적 위안이나 친밀감 등이 전달될 수 있다는 장점 때문이다.

캐릭터는 과거에는 단순히 디자인 영역에 한정되었지만 남녀노소 구분 없이 폭넓은 계층에 친밀감과 소구력이 높다는 특성 때문에 현재는 비즈니스나 홍보의 수단으로서 다양한 이벤트 분야에서 활용되고 있다.

최근 들어 범세계적인 캐릭터 열풍과 함께 현재 우리 주변에는 다양한 형태의 캐릭터들이 등장하고 있다. 단순히 상징적인 의미를 갖는 심벌에서부터 마케팅과 광고, 이벤트 분야의 상업적인 측면까지 소비자와 공감을 유도하는 커뮤니케이션 수단으로써 그 중요성과 역할이 증대되고 있다.

관광 · 축제 이벤트

이벤트의 가장 고전적이며 보편적인 형태가 관광 · 축제 이벤트다. 관광 · 축제 이벤트는 일반적으로 '지역 이벤트'라는 용어로 자주 사용된다. 지역 이벤트는 '지방자치단체가 주도하는 이벤트로, 일정 지역의 주민을 대상으로 지역 활성화와 지역 산업의 진흥, 지역 문화의 육성 등의 목적을 실현하기 위해 개최되는 이벤트'로 정의할 수 있다.

오늘날 관광 · 축제 이벤트는 점점 다양화되고 복합화, 대형화하는 경향을 보이고 있다. 이는 관광 이벤트 또는 지역 문화 축제, 문화 관광 축제, 문화 · 예술 축제 등과 같이 여러 형태로 존재하지만 이에 대한 정확한 구분은 쉽지 않다. 전통적 소재를 중심으로 축제 형식에서 지역 활성화, 이미지 향상, 주민 참여와 자긍심 함양, 문화 교류에 이르기까지 목적과 개최 주체에 따라 광범위하게 구분된다.

관광 · 축제 이벤트는 다른 대중매체와 달리 지역 매체를 활용해 지역적 특성을 갖고 있는 세분화된 특정 대상층을 소구할 수 있다. 특정 지역에 연고를 두고 있는 기업은 지역 연대감과 기업 이미지를 향상시킬 수 있는 중요한 전략 수단의 하나로 활용하고 있다.

문화 · 예술 이벤트

　현대사회가 점점 성숙 사회로 접어들면서 소비자나 관객은 고도성장 시대에 향유해 왔던 물질적인 충족보다는 삶의 질과 자신의 개성, 타인과의 차별성을 중시하는 정신적, 문화적인 충족을 추구하게 되었다. 현대인의 생활은 그 자체가 하나의 문화로 인식된다.

　이벤트와 문화의 관련성은 매우 밀접하다. 이벤트에서 문화와 관련되는 아이템은 이벤트 기획, 연출을 위한 각종 아이디어나 프로그램 소재의 중심이 되고 있다. 먼저 지역 축제에서 문화적인 소재는 주최자나 관객에게 친근감과 폭넓은 지지를 받게 되면서 전통 문화 축제나 관광 문화 축제 등과 같이 다양한 장르의 문화 이벤트가 등장하고 있다.

　일반적으로 문화 이벤트는 음악, 연극, 미술 등과 같은 예술이나 문예 활동을 비롯해 세미나와 심포지엄, 콘테스트, 문화 전시회, 문화 교실, 영화제 등 폭넓은 영역을 대상으로 한다. 문화 이벤트를 실시함으로써 문화에 관한 기업의 관심과 열정을 알릴 수 있다. 또한 고객에게 기업 활동의 내용을 더 잘 이해시키거나 기업에 대한 호감도를 형성할 수 있도록 한다. 그뿐만 아니라 문화라는 소재는 이벤트를 통해 새로운 커뮤니케이션 수단으로 탄생하여 기업과 소비자의 관계를 원활히 하는 데 도움을 주고, 현장 매체로서의 특성을 극대화하여 다양한 문화적 접근을 시도하고 있다.

전시 · 박람회 이벤트

　전시 이벤트는 일정한 공간의 전시 기법이나 연출 효과를 효율적으로 활용해 방문객의 만족을 이끌어 내는 특징을 갖고 있다. 현장 매체의 장점을 바탕으로 조직체가 의도하는 것을 직접적이고 쌍방향으로 제시해 매체의 효율성을 극대화한다. 특히 시각적으로 공간의 가치를 창출해 소구할 수 있기 때문에 이를 잘 활용하면 다른 유형의 이벤트 형식보다 차별된 효과를 기대할 수 있다.

　다른 이벤트 영역과 달리, 전시 이벤트의 특성으로 주목되는 것은 참가 업체나 출품 업체의 역할과 기능이다. 또한 전시 이벤트는 참가 업체가 행사장이나 부스를 임대 · 사용해 제품과 전시품을 독자적 형태로 전시 · 소개하고 소기의 목적을 달성한다.

　최근 들어 전시 이벤트나 전시 산업의 중요성이 인식되기 시작하면서 '마이스(MICE)'라는 용어가 자주 사용되고 있다. 특히 MICE 산업과 관련성이 깊은 전시 · 박람회 이벤트는 사람마다 그 개념을 이해하는 방식과 사용 방법에 있어서 다양성을 보이고 있다. 특히 박람회, 견본시나 교역전, 전시회 등은 각각 독립된 의미와 특징이 있는 용어로 이에 대한 명확한 구분이 필요하다. 또한 공공기관이나 기업은 고객과 만나는 새로운 커뮤니케이션 채널로서 전시관이나 홍보관 등을 설립해 다양한 전시 마케팅과 홍보 활동을 전개하고 있다.

스포츠 이벤트

스포츠 이벤트는 기업, 조직, 단체 등이 특정 목적 아래 스포츠가 갖고 있는 건강미, 오락성, 역동성, 스타성 등의 특성을 이용해 주최 혹은 협찬 형태로 이루어지는 스포츠 행사나 제전 등을 총칭한다. 올림픽, 월드컵, 세계육상선수권, 포뮬러원(F1) 대회 등은 세계적으로 관심을 모으고 있는 대표적인 스포츠 이벤트다. 이들은 행사의 규모나 영향성에서 파급적인 효과가 매우 큰 메가 이벤트의 특징을 갖고 있다.

스포츠 이벤트는 국가, 문화를 초월해 누구나 공감하고 접근하기 용이하기 때문에 마케팅과 커뮤니케이션 측면에서 어떤 형태의 이벤트보다 기대 효과와 활용 가치가 매우 높다. 또한 매스미디어의 파급 효과를 바탕으로 한 후원, 협력, 협찬 등 스폰서십과 파트너십은 여러 형태의 비즈니스 전환이 용이해 상업적인 활용을 극대화할 수 있다.

특히 스포츠 이벤트 시장은 스포츠가 가지고 있는 다양한 특성을 바탕으로 한 스포츠 마케팅과 이벤트의 기획과 연출, 프로모션 능력의 향상에 힘입어 짧은 기간에 급속한 성장을 달성했다. 또한 건강에 대한 관심이 사회 전반적으로 확산되고, 레저 붐과 함께 전반적인 스포츠 인구의 꾸준한 증가로 괄목할 만한 성장을 이룩하고 있다.

기업 · 판촉 이벤트

본서에서는 제외되었지만, 기업 · 판촉 이벤트는 영리를 목적으로 기업이 주관하는 이벤트의 총칭이다. 이벤트의 효과적인 측면을 강조하는 판매 촉진형 이벤트와 장기적인 기업 이미지 향상을 지원하기 위한 퍼블리시티형 이벤트로 구분된다.

현대는 대중 소비사회로서 마케팅 시대라고 일컬어지듯이, 시장이 공급 과잉의 무한 경쟁 체제에 돌입하면서 기업 · 판촉 이벤트는 더욱 설득력 있게 받아들여지고 있다. 오늘날 기업은 현장에서 직접 참가하고 체험할 수 있는 새로운 매체로서 이벤트에 거는 기대가 매우 크다.

기업은 이벤트의 특성인 쌍방향성과 현장성 등을 마케팅 측면에서 검토 · 활용해야 하는 시대를 맞이하고 있다. 기업 · 판촉 이벤트는 고객을 설득하기 위한 적극적인 커뮤니케이션 도구로 인식되기 시작해 다른 마케팅 믹스와 통합적인 효과를 향상시키기 위한 효과적인 수단으로 재평가되고 있다.

오늘날 이벤트는 고객과 소통할 수 있는 새로운 '매체'로 정착하고 있다. 기업이 기업 · 판촉 이벤트를 중시하는 이유는 일방적인 대중매체의 한계를 벗어나 현장에서 직접 체험할 수 있는 쌍방향성이라는 특성을 적극적으로 활용할 수 있기 때문이다.

Contents

차 례

특수목적축제 사례 - 충주 세계무술축제

퍼레이드 사례2 - 춘향제

함평나비축제 - 공연행사

전시 이벤트의
어텐던트

서울모터쇼 - 어텐던트

지역혁신박람회 - 어텐던트

완도 해조류박람회-개막식 공연행사

여수 해양엑스포 - 캐릭터 퍼레이드

잘츠부르크 음악축제
- 모차르트 캐릭터

뮌헨 맥주축제 - 연주악단

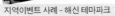
지역이벤트 사례 - 해신 테마파크

01 chapter

축제 · 이벤트의 이해

축제·이벤트의
전략과 기획실무

일본 아리타축제

마쓰에 상공제 서울 드럼페스티벌

뮌헨 맥주축제 맥주마차

지연예술 응원파나비축제

프라이드 춘지향 축제

하남 이벤트 대축제

지역이벤트 강진청자축제

chapter 01

축제·이벤트의 이해

1 이벤트의 개념

이벤트마케팅영역의 이벤트는 마케팅믹스 수단의 하나인 프로모션과 프로모션믹스 요소의 중요한 수단인 세일즈 프로모션의 하부구조로 위치한다.

일반적으로 이벤트라는 용어는 나라, 학자에 따라 매우 다양하고 포괄적인 의미로 사용되고 있다. 뿐만 아니라 이벤트를 주최하고 있는 주체나 형식, 참가자에 따라서 그 의미를 달리하기도 한다.

이벤트의 어원적 의미로는 라틴어의 'evenire(밖으로 나오다)'에서 유래되었으며, 사전적 의미로는 "사건, 소동, 행사, 중요 사건, 시합, 사람을 모으는 행사, 우발적인 행사, 경기 종목과 같은 것"을 뜻한다.[1] 이벤트는 사회를 반영하는 것이므로 동양적인 의미와 서양적인 의미로 구분해서 생각해야 한다.

한편 우리가 지금 사용하고 있는 이벤트의 용어는 일본에서 시작된 것으로, 서양적 의미보다는 더 포괄적이고 통합적인 의미를 가지고 있다. 동양적 의미에서 이벤트는 '사람을 동

---

1) 『국어대사전』, 삼성문화사, 1991.

원하여 현장에서 실시하는 모든 활동 형태'로 규정하고 있기 때문에 투자된 비용에 대한 이익을 산출하려는 마케팅적 사고에서 벗어나서 막연한 의미로 사용되고 있다.

우리나라의 경우는 1988년 서울올림픽을 계기로 '이벤트(event)'라는 용어가 친숙하게 사용되고 있다.[2] 이를 계기로 이벤트는 국가나 지역 발전에 무엇보다도 중요한 관광 산업, 문화 산업으로 인식되었고 여러 마케팅 활동, 문화 행사, 공공 행사, 기업 행사 등을 통틀어 이벤트란 이름으로 연구, 발전되기 시작하여 좁은 의미의 개념으로 사용되던 용어를 점차 광의적 의미로 접근하여 사용하게 되었다. 이는 일반적으로 이벤트가 갖고 있던 경제적 목적에만 국한하지 않고 국가나 지역의 전반적인 이미지 제고와 교류를 위한 범위까지 확대 해석되어 발전하게 되었다.

한국 코래드 광고전략연구소의 『광고대사전』에 의하면 "이벤트란 판매 촉진을 위한 매체 중 행사에 의한 것을 말한다. 예를 들면 강습회, 세일즈 쇼, 시사회, 시승식, 공장 견학, 콘테스트, 견본 배포 등이다. 행사는 보여주는 행사, 참가하는 행사로 분류되며 그 주제는 교육 행사, 오락 행사로 나누어진다. 그러나 실제로는 그 양쪽의 성격을 모두 포함하기도 한다."라고 정의하고 있다.

또한 '한국이벤트개발원(조달호, 1994)'에서는 "이벤트란 공익, 기업 이익 등 주최자가 뚜렷한 목적과 함께 치밀한 계획을 세워 대상을 난장에 참여시켜 실현하는 현장 커뮤니케이션 활동을 총칭하는 말"로 정의하고 있으며 '한국이벤트연구회(하성용, 1994)'는 "이벤트란 공익, 기업 이익 등 뚜렷한 목적을 가지고 엄밀하게 사전 계획되어 대상을 참여시키는 사건 또는 행사를 총칭하는 말"이라고 정의하고 있다. '인천광역시(김용하, 1996)'는 "특정 기간 동안 어떤 도시 또는 지역에서 주최자가 내건 목적을 달성하기 위해 시행되는 행사 또는 사업"으로 분류한다.

한편 일본의 'JEPC(일본이벤트프로듀스협회)'가 정의한 바에 따르면 "이벤트란 목적을 가지고 특정한 기간에 특정한 장소에서 대상으로 하는 모든 사람에게 개별적이고 직접적으로 자극을 체험시키는 매체"라고 말하고 있다. 일본의 '인터크로스(Inter Cross)연구소'는 "이벤트란 광의로는 기간, 장소, 대상을 제한하고 공통의 목적으로 이끄는 의도를 가진 일체의 행사를 지칭한다. 단, 선거, 데모 등의 정치 관련 행사 종교 의식 등은 제외 된다."라고 정의

---

2) 문원호, 국제문화예술제와 도시발전, 『도시문제』, 1996. 8, 46쪽.

하고 있다.

이벤트에 대한 이상의 정의를 요약해 보면 "이벤트란 특정의 목적, 기간, 장소, 대상을 전제로 하여 실시되는 개별적이고 직접적이며 쌍방향적인 커뮤니케이션 매체라고 할 수 있다. 단, 정치적, 종교적, 부정적, 그리고 사적(私的) 목적의 이벤트는 이 범주에서 제외된다." 고 할 수 있다.

다시 말해서 이벤트는 특정한 목적으로 해서 일정한 기간, 장소, 대상을 전제로 하여 실행되는 행사는 넓은 의미에서 이벤트라 할 수 있지만 이 중에서 부정적인 목적, 의미의 모임이나 정치적 캠페인, 종교적 행사와 개인적인 친선이나 사교를 목적으로 하는 행사 또는 모임(등산회, 낚시회, 기타 친목회)은 이벤트의 영역에서 제외된다고 할 수 있다.

최근에 주변에서 이벤트가 부정적인 목적의 모임, 행사에서 사용되거나 또한 극히 사적인 곳에서도 자주 등장하고 있는 것을 발견할 수 있다. 이벤트는 기원에서도 알 수 있듯이 축제적, 긍정적인 의미로 출발했으며 특히 마케팅 측면에서 너무 벗어난 개인적인 범주까지도 포함하는 것은 잘못된 일이라 할 수 있을 것이다.

이렇게 정의 및 개념이 다양하게 나타난 원인은 각 나라에 따라서 이벤트의 기원과 경향이 다르기 때문이다. 일반적으로 서양적 의미에서의 이벤트는 주로 프로모션에 가깝고 일본은 공공 이벤트의 성향이 강하며 한국은 PR적 성향이 두드러지게 나타나고 있다.

이벤트는 목적, 시간, 대상, 내용을 모두 갖춤으로써 하나의 완전한 형태를 이루게 되는데 이벤트의 특성을 파악할 수 있는 가장 기본적인 전제는 그 매체적 특성으로 직접적(Direct)·쌍방향적(Two-Way)·개인적(Personal) 커뮤니케이션 수단이라는 점이다.

이벤트는 커뮤니케이션을 하기 위한 하나의 매체이며 그 중에서도 현장에서 직접 체험하고 공감하는 매체라는 점에서 다른 매체와 구별된다. 또한 간과해서는 안 될 특성 중의 하나는 매스 미디어와는 달리 접촉 방법이 극히 개별적, 개인적이며 현장에서의 참여가 가능하기 때문에 주최자와의 피드백(Feed-back)이 이루어질 수 있고 참가자의 구전 효과까지 기대되어 쌍방향적 커뮤니케이션 특징을 나타내고 있다는 점이다.

2 이벤트의 특성

관광학적 관점에서 바라본 이벤트의 특성은 크게 세 가지로 설명된다. 이것에 의하면 이 벤트는 여러 가지 관점 중에서 계획성과 긍정성, 비일상성의 특성이 존재해야만 하는 것으로 개념을 정리하고 있다.

여기서 계획성이란 앞에서 정의한 특정 목적에 의한 의도성을 가리키고 있는 것으로 이 벤트는 우발적으로 일어나는 사건과 행사와는 구별되어야 함을 뜻한다. 긍정성은 이벤트의 범주에 부정적인 의미의 사건, 사고는 배제되어야 한다는 것으로 이것은 이벤트의 전신이 축제였던 것에서도 알 수 있듯이 이벤트는 축의적, 호의적인 의미에서 출발하였던 것을 암 시하고 있다.

마지막으로 비일상성은 이벤트의 특성 중 가장 본질적인 의미를 나타내고 있는 것으로 이벤트의 존재 목적이 관객이나 방문객에게 일상에서 흔히 경험이나 체험할 수 없는 특별 하고 의외성이 많은 프로그램이나 독특한 아이디어에 의해 신선함, 극단적인 재미, 볼거리 를 전달해야 하는 것에 있음을 나타내고 있다.

1. 계획성

흔히 우리가 사용하고 있는 이벤트라는 용어는 서구사회에서 "특별한 이벤트(special event)"라는 말로 가장 많이 통용되고 있다. 즉 이벤트란 '주어진 시간에 특정 목적을 달성 하기 위해 인위적으로 행해지는 계획된 행사'라는 개념을 지니고 있다. 이는 자연적으로 발 생하는 일을 이벤트라고 부를 수 없는 이유이기도 하다.

따라서 홍수, 지진 등과 같이 자연적으로 발생하는 사건을 이벤트라고 칭할 수 없으며 운 동경기나 축제 등과 같이 인위적으로 특별히 계획된 활동만을 이벤트라고 부를 수 있는 것 이다.

2. 긍정성

이벤트의 사전적 의미가 중시된다면 '일상적으로 발생되지 않는 무언가 중요한 일'의 범위는 매우 다양하다. 예를 들어 회사의 부도, 술자리에서의 싸움, 화재 등과 같이 부정적인 의미를 지니고 발생되는 일도 사전적 의미의 개념으로는 이벤트의 범주에 속할 수도 있다.

이벤트(event)란 영어를 직역하면 사건, 행사, 시합, 발생한 일을 뜻하고 있지만 실제 사회에서 통용되고 있는 '이벤트'라는 용어의 개념은 부정적 의미의 사건(affair)이나 사고(accident)와는 다른 개념으로 사용되는 용어이다. 이는 사건이나 사고가 부정적인 의미를 내포하고 있으나 이벤트는 긍정적 의미를 바탕으로 발생되는 일이라고 할 수 있다.

따라서 이벤트는 즐거움, 좋은 일에 대한 축원 또는 발전지향 등의 긍정적 개념을 바탕으로 발생되는 의미가 함축되어 있다고 할 수 있다.

3. 비일상성

긍정적인 개념과 인위적으로 계획된 개념을 지니고 있다 하더라도 일상적으로 행해지는 활동이거나 일상생활 주변에서 늘 접할 수 있는 것이라면 이는 일반적으로 통용되는 이벤트의 범주에서 벗어난다고 할 수 있다.

이러한 개념은 우리가 '출퇴근'이나 매일 접하게 되는 일상적인 아침식사 또는 일상적인 과정의 업무처리 등을 이벤트라고 부를 수 없는 이유이다. 따라서 이벤트는 일상생활과 구별되어 빈번히 발생되지 않는 개념의 일 또는 행사라고 할 수 있으며 매일 부딪히게 되는 일상적인 활동은 이벤트로 간주될 수 없는 것이다.

위에서 언급된 이벤트의 특성, 즉 긍정성, 계획성 및 비일상성을 토대로 이벤트로 간주될 수 있는 것과 그렇지 않은 사례를 예시하면 다음의 표와 같다. 그러나 이것은 이벤트 마케팅적인 관점과 커다란 시각차는 존재하지 않지만 극단적으로 개인적인 모임이나 친선, 친목을 목적으로 하는 소규모 행사까지 이벤트의 영역에 포함시킨다는 점에서 차이가 존재한다.[3]

3) 이경모, 『이벤트학원론』, 백산출판사, 2005, pp.23~24

표 1-1 · 이벤트인 것과 아닌 것

이벤트인 것	이벤트가 아닌 것		
	부정적 개념	우발적 개념	일상적 개념
환영회, 축제, 운동경기, 맞선, 제례	화재, 싸움, 회사의 부도, 교통사고, 전쟁	홍수, 지진, 우연한 만남	출퇴근, 일상적 식사

자료 : 이경모, 『이벤트학원론』, p 24

3 축제의 기능 및 가치

최근 우리나라는 축제가 지역 홍보와 주민의 단합, 지역발전에 대한 견인차 역할을 함에 따라 축제에 대한 관심이 증가하고 있다. 축제를 개최하여 얻게 되는 이익이나 가치는 무엇인지, 또는 축제는 대내외적으로 어떠한 역할을 수행하는지에 대해 정리하고 고민할 필요가 있다.

문화관광부는 전통사회에서의 축제는 종교적, 사회적, 예술적, 오락적, 생산적인 기능을 수행하기 위해 발전된 것으로 정의하고 있으며, 산업사회에서는 축제를 통한 지역사회의 소통적 기능, 자긍심 및 정체성 확립의 기능, 전통문화 보존기능, 경제성 및 이미지의 창출 등을 위해 존립하고 있는 것으로 내다보고 있다. 또한 최근에 이르러서는 기존의 문화적인 기능 외에도 지역발전과 연계되어 상업적인 측면을 더욱 강조하고 있다.

결론적으로 축제의 보편적인 기능으로는 일반적인 축제의 특징인 '제의성', '문화 · 예술성', '사회성(지역성)'을 바탕으로 '일탈성', '유희성(오락성)'이 추가되고 현대사회의 축제가 지향하는 '상업성(경제성)'이 포함되어 그 가치가 확산되고 있음을 알 수 있다. 축제가 구현하고자 하는 여러 기능과 가치를 정리하면 다음과 같다.

첫째, 축(祝)과 제(祭)의 기능이다. 축제의 진화된 개념인 이벤트가 축의적, 호의적인 의미에서 출발하였던 것을 생각하면 기본적으로 축(祝)의 기능과의 관련성은 매우 깊다. 본래의 축제는 지금의 축의적인 의미나 대중적이고 오락적인 요소(축:祝)보다는 역사적 전통의식의 하나인 제의나 제례행사(제:祭)에서 출발하였지만, 시대의 변화와 흐름에 따라 각 지역의 특성과 문화, 전통을 소재로 한 지역축제로 발전하면서 현대적 의미의 축제로 자리 잡게 되었다.

둘째, 비일상성, 즉 탈(脫)의 기능을 가지고 있다. 이것은 우리가 축제를 찾게 되는 중요한 동기이자 가장 본질적인 기능이기도 하다. 만약 축제가 일상적이거나 평소에 생활 주변에서 쉽게 접할 수 있는 활동이라면, 많은 사람이 축제에 참여하지 않을 것이며 만족도도 감소할 수밖에 없다. 따라서 축제는 현실의 일상생활과 구별되어 빈번히 발생되지 않는 개념의 일 또는 행사라고 할 수 있으며 매일 부딪히게 되는 일상적인 활동은 축제의 범주에서 제외된다.

셋째, 오락성, 즉 낙(樂)의 기능이다. 축제가 가지고 있는 오락적인 요소와 기능은 방문객이나 관객에게 참여의 즐거움을 제공할 뿐만 아니라, 다양한 유희적 가치를 창출시켜 만족을 극대화 할 수 있다. 오늘날 우수 축제로 평가받고 있는 사례를 살펴 보면 다양한 엔터테인먼트 요소를 프로그램에 내재시켜 축제 참가자에게 많은 즐거움을 주고 있다.

넷째, 협(協)의 기능, 즉 축제는 지역공동체의 협동과 단결력을 고취시키고 지역에 대한 귀속감과 정체성을 갖게 함으로써 친선과 화합을 도모한다. 지역주민이나 구성원들의 자긍심을 향상시키고, 지역에 대한 귀속감과 정체성을 갖게 함으로써 공동체 발전에 기여하는 사회적 가치를 지닌다.

다섯째, 재(財)의 기능을 하면서 경제적 가치를 나타낸다. 축제는 각 지역의 훌륭한 문화 자산이며, 이를 잘 활용하면 지역경제에 영향을 미치는 재화로 작용한다. 오늘날 축제가 갖고 있는 경제효과 때문에 지역자치단체들은 지역 특성에 맞는 축제를 적극적으로 개발하여 상업성을 극대화하고 있다. 예를 들어 내수 유발 효과를 비롯한 소득·고용 창출 및 세입 증대 효과, 지역 산업 진흥, 지역 기본 설비 정비 등의 여러 경제 파급 효과가 기대되어 차별화된 내용의 축제가 등장하고 있으며, 또 지역경제를 활성화시키는 중요한 수단으로 이용되고 있다. 이와 같이 축제의 경제적 편익을 강조하는 산업형 축제는 더욱 확산되고 있는 추세이다.

여섯째, 선(宣)과 고(告)의 기능을 수행한다. 우리가 축제나 문화이벤트를 개최하는 목적은 가능한 널리 홍보하여 지역의 이미지를 향상시키고 외부 방문객을 많이 참가시켜 경제적인 파급효과를 극대화하려는데 있다. 내실 있는 이벤트가 되려면 외부지역에 잘 홍보하고 많은 사람을 불러 모을 수 있게 하여 지역의 한계를 벗어날 수 있는 역량을 강화하여야 한다. 최근 축제의 기획에서 중시되는 것이 홍보이다. 관광학의 관점에서 보면 축제는 관광자원이기도 하지만 마케팅 커뮤니케이션 입장에서는 홍보자원이 되기도 한다. 이것은 홍보의 중요성을 강조하는 말로 자기 고장의 축제를 잘 개발하여 홍보에 힘쓰면 지역이미지가 대외적으로 알려져 수많은 방문객들이 자발적으로 찾게 되는 계기가 된다는 의미이다. 축제를 효과적으로 홍보하게 되면 집객력의 원동력이 될 수 있다.

일곱째, 교(敎)와 소통(疏通)의 기능을 한다. 축제에 참가함으로써 얻게 되는 체험과 경험은 이에 대한 지식수준의 증가를 제공하면서 견문과 이해의 폭을 넓힐 수 있다. 또 축제를 통해 여가활동을 선용하게 되고 적극적인 참여를 통해 배우며, 다양한 교육적 가치를 창출할 수 있다. 뿐만 아니라 축제의 주최측과 관객, 방문객의 커뮤니케이션이 원활하게 추진되고 여러 분야의 사람과의 교류를 통해서 친선이 촉진될 수 있다. 최근 들어 소규모의 지역단위로 주로 문화 예술에 대한 접촉 기회를 증가시키고 이에 대한 이해의 폭을 넓히기 위하여 축제가 개최되는 사례가 많다.[4]

4 이벤트와 축제의 의미적인 관계

최근에는 이벤트라는 용어가 정착되었다고 할 수 있다. 그러나 이벤트는 다양한 해석과 함께 각기 다른 영역에서 나름대로의 의미가 첨가되면서 본래의 의미와는 관계없이 혼용되기 시작하여 오류가 발생하게 되었다.

이벤트의 의미와 개념을 정확히 이해하기 위해서는 이벤트의 기원이라 할 수 있는 축제와 여기서 파생된 지역축제, 지역이벤트, 또한 관광이벤트, 축제이벤트, 문화축제, 향토문화축제, 공연예술축제, 문화이벤트 등과의 관련성은 물론 이와 유사한 서양의 어원과의 비교를 통한 차별적 특성에 관한 설명이 필요하다.

4) ㈜ 김영순 외, 『축제와 문화콘텐츠』, 다할미디어, 2006, pp56~60

여러 견해가 있겠지만 한마디로 이벤트의 전신인 축제는 오랜 기간 동안의 발전과정을 거치면서 다양한 분야에서의 요구를 충족시키기 위해 사용되기 시작한 현대적인 표현이다. 이벤트라는 용어가 일상화되기 훨씬 이전부터 역사적 또는 자연발생적으로 '축제'가 문헌상에 등장하다가 산업화와 무대연출 및 공연에 대한 기획력이 강화되고 상업화, 대중화가 진행되는 과정에서 축제를 대신하는 표현으로 이벤트라는 용어가 정착되었다.

본래 축제는 역사적 전통의식의 하나인 제례행사(제:祭)로 출발하여 많은 사람이 행사에 참가하면서 자연발생적으로 오락적 요소(축:祝)가 함께 하여 축제라는 용어로 정착하였다. 이것은 다시 각 지역의 문화와 정서가 가미되면서 토착적 축제로 계승, 발전되어 각 지역의 특성과 정체성을 소재로 한 지역축제로 자리 잡게 되었다.

한편 시대의 발전이 거듭되면서 근대화, 현대화 과정에서 보다 짜임새가 돋보이는 행사, 또는 많은 사람들을 의도적으로 참여시키기 위해서 대중성(무대화와 공연화), 상품성(마케팅)을 중요시하게 되어 현대적 의미의 이벤트로 변화하게 되었다.

시대의 변화와 함께 축제는 지역적 테마를 넘어 사람과 사회의 다양화된 욕구를 반영시키면서 이벤트라는 용어를 사용하였다. 현대에 이르러 새롭게 등장하거나 주목을 끌게 된 스포츠 이벤트나 전시 이벤트, 기업·판촉이벤트 등과 같이 이벤트는 축제를 대신하여 자주 사용되었으나 유독 지자체나 공공단체가 주체가 되는 지역축제나 문화축제 등에서는 이들이 해당 지역의 역사적, 민속적, 문화적인 전통을 소재로 하기 때문에 현대적인 뉘앙스의 이벤트보다는 자연스럽게 축제라는 용어를 즐겨 쓰고 있다.

이벤트는 각 분야의 필요에 따라 다양한 형태로 등장하게 되었다. 먼저 지역 활성화와 지역에 산재되어 있는 관광자원 개발 등의 이유로 지역 이벤트, 관광 이벤트, 축제 이벤트로 발전되었는가 하면 여가선용과 소득증대 등으로 인해 레저, 스포츠에 대한 관심이 증가하면서 레크리에이션 이벤트, 스포츠 이벤트가 등장하게 되었다.

또한 지방자치제의 도입에 따른 지역주민의 참여와 지역개발, 지역이미지 향상을 목적으로 하는 지역 이벤트와 박람회, 견본시 등과 같이 상품이나 문화, 자연, 산업적 소재를 흥미롭게 전시하고 정보를 전달하려는 전시 이벤트를 비롯하여 여기에 부가가치가 높은 국제회의나 세미나를 결합시킨 컨벤션 이벤트도 최근 들어 많은 관심을 끌고 있다.

또한 문화에 대한 사람들의 호감이 높아지고 시선이 집중되면서 생활의 질을 향상시키기 위한 영화제, 음악제, 연극제 등 문화 이벤트의 등장은 국제적인 교류 및 개최지의 이미지를 개선하는데 공헌하였고 마지막으로 기업을 중심으로 이벤트의 효율성, 개최에 따른 수익성을 극대화하기 위한 기업, 판촉 이벤트(프로모션 이벤트) 등의 다양한 종류의 이벤트 형태로 발전하게 되었다.

5 이벤트의 종류와 분류

이벤트는 그 사용목적이나 보는 사람의 시각에 따라 다양한 형태로 나타난다. 이 책은 문화이벤트를 중심 영역으로 다루고 있으므로 보편적으로 논의되는 「일반적인 분류」와 문화이벤트만을 독자적인 시각에서 분리시켜 세분화하는 「문화이벤트의 분류」로 구분한다. 왜냐하면 문화의 개념만큼 다양성과 복합적인 의미를 가진 용어는 많지 않으며 수많은 이벤트의 영역과 종류 속에서 문화이벤트를 특정하여 분류하기란 그다지 쉬운 일이 아니기 때문이다.

1. 일반적인 분류

이벤트의 종류는 분류 방법에 의해 다양하게 나누어질 수 있다. 예를 들면 경제적, 물리적, 사회적인 파급효과를 광범위하게 발휘할 수 있는 올림픽 및 박람회에서부터 소규모의 지역축제를 포함한 모든 이벤트에서 대형 이벤트(Mega-event)로 개최되는 올림픽, 박람회, 전시회, 컨벤션 등과 콘서트, 회사 창립기념 체육대회와 점포 오픈이벤트 등에 이르기까지 그 내용이나 목적, 규모 등에 따라 다양하게 분류된다.

그러나 이벤트 실시 후 사후 평가시 효과 측정 기준 설정의 어려움으로 인하여 정확한 측정과 평가, 그리고 이에 따른 분류 기준이 용이하지 않은 실정이다.

한편 이벤트 실무자 및 이벤트의 다양한 활용 방법에 대하여 좀 더 구체적으로 알기를 원하는 이들의 이해를 돕기 위하여 이벤트의 분류 방법과 분류에 따른 전략적 전개 방향에 대하여 심도 있는 논의는 필요할 것이다. 그럼에도 불구하고 모든 이벤트는 그 다양성 때문에 이 책에서 제시된 특정 분류 방법에 의해 완전하게 구분될 수는 없다.

예를 들어 견본시는 형태별 분류로는 전시형 이벤트의 하나로 분류되며, 목적별 분류로는 판매 촉진 이벤트로 분류되기도 한다. 더 구체적인 예로 광주시가 개최하는 김치 축제는 주최측에 따른 분류로는 공적 이벤트로 구분되며, 형태별 분류로는 지역 축제를 대변하고 있기 때문에 지역 이벤트가 됨과 동시에 맛의 고장으로서 광주의 식문화를 주제로 하기 때문에 문화 이벤트에 포함되기도 한다. 따라서 위에서 제시된 분류 방법은 각기 다른 이벤트를 이해 또는 평가하기 위한 하나의 접근 방법으로 생각하면 좋을 것이다.

(1) 주최측에 따른 분류

먼저 이벤트 주최측에 따른 분류를 살펴보면 크게 세 가지로 나누어지는데 첫째는 정부 및 지역의 공공 기관과 같은 비영리 조직이 실시하는 공적 이벤트(Public Event), 둘째는 영리 기업이 주최하는 기업 이벤트(Corporate Event), 셋째는 개인이나 소규모 단체가 주관하는 사적 이벤트(Private Event)이다.

주최자의 성격에 따라 이벤트의 실시 목적에도 커다란 차이를 발견할 수 있다. 예를 들어 정부기관, 지자체와 같은 공적기관이 주최하는 이벤트에는 비영리성이나 공공성이 강하게 나타나며 기업이 주최하는 이벤트는 영리성과 이윤추구를 위한 행사가 주류를 이루고 있다.

정부 및 공공 기관이 중심이 되어 개최하는 공적 이벤트는 공공의 목적을 수행 또는 지원하기 위해 계획된다. 즉 지역 발전과 활성화, 지역의 이미지 향상, 지역 홍보, 지역 주민의 공동체 의식 조성, 산업 기술의 진흥과 교육, 문화, 국제 교류의 조성 등을 주요 목적으로 하고 있다.

공적 이벤트는 다시 두 가지 형태로 구분될 수 있다. 첫째는 정부나 공공 단체가 주관하여 예산을 편성하고 세금 및 각종 후원, 기부금으로 이벤트를 실행하는 무료 행정형 이벤트이며, 둘째는 공공 단체의 부담을 준비금으로 한정시키고 이벤트 개최 후에 발생하는 각종 수입과 이익금으로 이벤트를 운영해 나가는 유료 경영형 이벤트이다. 종래는 전자의 무료 행정형이 많았으나 최근 들어 정부의 지원금과 후원금이 줄어들고 지방 재정은 지방자치 단체에서 조달해야만 하는 추세로 전환되자 시티 마케팅에 대한 관심이 고조되면서 유료 경영형이 점점 증가되고 있다.

한편 기업이 주최하는 기업 이벤트는 기업에 의해 계획, 실시되며 호감도 형성, 이미지 향상을 위한 커뮤니케이션 전략이나 판매촉진 전략 또는 통합 마케팅 전략의 일환으로 전개되는 이벤트로 구분된다. 전자는 기업의 직접적인 이윤추구보다는 특정 대상이나 고객과의 관계개선을 꾀하거나 문화적 또는 사회적 공헌 · 참여 활동과 관계가 깊으며 보통 PR형, 퍼블리시티(publicity)형 이벤트로 명명된다. 후자는 제품이나 서비스를 직접 판매할 목적이거나 강력한 영향을 주기 위해 진행되며 SP(Sales Promotion)형, 또는 프로모션(Promotion)형, 세일즈(Sales)형, 판매촉진형 이벤트, 또는 이를 줄여서 판촉 이벤트로 불리고 있다.

기업 이벤트의 실시 목적은 다음과 같이 정리할 수 있다.
① 기업의 이미지향상 및 퍼블리시티
② 기업이념(정책)의 소구와 고정 고객화
③ 상품 및 서비스의 보급과 이익을 위한 판매촉진 강화
④ 기업조직의 활성화와 구성원의 인센티브 부여
⑤ 사회, 문화사업의 지원 및 사회봉사

이 밖에도 개인이나 소규모단체, 비영리단체가 개인이나 친목, 사교적인 목적으로 주최하는 사적이벤트가 있다.

표 1-2 주최측에 따른 이벤트 분류

구분	주최	종류	비고
공공이벤트(Public Event)	정부공공기관	무료행정형	국가이벤트
		유료경영형	지역이벤트
기업이벤트(Corporate Event)	기업	PR형	문화공공형
		SP형	판매촉진형
사적이벤트(Private Event)	개인, 단체	친목, 컨벤션	개인이벤트
		스포츠, 문화	

(2) 형태에 따른 분류

이벤트에 대한 정의와 특성을 명확히 함으로써 중복되는 부분을 가능한 배제하기 위한 분류방법으로 형태별 분류방법이 주로 이용되고 있다. 형태에 따른 분류는 가장 보편적인 이벤트 분류방법으로 이용되고 있는데 이 책에서는 이 분류방법에 의해 각각의 이벤트의 특징과 전략적 활용방법을 알아보기로 한다〈표 1-3 참조〉.

표 1-3 형태별 이벤트 분류

전시형 이벤트(박람회, 견본시, 전시회)	국제박람회, 국제견본시, 업계전시회, 신제품발표회 등
컨벤션	국제, 국내회의, 행정, 기업, 사적회의
문화 이벤트	음악, 예술, 영화제, 과학·기술제
판촉 이벤트	기업판촉활동, 상품설명회
스포츠 이벤트	올림픽, 선수권대회, 프로리그
지역 이벤트(페스티벌 형)	전통축제, 창작축제, 거리축제

축제라는 용어는 주요 도시에서 개최되는 대규모 행사에만 한정시킬 수 없다. 왜냐하면 지역축제는 대부분이 지역을 기반으로 한다는 점에서 보다 지방적이고 문화적인 의미가 내포된 이벤트이기 때문이다.

(3) 규모에 따른 분류

전시회(exhibition)는 일반적으로 특정한 장소나 공간에서 제품이나 대상물, 기술을 특정인 또는 일반에게 정보를 제시, 제공하거나 참고가 되게 하는 모임이나 회합을 가리킨다.

이러한 전시회는 규모에 따른 분류에서는 국가적 차원에서 대규모로 진행되는 메가 이벤트와 관련이 있고, 마케팅 관점에서의 형태별 분류에 의하면 전시형 이벤트나 컨벤션과 맥락을 같이하고 있다. 또한 관광학적 관점의 이벤트 목적에 따른 유형 분류에서는 산업전시 이벤트나 회의 이벤트와 연관이 깊음을 알 수 있다.

이벤트의 종류는 분류 방법에 의해 다양하게 나누어질 수 있다. 예를 들면 경제적, 물리적, 사회적인 파급효과를 광범위하게 발휘할 수 있는 올림픽 및 박람회에서부터 소규모의 지역축제를 포함한 모든 이벤트에서 대형 이벤트(Mega-event)로 개최되는 올림픽, 박람회, 전시회, 컨벤션 등과 콘서트, 회사 창립기념 체육대회와 점포 오픈이벤트 등에 이르기까지 그 내용이나 목적, 규모 등에 따라 다양하게 분류된다.

그러나 이벤트 실시 후 사후 평가 시 효과 측정 기준 설정의 어려움으로 인하여 정확한 측정과 평가, 그리고 이에 따른 분류 기준이 용이하지 않은 실정이다.

한편 이벤트 실무자 및 이벤트 다양한 활용 방법에 대하여 좀 더 구체적으로 알기를 원하는 사람들의 이해를 돕기 위하여 이벤트의 분류 방법과 분류에 따른 전략적 전개 방향에 대하여 심도 있는 논의는 필요할 것이다. 그럼에도 불구하고 모든 이벤트는 그 다양성 때문에 이 책에서 제시된 특정 분류 방법에 의해 완전하게 구분될 수는 없다.

예를 들어 견본시는 형태별 분류로는 전시형 이벤트의 하나로 분류되며, 목적별 분류로는 판매 촉진 이벤트로 분류되기도 한다. 더 구체적인 예로 광주시가 개최하는 김치 축제는 주최측에 따른 분류로는 공적 이벤트로 구분되며, 형태별 분류로는 지역 축제를 대변하고 있기 때문에 지역 이벤트가 됨과 동시에 맛의 고장으로서 광주의 식문화를 주제로 하기 때문에 문화 이벤트에 포함되기도 한다. 따라서 위에서 제시된 분류 방법은 각기 다른 이벤트를 이해 또는 평가하기 위한 하나의 접근 방법으로 생각하면 좋을 것이다.

일반적으로 블록버스터(blockbuster)란 흥행에서 대성공을 한 영화를 가리키는 말이다. 블록(block)이란 대도시에서 사방 도로에 의해 경계 지어지는 한 구역을 단위로 지칭할 때 쓰는 말로 이 전체 구역(block)을 날려버릴(bust) 정도로 큰 폭탄이 원래 블록버스터(blockbuster)인데 이 정도로 대단한 파워를 가진 영화라는 뜻으로 볼 수 있다. 대개 미국 내 흥행 시 약 1억 달러 이상의 흥행실적을 올리면 블록버스터로 보고 있으나 이에 대한 정확한 기준은 없다.

축제와 관련된 분야 중 이벤트 관련 분야에서 블록버스터라는 용어보다 일반적으로 지역 이벤트(Local event), 메이저 이벤트(Major event), 홀마크 이벤트(Hallmark events), 메가 이벤트(Mega events)로 나누기도 한다.[5] 이러한 분류는 이벤트 경영의 관점에서 각 이벤트가 끼치는 영향 즉 참자가 규모, 미디어 활용, 인프라, 투자 및 수익 등의 기준을 가지고 나누고

5) Mcdonnell, Ian · Johnny Allen · William O' Toole, *Festival and special event management*, 1999.

있다. 한편 이러한 분류 외에 게츠(Getz) 등의 방문객 입장에서의 기준과 시행자 입장에서의 기준을 나누는 경우도 있다.

가) 메가 이벤트

메가 이벤트는 일반적으로 만국박람회, 올림픽게임과 같이 국제적 차원에서 미디어 및 경제적 영향력을 끼치는 행사를 말한다. 게츠 등은 이러한 이벤트는 100만 이상의 방문객, 5억 달러 이상의 행사비 예상 등 행사의 규모, 중요성, 언론홍보, 경제적 영향, 행사의 의의 등에서 가장 높은 단계의 이벤트를 지칭한다고 보고 있다.

월드컵, 올림픽, 세계박람회 등과 같이 기간 및 방문객 규모, 타깃 시장, 공공비 지원 규모, 정치적 영향, 텔레비전 방영 규모, 인프라 건설, 사회 경제적 영향 등을 고려하여 국제적 전략이 필요하여 국제적인 영향을 끼치는 이벤트를 말하고 있다.

나) 홀마크 이벤트

홀마크 즉 직역하면 '품질증명' 이벤트는 그 이벤트 자체가 하나의 인증된 상표로서 홍보될 수 있을 정도로 국제적으로 인정된 이벤트인 경우를 들 수 있으며 대부분 이벤트가 벌어지는 도시나 지역을 대표하는 경우가 많다. 대표적인 예로 리오의 카니발, 아비뇽페스티벌, 뮌헨의 맥주축제를 들 수가 있다.

즉 메가 이벤트와 같이 국제적인 영향과 인프라 조성 및 거대자본 투입의 경향을 적지만 경영적인 측면에서 이미 국제적으로 일류 브랜드 상품으로 정착된 이벤트를 말한다. 리치(Ritchie)[6]는 이러한 이벤트는 자신만의 고유성, 지위 혹은 중요성을 가지고 고정된 수요층을 예상할 수 있는 상품이라 말하기도 한다. 국내의 경우 광주비엔날레, 부산국제영화제 등의 국제적으로 알려진 행사들이 이러한 경우에 가깝다고 할 수 있다.

---

6) Ritchie, J.R. Brent, 1984. 'Assessing the impact of hallmark events', Journal of Travel Research, vol. 23, no. 1, pp.2-11

다) 메이저 이벤트

메이저 이벤트는 홀마크만큼 인지도가 높지는 않지만 방문 규모, 미디어 활용, 경제적 영향이 대외적으로 큰 행사를 말하며, 일반적인 축제 외에도 일회성 문화예술 전시회, 공연 등도 포함된다. 예를 들어 서울에서 개최된 3테너 공연 및 서울미디어시티 등도 포함할 수 있고 이외에 각종 국제박람회란 명칭으로 행사되는 대부분 국내 이벤트를 포함시킬 수 있다.

이벤트 분류 방법은 보는 시각에 따라 다양한 분류방법이 있겠지만 여기서는 가장 일반적인 분류방법에 의해 설명하기로 한다. 이벤트의 종류는 크게 주최측의 성격 및 목적에 따른 분류, 실시 형태에 의한 분류, 이벤트 참가자의 입장에서 본 분류 등이 있다. 여기서는 다음의 세 가지 분류 방법에 대하여 알아보기로 한다.

2. 관광학적 관점의 이벤트 목적에 따른 유형 분류

관광학적 관점의 이벤트 목적에 따른 유형 분류는 다양한 종류나 유형의 이벤트가 각 항목별로 세분화되어 일목요연하게 정리하고 있는 것이 특징이다.

이벤트의 유형은 〈표 1-4〉와 같이 크게 8가지로 분류할 수 있으며 각 이벤트 유형의 성격에 따라 대분류를 시도하였고 이것을 다시 소분류와 세 분류에 의해 세분화시켜 구성하였다. 제시된 표의 유형은 주로 이벤트가 개최되는 현상적 측면에 기초하였으며 주요 이벤트만을 분류대상으로 하고 있다.

특히 이 분류방법의 특징은 다른 분류방법과 표현하고 있는 용어상의 차이점이 존재하고 있지만 관광산업과의 관련성이 높은 이벤트를 중심으로 실제이벤트의 기획과 개최에 따른 접근과 이벤트에 대한 이해와 관리를 위해 다양한 분류를 시도하고 있다는 점이다.

일반적으로 이벤트 마케팅적 관점에 의하면 축제이벤트라는 용어보다는 지역이벤트, 지역축제라는 표현이 친숙하고 전시·박람회 이벤트는 전시형 이벤트나 전시이벤트로 표현하여 여기에 몇 가지 기준을 정하여 박람회, 전시회, 견본시로 구분하고 있다. 또한 회의이벤트는 컨벤션이라는 용어를 사용하여 전시회에 부가가치가 높은 국제회의나 세미나가 결합된 형태로 보고 있다.

대분류	소분류		세 분류
축제이벤트	개최기관별		지역자치단체주최 축제, 민간단체주최 축제
	프로그램별		전통문화축제, 예술축제, 종합축제
	개최목적별		주민화합축제, 문화관광축제, 산업축제, 특수목적축제
	자원유형별		자연, 조형구조물, 생활용품, 역사적 사건, 역사적 인물, 음식, 전통문화
	실시형태별		축제, 지역축제, 카니발, 축연, 퍼레이드, 가장행렬
산업전시 이벤트	전시회	전시목적별	교역전시	교역전, 견본시, 산업전시회
			감상전시	예술품전시회, 문화유산전시회
		개최주기별	비엔날레(biennale), 트리엔날레(triennale), 카토리엔날레(catoriennale)
		전시주제별	정치, 경제, 사회, 문화·예술, 기술, 과학, 의학, 산업, 교육, 관광, 친선, 스포츠, 종교, 무역
	박람회	BIE인준별	BIE인준	인정(전문)박람회, 등록(종합)박람회
			BIE비인준	국제박람회, 전국규모박람회, 지방박람회
		행사주제별	인간, 자연, 과학, 환경, 평화, 생활, 기술
회의이벤트	규모별	대규모	컨벤션, 컨퍼런스, 콩그레스
		소규모	포럼, 심포지움, 패널디스커션, 워크숍, 강연, 세미나, 미팅
	개최조직별		협회, 기업, 교육·연구기관, 정부기관, 지자체, 정당, 종교단체, 사회봉사단체, 노동조합
	회의주제별		정체, 경제, 사회, 문화·예술, 기술, 과학, 의학, 산업, 교육, 관광, 친선, 스포츠, 종교 무역
	개최지역별		지역회의, 국내회의, 국제회의
문화이벤트	문화주제별		방송·연예, 음악, 예능, 연극, 영화, 예술
	경쟁유무별		경연대회, 발표회, 콘서트
스포츠이벤트	상업성유무별		프로스포츠경기, 아마추어스포츠경기
	참여형태별		관전하는 스포츠, 선수로 참여하는 스포츠, 교육에 참여하는 이벤트
기업이벤트	개최목적별		PR, 판매촉진, 사내단합, 고객서비스, 구성원인센티브
	실시형태별		신상품설명회, 판촉캠페인, 사내체육대회, 사은서비스
정치이벤트	개최목적별		전당대회, 정치연설 군중집회, 후원회
개인이벤트	규칙적 반복		생일, 결혼기념
	불규칙적		파티, 축하연, 특정모임

★ BIE : Bureau International des Expositions(博覽會 國際事務局)

7) 이경모, 『이벤트학원론』, p.29 일부 수정

산업전시이벤트 중, 개최주기에 따라 구분되는 비엔날레(biennale)는 2년마다 열리는 국제미술전을 가리키며 전시 내용에 따라 각 미술 분야를 총망라한 미술전을 비롯하여 건축, 디자인, 또는 판화만으로 구성된 국제미술전도 있다. 3년에 한 번씩 열리는 것은 트리엔날레(triennale), 4년에 한 번씩 열리는 것은 카토리엔날레라고 한다.

장르가 가장 흔한 미술 분야의 비엔날레로 국내 가장 유명한 것은 광주 비엔날레이고 그 밖의 세계 3대 비엔날레라 불리는 '베니스비엔날레', '휘트니비엔날레', '상 파울로비엔날레'가 있다.

기업이벤트는 실시목적이 오랜 기간을 거쳐 효과를 기대하거나 실시 후 즉시적인 기대효과를 목표로 하는가에 의해 또는 기업이미지 향상을 목적으로 하거나 이윤을 증가시키려 하는가에 의해 기업이벤트, 판촉이벤트로 구분한다.

마지막으로 정치적인 대회나 행사, 그리고 개인적인 친선, 친목을 위한 모임은 이벤트의 영역에 포함시키지 않으므로 정치이벤트나 개인이벤트라는 용어와 분류는 친숙하지 않다.

3. 축제이벤트의 분류

오늘날 축제이벤트는 점점 다양화되고 복합화, 대형화하는 경향을 보이고 있다. 전통적 소재를 중심으로 축제 형식에서 지역 활성화, 이미지 향상, 주민참여와 자긍심함양, 문화교류에 이르기까지 목적과 개최주체에 따라서 광범위하게 구분된다.

이 분류방법에 의하면 축제를 크게 개최기관별, 프로그램별, 개최목적별, 실시형태별로 구분하고 이를 다시 세분화하였다. 일반적으로 전통축제나 지역축제와 관련이 깊은 분류방법을 정리한 것이 〈표 1-5〉이다.[8]

표 1-5 축제의 분류

대분류	소분류	세분류
축제이벤트	개최주최별	공공기관/지역자치단체주최 축제, 민간단체주최 축제
	프로그램별	전통문화축제, 문화예술축제, 종합(융합)축제
	개최목적별	주민화합축제, 문화관광축제, 산업축제, 특수목적축제
	실시형태별	축제, 지역축제, 카니발, 퍼레이드, 가장행렬

자료 : 이경모, 『이벤트학원론』, p 348 수정 작성

8) 이경모, 『이벤트학원론』, pp.348~353

(1) 개최주최별 분류

축제이벤트를 개최하는 주최기관에 따른 분류로서 지역자치 단체에서 주최하는 지역 자치단체 주최 축제와 일반 민간단체에서 주최하는 민간단체 주최 축제로 구분할 수 있다. 최근에는 지자체가 주관하는 것보다 민간단체가 주최하는 축제가 증가하고 있는 추세이다. 넓은 의미에서 보면 지지체의 행정적인 협력이나 예산지원 등 행정기관이 대부분 관여하고 있지만 형식적이나마 대부분 각 지역의 자생적인 민간단체가 지역의 축제를 주관하고 있다고 볼 수 있다.

그러나 대부분의 일본 축제 사례에서 알 수 있듯이, 축제의 진정한 발전을 위해서는 자발적으로 지역주민에 의해 결성된 민간단체가 축제를 주최하여 자율적으로 진행하는 것이 바람직하다고 할 수 있다.

(2) 프로그램별 분류

프로그램별 분류는 축제 프로그램의 내용에 따른 분류로서 전통문화축제와 예술축제, 종합축제로 구분할 수 있다.

첫째, 전통문화축제는 지역의 전래되어온 설화나 풍습, 민속에 유래하여 개최되는 축제로 주요 프로그램의 구성형식이 전통문화적인 요소를 강하게 내포한다.

둘째, 문화예술축제는 현대적인 전시예술 및 공연예술 위주로 구성된 축제 등 예술적인 소재와 문화적인 요소를 활용한 축제를 의미한다.

셋째, 종합(융합)축제는 전통문화 축제형식, 예술축제형식, 체육행사 및 오락프로그램이 혼재되어 나타나는 축제를 가리킨다.

우리나라의 경우 대표적인 전통문화축제의 사례로는 강릉 단오제를 비롯해 진도의 영등제, 남원의 춘향제 등을 들 수 있고, 문화예술축제에는 광주의 비엔날레, 청주의 공예비엔날레 등이 포함된다. 또 최근 들어 전통과 현대가 융합된 형태의 종합축제 사례도 증가하고 있다.

한편 대부분의 일본 마츠리(축제)는 각 지역마다 계승되어 온 풍습이나 문화적인 소재나 요소가 많이 내재되어 있기 때문에 전통문화축제의 영역에 포함되어 있으며, 현대 마츠리의 경우는 대중화와 개방화 과정에서 여러 문화나 환경적인 요인이 결합되어 자리 잡게 되어 종합축제의 범주에 속하고 있다.

📀 표 1-6 프로그램별 분류

소분류	세분류	예
프로그램별 분류	전통문화축제	강릉 단오제, 남원의 춘향제, 진도의 영등제, 오사카 텐진축제
	문화예술축제	밀양국제연극제, 광주 비엔날레, 부산 국제영화제, 춘천 마임축제, 대구 국제뮤지컬 페스티벌, 서울 드럼페스티벌, 유바리 국제판타스틱영화제,
	종합(융합)축제	이천 도자기축제, 금산 인삼축제, 제주 한라산축제, 부곡 하와이 풍선 대축제, 삿포로 소란축제

▼ 문화예술축제 사례 - 서울 드럼페스티벌

▲ 종합(융합)축제 사례 - 부곡 하와이 풍선 대축제

(3) 개최목적별 분류

축제의 개최목적에 따른 분류로서 주민화합축제, 문화관광축제, 산업축제, 특수목적축제로 구분할 수 있다.

첫째, 주민화합축제는 주로 해당 지역에서 전통적으로 개최되어 온 전통문화축제를 비롯하여 최근에 많이 개최되기 시작한 구민의 날이나 시·군민의 날을 기념하여 개최되는 축제를 말한다. 이것은 참가자의 분류에 따르면 귀속형 이벤트에 해당되는 것으로 각자 소속된 단체나 모임의 소속감을 고취시키는 이벤트가 여기에 속한다.

둘째, 문화관광축제는 문화와 관련된 축제 및 관광자원을 소재로 한 행사로서 관광산업의 발전과 관광객 유치를 통한 지역경제의 특성화, 활성화를 목적으로 하는 축제를 말한다.

▼ 지역산업축제 사례 - 광주 김치대축제

▲ 특수목적축제 사례 - 충주 세계무술축제

셋째, 지역산업축제는 비교적 빈도가 높게 나타나는 관광축제를 제외한 다른 산업 분야, 즉 농업, 축산업, 광업, 어업, 상업 등의 발전을 목적으로 개최하는 축제를 말한다.

넷째, 특수목적축제는 역사적 인물이나 사실을 추모하거나 재현하는 것을 목적으로 하여 개최하는 축제 등을 포함한다.

표 1-7 개최목적별 분류

소분류	세분류	예
개최 목적별 분류	주민화합축제	대전의 한밭문화제, 광주 시민의 날 축제, 영등포가을축제, 전남 도민축제, 오키나와 에이사축제
	문화관광축제	부산 광안리 어방축제, 진도 신비의 바닷길축제, 무주구천동 철쭉제, 파주 돌곶이 꽃축제, 나주 영산강문화축제, 아사쿠사 삼바 축제
	지역산업축제	광주 김치대축제, 고창 수박축제, 담양 대나무축제, 보성 다향제, 지리산 산청 한방축제, 아리타 도자기축제
	특수목적축제	충주 세계무술축제, 다산 문화제(추모제), 아산 성웅 이순신축제(추모제), 고창 모양성제, 아오모리 네부타축제

(4) 실시형태별 분류

축제가 어떠한 형태로 실시되는지에 따른 분류로서 축제, 지역축제, 카니발, 퍼레이드, 가장행렬로 구분된다.

세계적으로 유명한 대규모 축제로는 영국 스코틀랜드의 에든버러 축제(Edinburgh Festival), 독일 뮌헨의 10월 축제(Octoberfest) 등이 있다.

지역축제는 지역주민의 생활과 문화를 축제를 통하여 집약적으로 함축적으로 표출한 것으로 지역문화의 총체라고 할 수 있으며 지역이 경쟁력을 가지기 위해 지역의 차별된 공간과 시간을 표현하고 이에 그 참여자들을 동화시키는 제전을 의미한다.

카니발(Carnival)이라는 단어의 기원은 13세기의 이탈리아로 거슬러 올라간다. 라틴어에서 비롯된 이 단어는 두 가지 설명이 존재한다. 하나는 카로스나바리스(배마차)에서 비롯됐다는 것이고 또 다른 하나는 '카르네레바레(carne levare, 금육)'에서 나왔다는 것이다.

이들은 사순절이 시작되기 직전인 축제의 마지막 날인 금식일을 가리킨다. 우리말로는 '사육제'가 적당하며 프랑스의 니스 카니발, 이탈라이의 베니스 카니발, 브라질 리오 카니발이 세계 3대 카니발로 불린다.

가장행렬은 가면 등을 쓰고 평소와는 다른 모습으로 꾸미고 퍼레이드를 진행하는 행사로 그 기원은 주술적인 요소를 내포하고 있으며 종교적 행사나 축제, 의례 때에 가면이나 동물의 머리 등을 쓰고 거리를 누비는 풍습에서 유래한다.

▼ 퍼레이드 사례1 - 광주 충장로축제

현재는 라틴계 국가의 카니발이나 프랑스혁명을 기념하는 프랑스 파리제(祭)의 가장행렬이 세계적으로 널리 알려져 있다. 카니발의 가장행렬은 가장무도회와 병행해서 발달했기 때문에 오늘날 카니발이 거행되는 나라에서는 이 두 가지가 함께 행해지는데 전통적인 형태를 보존하고 있는 가장행렬은 라틴계 카니발뿐이다.

가장행렬은 극단적인 비일상성을 체험할 수 있도록 하여 사람에게 일탈행위를 제공하고 해방감을 느끼게 하므로 각종

▲ 퍼레이드 사례2 - 춘향제

이벤트나 축하 퍼레이드 등에 자주 등장하기도 하는데 효과를 높이기 위하여 콘테스트식의 경연을 벌이기도 한다.

마지막으로 퍼레이드(parade)는 축제나 축하행사 등에서 축하 또는 환영받을 사람들이 장식된 탈 것을 타거나 걸어서 악대 등과 함께 시가지를 지나가는 일을 가리킨다. 이러한 퍼레이드 방식은 유럽의 축제나 일본 마츠리 등에 자주 등장하며, 매우 중요한 요소로 자리 잡고 있다. 단체 참가자의 군무에 의한 춤사위나 수레, 신전가마(오미코시), 등롱, 전통 악기 등을 이용하여 대규모 퍼레이드나 집단 행렬을 펼치는 것은 관객에게 흥미를 제공할 뿐만 아니라 대회 참가에 의한 만족을 극대화시킬 수 있기 때문에 자주 활용되는 이벤트 프로그램이라 할 수 있다.

6 이벤트 이론의 심화

1. 관광 · 축제 이벤트

이벤트의 가장 고전적이며 보편적인 형태가 관광 · 축제 이벤트다. 이것은 지역 이벤트의 하나로 관광 이벤트 또는 지역 문화 축제, 문화 관광 축제, 문화 · 예술 축제 등과 같이 여러 형태로 존재하지만 이에 대한 정확한 구분은 쉽지 않다.

오늘날 관광 · 축제 이벤트는 점점 다양화되고 복합화, 대형화되는 경향을 보이고 있다. 전통적 소재를 중심으로한 축제 형식에서 지역 활성화, 이미지 향상, 주민 참여와 자긍심 함양, 문화 교류에 이르기까지 목적과 개최 주체에 따라 광범위하게 구분된다.

(1) 관광 · 축제 이벤트의 개념과 특성

관광 · 축제 이벤트는 일반적으로 '지역 이벤트'라는 용어로 자주 사용된다. 지역 이벤트는 '지방자치단체가 주도하는 이벤트로, 일정 지역의 주민을 대상으로 지역 활성화와 지역 산업의 진흥, 지역 문화의 육성 등의 목적을 실현하기 위해 개최되는 이벤트'로 정의할 수 있다.

관광 · 축제 이벤트는 지역 활성화를 위해 출발했기 때문에 역사적인 맥락에서 보면 축제와 전통 의식 행사, 서양의 페스티벌이나 카니발과 비슷한 점이 있고, 관광자원의 개발 · 활성화를 목적으로 하는 관광 이벤트, 그리고 지역 전통의 공연, 예술제 등과도 유사한 개념으로 사용되고 있다.[9]

관광 · 축제 이벤트의 의미와 개념을 정확히 이해하려면 이벤트의 기원인 축제와 여기서 파생된 지역 축제, 지역 이벤트, 관광 이벤트, 축제 이벤트, 문화 축제, 향토 문화 축제, 공연 예술 축제, 문화 이벤트 등과 관련성을 파악해야 함은 물론, 어원의 고찰을 통해 차별적 특성을 파악해야 한다.

여러 견해가 있겠지만 이벤트는 그 전신인 축제가 오랜 발전 과정을 거치면서 다양한 속성을 띠게 되자 이를 모두 아우르기 위해 사용하기 시작한 현대적인 표현이다. 산업화에 따라 무대연출이나 공연 기획력이 강화되고 상업화, 대중화가 진행되는 과정에서 축제를 대신하는 표현으로 이벤트라는 용어가 정착된 것이다.

본래 축제는 역사 전통 의식의 하나인 제례 행사(祭)로 출발해 많은 사람이 행사에 참가하면서 자연발생적으로 오락 요소(祝)가 가미되면서 '축제(祝祭)'라는 용어로 정착한 것이다. 여기에 각 지역의 문화와 정서가 가미되면서 토착적 축제로 계승, 발전되어 각 지역의 특성과 정체성을 소재로 한 지역 축제로 자리 잡게 되었다.

한편 근대화, 현대화 과정에서 행사의 짜임새가 정교해졌고, 많은 사람을 의도적으로 참여시키기 위해 대중성(무대화와 공연화), 상품성(마케팅)을 중요시하게 되어 현대적 의미의 이벤트로 변화했다. 축제가 시대의 변화와 지역 테마를 넘어 다양한 욕구를 반영시키면서 '이벤트'로 발전한 것이다. 지방자치단체나 공공기관이 주체가 되는 지역 축제나 문화 축제 등에서는 이들이 해당 지역의 역사적, 민속적, 문화적인 전통을 소재로 하기 때문에 현대적인 뉘앙스의 이벤트보다는 고전적 의미의 '축제'를 즐겨 쓰고 있다.

이벤트는 각 분야의 필요에 따라 다양한 형태로 등장했다. 먼저 지역 활성화와 지역에 산재된 관광자원 개발 등을 이유로 지역 이벤트, 관광 이벤트, 축제 이벤트로 발전되었다. 또한 지방자치제의 도입에 따른 지역 주민의 참여와 지역 개발, 지역 이미지 향상을 목적으로 하는 지역 이벤트를 비롯하여 박람회, 견본시 등 상품이나 문화, 자연, 산업적 소재를 흥미

9) (주) 이경모, 『이벤트학원론』, 백산출판사, 2005, pp.348~353

롭게 전시하고 정보를 전달할 수 있는 부가가치가 높은 이벤트 형태도 최근 들어 많은 관심을 끌고 있다.

(2) 관광 · 축제 이벤트의 사회적 배경과 발전 과정

최근 관광 · 축제 이벤트가 급성장하게 된 배경으로 다음과 같은 요인을 들 수 있다.

첫째, 인적 · 문화적 교류와 정보의 교환이 증가하면서 도시와 지방간의 물리적 거리가 단축되어 세계화의 움직임이 가속화되고 새로운 비즈니스의 거점이자 문화, 예술의 발신지로서 지역사회의 위치가 급부상했다.

둘째, 산업과 사회 구조의 변화를 들 수 있다. 현대사회는 경제 · 사회의 소프트화, 성숙화, 다양화, 정보화, 세계화, 지방 분산화 등으로 특징지을 수 있는데 이러한 변화에 따라 과거의 중앙 집중형 사회는 지역 분권화 사회로 변모했다.

셋째, 사회 구조의 변화와 함께 나타나는 인간의 정신적 변화를 들 수 있다. 다시 말해, 포스트모더니즘으로 대변되는 탈근대주의(脫近代主義) 정신은 물질 중시 사회에서 정신, 문화적 산물을 중시하는 사회로 회귀를 주장하고 있다.

각 지역의 전통문화에서는 현대 물질문명과 다른 과거의 향수를 찾아 볼 수 있기 때문에 포스트모더니즘적 관심이 고조되고 있다. 전원주택, 황토방, 무공해식품 등 환경을 중시하고 전통적인 것을 동경하는 풍조, 또 지역 특산품 박람회, 지방 물산전, 지방 공예전 등은 이런 조류와 관련이 있다. 전통적인 지역 문화에 대한 관심은 지역 이벤트에 대한 붐으로 연결되고 있다. 사회가 발전하면 할수록 전통성과 지역 정서의 가치는 커지게 마련이다.[10]

현재 한국에서는 지방자치제의 본격적인 시행과 더불어 관광 · 축제 이벤트에 대한 관심도가 과거 어느 때보다 높다. 다른 나라와의 차이점은 지방자치단체가 주최하는 공적 이벤트의 성격이 강하고 관광 개발이나 지역 전통 행사와 같은 단편적인 주제에서 벗어나지 못하고 있는 점이다. 관 주도의 차별성이 없는 전시 행정적인 행사에서 하루 빨리 벗어나 많은 사람이 관심을 갖고 참여하며, 특히 시티 마케팅의 하나로 수익성을 가미한 특색 있는 이벤트로 재출발해야 할 것이다.

---

10) (주) 宣傳會議編, 『新時代のイベント戰略』, 宣傳會議, 1989, pp.104~108

우리나라의 관광 · 축제 이벤트는 1990년대 후반부터 급속히 성장해 2000년에는 뉴 밀레니엄을 축하하기 위한 공공기관의 관련 이벤트에만 3000억 원 이상의 예산이 집행되어 사회적으로 지역 이벤트가 이목을 끄는 계기가 되었다.

일본에서는 전통적인 민속축제인 '마츠리(祭)'에서 관광 · 축제 이벤트가 시작되었다. 일본은 경제발전과 함께 지역별로 시민회관과 같은 문화 시설이 정비되고 역을 중심으로 상권을 발전시키기 위한 지역 단체가 결성되어 관광 · 축제 이벤트가 본격화되는 원동력이 되었다. 거품경제가 정점에 달한 1989년에 일본 정부의 지방자치 100주년 기념 사업으로 대규모 지역 활성화 지원 정책이 시행되면서 전국적으로 수많은 지역 이벤트가 개최되었다.

1990년대에 이르러 거품경제가 붕괴되고 전체 이벤트의 개최 빈도가 감소하는 추세 속에서도 관광 · 축제 이벤트는 지역의 상가 활성화와 지역의 전통 축제를 토대로 이벤트 산업에서 중요한 비중을 차지하게 되었다.[11]

(3) 관광 · 축제 이벤트의 쟁점

이벤트는 무엇보다도 집객력의 확보가 중요하다. 소비가 있어야 생산 활동이 뒤따르고, 소비와 생산이 상호작용하면 이 둘을 연결시키려는 판매 활동, 즉 유통이 발달한다. 한편 관광 · 축제 이벤트의 대부분은 아직 공적 성격이 강한 단체가 주로 개최하고 있기 때문에 예산 확보의 어려움이 많다. 기획 단계부터 기업의 적극적인 참가를 유도하고 이들에게 투자한 만큼의 효과를 얻을 수 있도록 다양한 방안을 내놓아 자발적으로 참여할 수 있도록 해야 한다.

앞으로 기업이 관광 · 축제 이벤트를 주도하게 될 것은 당연하다고 볼 수 있다. 이와 관련 기업은 전시관 부스 참가, 자금 지원, 전시 소품 제공 등 다양한 지원 활동에 대한 대가로 직접, 간접의 이익을 추구한다.

관광 · 축제 이벤트는 다른 대중매체와 달리 지역 매체(SP: Sales Promotion 매체)를 활용해 지역 특성을 갖고 있는 세분화된 특정 대상층을 소구할 수 있다. 특정 지역에 연고를 두고 있는 기업은 지역 연대감과 기업 이미지를 향상시킬 수 있는 중요한 전략 수단의 하나로 관광 · 축제 이벤트를 더욱 적극적으로 활용할 것이다.

11) (주) 김희진 · 안태기, 『문화예술축제론』, 한울아카데미, 2010, pp.62~74

2. 문화 · 예술 이벤트

이벤트와 문화의 관련성은 매우 밀접하다. 이벤트에서 문화와 관련되는 아이템은 이벤트 기획, 연출을 위한 각종 아이디어나 프로그램 소재의 중심이 되고 있다. 먼저 지역 축제에서 문화적인 소재는 주최자나 관객에게 친근감과 폭넓은 지지를 받게 되면서 전통 문화 축제나 관광 문화 축제 등과 같이 다양한 장르의 문화 이벤트가 등장하고 있다.

또한 문화의 영역을 좁게 이해하는 공연 행사나 예술 행사에서도 장르마다 특색이 있으며, 관객의 다양화된 문화적 욕구와 수요를 충족시키기 위한 문화 · 예술 이벤트는 증가 추세를 보이고 있다.

(1) 문화 · 예술 이벤트의 개념과 다양한 시각

우리는 문화의 시대에 살고 있다. 문화는 생활을 윤택하게 해주고 삶의 여유를 준다. 사람의 삶과 생활에 관련된 것 중 문화가 아닌 것이 없을 정도로 문화의 영역은 매우 다양하다. 이러한 문화를 소재로 시행하는 이벤트를 문화 이벤트로 분류하려 한다. 문화 이벤트에는 기업이 시행하는 이벤트와 지역 자치단체나 공공 단체가 주최하는 이벤트가 있다.

문화 이벤트와 문화 축제 또는 지역 문화 축제, 문화 관광 축제, 문화 · 예술 축제 등과 같이 문화는 이벤트를 지칭하는 용어에 다양하게 존재하지만 이에 대한 정확한 구분은 쉽지 않다. 문화라는 용어가 이렇게 많은 이유는 개념 그 자체가 모호하고 영역이 매우 넓어 분류가 어려운 반면 문화에 대한 수용자, 관객층은 물론 행사 주최자의 호감도와 선호도는 높기 때문이다.

일반적으로 문화 이벤트는 음악, 연극, 미술 등과 같은 예술이나 문예 활동을 비롯해 세미나와 심포지엄, 콘테스트, 문화 전시회, 문화 교실, 영화제 등 폭넓은 영역을 대상으로 한다. 문화 이벤트를 실시함으로써 문화에 관한 기업의 관심과 열정을 알릴 수 있다. 또한 고객에게 기업 활동의 내용을 더 잘 이해시키거나 기업에 대한 호감도를 형성할 수 있도록 한다. 그뿐만 아니라 문화라는 소재는 이벤트를 통해 새로운 커뮤니케이션 수단으로 탄생하여 기업과 소비자의 관계를 원활히 하는 데 도움을 주고 또 현장 매체로서의 특성을 극대화하여 다양한 문화적 접근을 시도하고 있다.

(2) 문화 · 예술 이벤트의 대표적 장르

문화 · 예술 이벤트는 개최 지역의 이미지를 확립하고 활성화하려는 지역 축제보다 공연이나 예술의 본연적인 특성과 작품성, 창작 요소에 집중하는 경우가 많다. 지역 축제와 비교해 문화 · 예술 이벤트는 부대 행사나 이벤트를 활용해 축제의 다양성과 차별 요소를 강조하기보다는 공연 프로그램의 충실함과 질적인 수준에 전적으로 의지한다.

문화 · 예술 이벤트 장르 중 가장 대표적인 형태는 네 가지로 구분할 수 있다. 먼저 가장 대중적이고 잘 알려진 영화제를 중심으로 연극제, 음악제가 있다. 그리고 복합적인 구성 때문에 이것과는 차별화되는 미술제와 비엔날레, 무용제, 뮤지컬, 마당극 등이 또 다른 장르를 구성하여 여기에 포함된다.

(3) 문화 · 예술 이벤트의 특성

첫째로 영화제는 가장 대중적이고 누구나 주저 없이 떠올릴 수 있으며 가장 손쉽게 접근할 수 있는 장르다. 영화제는 일반적으로 해마다 최근에 나온 영화나 화제작, 그리고 특별한 장르에 속하는 영화들을 모아놓고 뛰어난 영화를 평가하거나 전시하는 문화 행사를 뜻한다. 우리나라의 대표 영화제로 부산국제영화제, 전주국제영화제, 부천국제판타스틱영화제 등이 있다.

영화제는 일반적으로 매년 일정한 시기에 열리며 국가나 지자체 등 공공기관을 비롯해 기업이나 각종 영화단체의 협력을 바탕으로 영화제작자와 감독, 배우, 배급업자, 비평가 등과 같은 영화인의 교류를 증진하고 영화의 예술적 발전을 위한 다양한 이벤트 프로그램이나 볼거리를 제공한다.

대개는 영화 관계자와 관객의 참여 속에서 일정 기간 내에 연속적으로 특정 주제의 많은 영화 작품을 소개하며 영화 외에도 다양한 이벤트 프로그램으로 관객들의 흥미를 유도할 수 있는 볼거리를 제공하고 있다.

둘째로 연극제는 우리나라와 세계 각지에서 개최되는 정기적인 연극 공연예술 행사로 영화제보다 역사와 전통이 오래되었으며 관객층도 좀 더 적극적이고 제한적인 성격을 띠고 있다. 또 연극제는 참여 관객이 더욱 전문화되어 대중적이지 못하고 상업성과 오락성을 배제하고 창작성과 작품성을 표방하고 있다. 규모도 영화제와 같이 대규모 행사로 개최되기보다는 작은 도시나 마을에서 소규모로 진행되는 경우가 많다.

한국은 소규모 지역 단위로 주로 문화·예술에 대한 접촉 기회를 증가시키기 위해 개최하는 창작성이 강한 내용이 많고 단원들의 여가 선용을 위해 열리기도 한다. 잘 알려진 국제연극제로 거창과 마산, 수원화성 국제연극제와 밀양공연예술축제 등이 있는데 1990년대 후반에서 2000년대 초기에 시작되어 그 역사가 매우 짧다.

셋째, 음악제는 문화·예술 이벤트 영역에서 아직은 생소한 장르다. 여기에는 훌륭한 음악가를 추념하기 위한 것과 특별한 목적을 가지고 음악활동을 확산시키기 위한 것, 그 밖에 일반 음악제에서부터 전통 국악과 관련된 소리 축제, 악기 중심의 페스티벌, 퓨전 음악 등 다양한 장르가 있다.

일반적으로 음악제는 특정 지역에서 일정한 주제로 민족음악이나 현대음악 등 특정한 양식의 음악 연주나 유명한 작곡가의 작품 등을 연주하고 표현하는 축제 행사 성격을 띠고 있다.

음악제 프로그램은 대부분 음악 연주뿐만 아니라 오페라와 연극, 발레 등과 함께 구성되는 경우가 많다. 현재 세계적으로 유명한 음악제는 봄부터 가을에 걸쳐 열리는데, 주로 여름에 집중되어 있다.

국내의 대표 음악제로는 오랜 역사를 자랑하는 난파음악제와 자연경관을 장점으로 살린 대관령국제음악제, 윤이상을 추모하는 통영국제음악제, 한국음악협회가 주최하는 서울국제음악제, 부산국제음악제 등이 있다.

넷째로 문화·예술 이벤트의 일반적인 장르에 포함되지 않은 미술제와 비엔날레, 무용제, 뮤지컬, 마당극 등 '기타 문화·예술 이벤트'가 있다. 이 영역에 속하는 예술 행사는 여러 예술 영역이 복합적으로 구성되어 있고 비교적 새로운 장르도 많아서 기존의 고정된 잣대로 분류하거나 하나의 통일된 특징을 파악해 내기에는 어려운 점이 많다.

또한 대부분 후발 주자로 지역의 정체성을 확립하기 위한 문화 이벤트 형태가 많으며, 기존의 정형화된 문화공연의 고정된 틀을 벗어나 새로운 예술 감각과 감흥을 관객에게 주고 있다.

앞으로도 더욱 다양하고 개성적인 형태의 복합적인 문화·예술 이벤트는 기존 예술 행사의 주체에게는 새로운 도전과 경쟁을 불러일으키고 문화 · 예술을 사랑하고 관심이 많은 관객에게는 또 다른 가능성을 열어 주게 될 것이다.

(4) 문화 · 예술 이벤트의 쟁점

최근에는 기업뿐만 아니라 지방자치단체와 여러 공공기관에서도 문화 이벤트에 대한 높은 관심을 보이고 있다. 이것은 누구나 접근하기 쉽고 공감이 용이한 문화를 이용해 지역을 특성화하고 지역 주민의 적극적인 참여를 유도하며 다양한 교류와 더욱 나은 커뮤니케이션을 구축하려는 움직임이 활발하기 때문이다.

현대사회가 점점 성숙 사회로 움직이면서 소비자나 관객은 고도 성장시대에 향유해 왔던 물질적인 충족보다는 삶의 질과 자신의 개성, 타인과의 차별성을 중시하는 정신적, 문화적인 충족을 추구하게 되었다. 현대인의 생활은 그 자체가 하나의 문화로 인식된다.

또한 기업과 지자체는 경쟁 대상과 비교해 차별성과 우위성을 확보하기 위한 전략적 수단으로서 본래의 존재 가치에 새롭게 문화성을 부여하거나 창출하고 있다. 이와 함께 기업과 지역의 문화를 다양하고 독창적으로 표현, 소통할 수 있는 커뮤니케이션 방식을 더욱 중시하는 움직임도 두드러지게 나타나고 있다. 즉 문화 · 예술 이벤트는 기업을 비롯한 해당 주체의 '문화성'을 표현하는 핵심 수단, 그리고 새로운 창구로서 주목되어야 한다.

3. 전시 · 박람회 이벤트

전시 이벤트나 전시 산업의 중요성이 인식되기 시작하면서 '마이스(MICE)'라는 용어가 자주 사용되고 있다. 특히 MICE 산업과 관련성이 많은 전시 · 박람회 이벤트는 사람마다 그 개념을 이해하는 방식과 사용 방법에 서 다양성을 보이고 있다. 특히 박람회, 견본시나 교역전, 전시회 등은 각자 독립된 의미와 특징이 있는 용어로 이에 대한 명확한 구분이 필요하다.

또한 공공기관이나 기업은 고객과 만나는 새로운 커뮤니케이션 채널로서 전시관이나 홍보관 등을 설립해 다양한 전시 마케팅과 홍보 활동을 전개하고 있다.

(1) 전시 이벤트 개념의 혼돈과 오용

전시 이벤트는 이벤트의 형태 분류에 의해 세분화된 양식의 하나로, 기존 이벤트와 다른 특징을 나타내며 다양하고 차별화된 현장 매체의 전시 기법이나 연출 효과를 이용해 의도된 목적을 창출한다.

일반적으로 전시 이벤트는 일정한 공간을 효율적으로 활용해 제품이나 서비스를 전시하거나 연출하는 과정에서 영상이나 음향효과를 비롯한 다양한 프레젠테이션 방법을 동원해 방문객이나 관람객에게 만족을 제공하는 이벤트를 가리킨다. 현장 매체의 장점을 바탕으로 조직체가 의도하는 것을 직접적이고 쌍방향으로 제시해 매체의 효율성을 극대화한다. 특히 시각적으로 공간의 가치를 창출해 소구할 수 있기 때문에 이를 잘 활용하면 다른 유형의 이벤트 형식보다 차별된 효과를 기대할 수 있다.

▼ 박람회 사례 - 순천 정원박람회

전시 이벤트는 최근 정착된 개념이기 때문에 사람마다 그 개념을 이해하는 방식과 사용 방법이 다양하다. 전시 현장이나 학계에서 전시 이벤트와 관련된 용어가 정확한 개념 없이 사용되거나 각자 소속된 입장에 따라 편의적으로 이해되고 혼돈되어 구사되고 있기 때문이다.

한 예로 가끔 눈에 띄는 전시 박람회, 전시 컨벤션이라는 용어는 정확한 개념 구분에 따른 명칭 사용이 아니다. 아마도 이러한 현상은 개별 용어에 대한 정확한 이해가 부족하거나 아직 전시회와 관련된 개념이 사회적으로 정착되지 않아 용어에 대한 이해를 돕기 위해 융합된 표현이나 어휘를 사용하고 있는 것으로 생각된다.

(2) 박람회 · 전시회 · 견본시 · 컨벤션의 개념과 특성

박람회(Exposition), 견본시나 교역전(Show/Fair), 전시회(Exhibition) 등은 각자 독립된 의미와 특징이 있는 용어로서 이에 대한 명확한 구분이 필요하다. 이것이 전시 이벤트를 이해하는 첫 걸음이다.

이벤트 마케팅 관점에서 보면 전시회와 박람회, 교역전·견본시 등은 '전시(형) 이벤트'로 구분해 비교적 비슷한 속성을 가진 이벤트로 간주한다. 그러나 컨벤션은 전시 이벤트 방식에 국제 회의나 세미나, 각종 강연회가 함께 개최된다. 전시 요소와 공간 연출에 의한 기대 효과 외에도 쌍방향적인 회의 방식이 가미됨으로써 '부가가치가 높은 정보형 전시 이벤트'로 규정해 기존의 전시(형) 이벤트와 별도로 구분하고 있다.

이에 대해 관광학적 시각에서는 전시회와 박람회, 교역전·견본시 등은 산업전시회로, 또한 컨벤션은 '회의 이벤트'로 명명해 구분하고 있다.[12]

먼저 박람회는 전시 이벤트와 관련된 용어 가운데 잘못 사용되고 있는 대표적인 용어다. 창업 박람회나 웨딩 박람회, 꽃 박람회 등과 같이 엄밀히 구분하면 박람회의 범주에 속하지 않는 경우에도 박람회라는 용어가 혼용되거나 습관적으로 남용되는 사례를 흔히 볼 수 있다.

박람회는 교역전·견본시와 차별되는 개념이다. 견본시가 관련 업계나 산업 분야의 극히 제한된 타깃을 대상으로 해 경제적인 이익을 얻으려고 실시되는 데 반해, 박람회는 일반적으로 참가하는 대상이 매우 폭넓게 설정되며 문화나 전통, 역사 등과 같이 광범위한 주제를 가지고 열리기 때문에 비상업적인 성격을 띤다. 또한 견본시는 3일 이내에 매년 정기적으로 개최되지만 박람회는 대규모로 많은 자본과 인력이 투입되며 수개월 동안 비정기적으로 열린다. 여기서 주목할 것은 교역전과 견본시는 같은 의미로 사용될 수 있지만 견본시는 일본식 표기라는 점이다. 이 때문에 교역전을 선호하는 경향도 있다.

전시회는 명확한 구분이 어렵지만 박람회와 견본시의 중간 형태라고 볼 수 있다. 견본시보다는 행사 기간이 길고 일반인도 참가하는 형태로 참여 대상도 관련 업계에 한정되지 않으며, 상업적인 요소나 비상업적인 요소가 섞여 개최되는 것이 보통이다.

또한 컨벤션은 단순히 국제회의만을 의미하는 것이 아니라 넓은 의미의 정보력과 부가가치의 활용도가 높은 회의 이벤트 총칭이다. 전시회와 회의형 이벤트가 함께 구성되어 전시 활동에 대한 정보의 부가가치를 창출하며, 이를 위해 정보나 통신, 영상, 음향 등 프레젠테이션 기법뿐만 아니라 방문객의 흥미를 유도하기 위한 엔터테인먼트 요소가 동원되기도 한다.

12) (주) 김창수, 전시박람회 이벤트관광자의 특성 분석, 『문화관광연구』, 6권 3호(통권 제16호), 관광경영학회, 2002년 10월, p.91

(3) 전시 이벤트와 전시관

전시 이벤트 중 또 다른 차별된 특징을 보이는 영역은 전시관이다. 전시관에는 기업홍보관, 테마관, 쇼룸과 매장, 이벤트홍보관, 팝업 스토어 등이 있다.

기업은 자사의 제품과 서비스를 홍보하고 판매하기 위한 수단으로서 전시회나 견본시에 참가한다. 크게는 박람회장의 기업관에 출품하는 방법도 있고, 경우에 따라서는 회의 이벤트 형태로 세미나나 국제회의 등 컨벤션에 참여하기도 한다. 그런데 최근 들어 소비자를 설득할 수 있는 매체에 대한 접근 방법이 다양해지면서 매스미디어뿐만 아니라 쌍방향적이고 직접적인 현장 매체의 장점을 이용해 제품과 서비스 외에도 기업의 문화와 이념, 활동 등을 보다 설득력 있고 자연스럽게 전달할 수 있는 기업의 전시 홍보관이 새로이 주목받고 있다.

기업홍보관은 현장의 다양한 볼거리와 체험 프로그램, 엔터테인먼트적인 요소로 재미와 감동을 전달할 수 있다는 장점이 있다. 무엇보다 전시회, 견본시, 박람회, 컨벤션 등의 전시 이벤트는 특정한 기간만 한정해 참가할 수 있다는 제약이 있는 반면, 기업홍보관 등 전시관을 이용하는 것은 연중 개관해 상시적으로 기업이 소구하고자 하는 내용을 방문하는 고객에게 자유롭게 전달할 수 있다는 점이 중요하다.

기업홍보관은 이미 현장 매체의 다양한 특성에서 오는 장점 외에도 기업의 사회적 책임을 다하는 메세나 활동에 대한 참여 수단으로도 많은 주목을 받고 있다. 또한 마케팅 활동

▲ 전시이벤트 사례 - 서울 국제모터쇼

에서도 기존의 광고 중심에서 벗어나 소비자의 개성과 다양성, 매체의 선호성 등을 고려해 좀 더 폭넓은 매체 활동을 중시하는 코퍼레이트 커뮤니케이션(corporate communication)이 강화되면서 선진국에서는 기업의 참여가 이미 보편화되고 있고, 우리나라에서도 삼성, LG, SK, 금호 등 대기업을 중심으로 본격적인 궤도에 들어서고 있다.[13]

13) (주) 김희진, 『MICE, 고부가 전시 이벤트』, 커뮤니케이션북스, 2011, pp.19~25

(4) 전시 이벤트의 쟁점

전시 이벤트는 일정한 공간의 전시 기법이나 연출 효과를 효율적으로 활용해 방문객의 만족을 이끌어 내는 특징을 갖고 있다. 특히 다른 이벤트 영역과는 다른 특성으로 주목되는 것은 참가 업체나 출품 업체의 역할과 기능이다.

주최자가 모든 것을 기획 · 연출해 방문객의 평가를 받게 되는 일반적인 이벤트와 다르게 전시 이벤트는 참가 업체가 행사장이나 부스를 임대하여 제품과 전시품을 독자적 형태로 전시 · 소개하고 소기의 목적을 달성한다.

다시 말해서 대부분의 이벤트에서는 주최자가 주로 관객과 방문객을 대상으로 다양한 볼거리와 프로그램으로 만족을 제공하고 있다. 그러나 전시 이벤트는 대회의 참가 업체나 출품 업체가 구성 요소로 참여해 이들이 출품한 전시품으로 일반 방문객에게 시각적 · 정보적인 편익을 전달하고 있다.

따라서 전시 이벤트가 성공하기 위해서는 방문객에게 참가를 설득하기에 앞서 사전에 충분한 시간을 가지고 참가 업체나 출품 업체에 대한 유치 활동에 최선의 노력을 기울일 필요가 있다.

4. 스페이스 마케팅과 이벤트

공간가치의 활용과 재창출이 요구되는 전시 이벤트에서는 마케팅 시각을 확대하기 위해 스페이스 마케팅의 개념을 도입하고 있다. 전시 이벤트는 특성상 제한된 장소와 공간의 효율성을 이용해 방문객을 설득하는 마케팅적인 사고와 시각이 매우 중요하다.

오늘날 도시나 공공기관의 건축물이나 전시관, 그리고 백화점, 슈퍼마켓 등 유통 기관을 비롯한 상업 시설 등 다양한 전시 대상물과 공간을 이용해 고객에게 강력한 자극을 주거나 설득적인 요소를 제공하고 의도된 효과를 거두려는 상업적 행위가 주목 받고 있다.

(1) 스페이스 마케팅의 개념과 특징

우리 주변에 있는 여러 생활공간을 살펴보면 다양한 형태의 유무형 공간(Space)들을 쉽게 발견할 수 있다. 점포와 같은 아주 작은 상업 공간에서부터, 백화점이나 슈퍼마켓 등의 상업 시설같이 이윤이나 경제성과 직접적인 연관 있는 공간, 그리고 박물관이나 전시관 같은 공공기관의 비상업적 공간에 이르기까지 다양한 전시 공간이 자리 잡고 있다.

이와 같이 우리 주변의 상업적 배경을 가진 모든 공간에서 이루어지는 마케팅 활동을 '스페이스 마케팅(space marketing: 공간 마케팅)'이라 한다. 스페이스 마케팅은 목표 소비자를 대상으로 해 공간을 효율적으로 관리하고 의도된 목적을 달성하기 위해 다양한 마케팅 방법을 통합적으로 제공하는 행위나 일련의 과정이다.[14]

스페이스 마케팅이라는 용어에서 알 수 있듯이 공간을 이용한 마케팅 활동의 핵심은 결국 소비자나 고객, 방문객들이다. 수요자의 관점에서 모든 것을 생각하고 가치를 창출하는 것은 시장에서의 경쟁적 우위를 차지하는 마케팅의 중요한 가치이다.

시장경제의 한 중심이 되는 공간을 효율적으로 관리하고 수요자가 요구하는 것을 제대로 찾아내어 가치를 제공하고 교환 과정을 창출하는 것은 마케팅 활동의 중심이 되고 있다. 시장의 흐름이나 고객의 요구를 올바로 반영하지 못한 공간 연출이나 비효율적인 형태의 시설, 그리고 공간의 전략적 접근을 무시한 시설들은 시장에서 경쟁력을 갖지 못하고 뒤떨어지게 될 것이다.

(2) 공간과 마케팅

마케팅과 광고 전략에서 경쟁 기업과 차별화가 중요하듯이 스페이스 마케팅에서 경쟁력을 발휘하기 위해서도 차별화가 필요하다. 기업의 존립 목적인 이윤 창출을 극대화하려면 변화하는 마케팅 환경에서 소비자의 트렌드를 정확히 파악하고 신제품 개발에서 이벤트, 프로모션 전략에 이르기까지 차별화가 선행되어야 한다.

또한 스페이스 마케팅은 마케팅 환경 요인 중 문화적 배경 또는 문화적 감성에 대한 영향을 충분히 반영해야 한다. 스페이스 마케팅은 특성상 문화적 환경을 주요 대상으로 하고 있으며 공간의 규모와 특성을 이해하고 이용하거나 방문하는 고객들에게 현장의 분위기와 공간 연출을 활용해 감성을 자극하고 감동을 전달해야 한다.

이것은 바로 현장 매체의 특성을 잘 살려서 기존의 대중매체가 할 수 없는 사람의 감성(感性)과 오감(五感)을 자극하는 것이다. 공간의 분위기나 레이아웃, 동선, 규모의 차별화로

---

14) (주) 홍성용, 『스페이스 마케팅』, 삼성경제연구소, 2008, pp.38~41

시각적인 자극은 물론 단순한 관람이 아니라 다양한 프로그램에 직접 참가해 체험함으로써 고객의 즐거움을 배가시키고, 소구의 폭도 더욱 증가하는 효과를 기대할 수 있다.

(3) 차별화된 디자인과 클러스터 효과

스페이스 마케팅에서 차별화된 외관은 다른 곳과 경쟁력을 강화하기 위한 수단의 하나로 매우 중요하다. 특정 건물이나 상업 시설은 단독으로 차별화된 외형적인 특징이나 디자인으로도 효과를 발휘하지만, 주변 시설과의 연계로 통합적인 효율성과 종합적인 기능을 함께할 때 시너지 효과를 창출할 수 있다.

지역 공간의 효율성을 향상시키기 위해 출발한 개념인 '클러스터 효과(Cluster Effect)'는 주변 시설과 자원이 공간적으로 통합되고 함께 모여 있을 때 발휘된다. 효율적인 전시 이벤트, 테마파크의 운영과 관리를 위해 주변 관광자원이나 시설물이 통합적으로 운영, 관리되어 시너지 효과를 극대화하는 사례에서 클러스터 효과가 매우 중요함이 입증되었다. 테마파크의 클러스터 효과는 몇 개의 시 · 군이 각각 보유하고 있는 차별화된 관광자원이나 시설물들을 서로 유기적으로 결합, 연계해 자원의 가치를 극대화하고 경쟁력을 강화하려는 차원에서 주목하게 되었다.

(4) 집객력의 필요성과 홍보의 역할

스페이스 마케팅과 같이 일정한 장소에서 고객에게 소구하는 현장성을 중요시하는 분야는 성공하기 위한 기본적인 기준을 가지고 있는데 바로 집객력이다. 상업 시설이나 공간의 가치로 사람을 설득하는 비즈니스의 기본 전제는 사람을 모으는 것이며, 이것을 집객(集客)이라 한다.[15]

상업 시설이나 건물을 상품화하는 스페이스 마케팅 분야 외에도 이벤트나 축제, 테마파크, 전시 산업과 같이 현장성을 고객에게 소구하는 분야는 관객을 효과적으로 동원해야 소기의 목적을 달성할 수 있다.

스페이스 마케팅 분야나 이벤트 산업은 일정한 관객을 대상으로 집객력을 확보해야만

---

15) (주) 도비오카 겐, 최유진 역, 『이벤트의 마술』, 김영사, 1998, pp.20~23

성공을 담보할 수 있다. 이것은 일정한 장소나 공간에서 가치를 전달하는 현장과 체험 매체의 속성을 갖고 있으며 현장을 방문한 사람을 대상으로 해 다양한 가치와 특색 있는 볼거리를 제공하고 만족도를 평가받기 때문이다. 한마디로 오지 않는 고객이나 방문객에게 만족을 줄 수는 없는 것이다.[16]

사람이 모이지 않는 건축물이나 상업 공간은 생명력을 상실하게 된다. 왜냐하면 건축이나 시설물들은 그 자체적인 의미보다는 그곳을 방문한 사람과 더불어 가치를 창출할 수 있기 때문이다. 관객이 없는 영화나 공연이 그 자체만으로 아무런 의미나 가치가 없듯이 거리나 도시 그리고 장소, 공간은 사람들이 머물고 함께할 때 존재의 가치가 창출된다.

(5) 스페이스 마케팅과 이벤트의 쟁점

일반적으로 전시 이벤트는 일정한 공간을 효율적으로 활용해 제품이나 서비스를 전시하거나 연출하는 이벤트 형태를 가리킨다. 특히 전시 이벤트는 시각적으로 공간의 가치를 창출해 소구할 수 있기 때문에 스페이스 마케팅의 활용이 중시된다.

스페이스 마케팅은 마케팅학과 같은 이론과 학문 체계를 갖춘 정통 입장에서 출발한 것이라기보다는 마케팅의 기능 측면을 강조하면서 주목받기 시작했다. 특히 오늘날과 같이 쌍방향적이며 직접적인 마케팅 효과를 중시하는 사회적인 배경 속에서 더욱 각광받게 되었다.

전시 이벤트의 효과를 극대화할 수 있는 스페이스 마케팅의 핵심은 결국 전시 공간이나 장소를 방문하는 소비자나 고객, 방문객들이 중심이 된다. 이것은 수요자의 관점에서 모든 것을 생각하고 가치를 창출하는 것이 오늘날과 같은 공급 시장의 과잉 환경에서 경쟁 우위를 차지하기 위한 마케팅 활동의 중요한 덕목이기 때문이다.

전시 공간과 장소를 효율적으로 관리하고 수요자가 요구하는 것을 제대로 찾아내어 가치를 제공하고 교환 과정을 창출하는 것이야말로 스페이스 마케팅의 중심이다. 시장의 흐름이나 고객의 요구를 올바로 반영하지 못한 공간 연출이나 비효율적인 형태의 시설, 그리고 공간의 전략적 접근을 무시한 시설물들은 시장에서 경쟁력을 상실한 채 수요자의 선택과 관심에서 멀어지게 될 것이다.

---

16) (주) 김희진, 『MICE, 고부가 전시 이벤트』, 커뮤니케이션북스, 2011, pp.203~219

특히 공간의 효율성을 향상시키기 위해서는 주변 시설이나 자원과 통합되고 연계된 클러스터 효과가 요구되며, 집객력을 높이기 위해 효과적인 홍보 활동이 전개되어야 한다.

5. 스포츠 이벤트

최근 스포츠 이벤트는 불황 속에도 꾸준한 성장을 지속하고 있다. 특히 스포츠 이벤트 시장은 스포츠가 가지고 있는 다양한 특성을 바탕으로 한 스포츠 마케팅과 이벤트의 기획과 연출, 프로모션 능력의 향상에 힘입어 짧은 기간에 급속한 성장을 달성했다. 또한 건강에 대한 관심이 사회 전반적으로 확산되고, 레저 붐과 함께 전반적인 스포츠 인구의 꾸준한 증가로 향후 발전 가능성이 높을 것으로 보인다.

(1) 스포츠 이벤트의 개념과 특성

올림픽, 월드컵, 세계육상선수권, 포뮬러원(F1) 대회 등은 세계적으로 관심을 모으고 있는 대표적인 스포츠 이벤트다. 이들은 행사의 규모나 영향성에서 파급적인 효과가 매우 큰 메가 이벤트의 특징을 갖고 있다. 스포츠 이벤트는 국제적 차원에서 막대한 경제적 영향력을 끼치는 초대형 행사에서부터 소규모 단체가 주관하는 체육대회까지를 포함하고 있는데 다른 이벤트와 차별되는 특성을 나타낸다.

스포츠 이벤트는 기업, 조직, 단체 등이 특정 목적 아래 스포츠가 갖고 있는 건강미, 오락성, 역동성, 스타성 등의 특성을 이용해 주최 혹은 협찬 형태로 이루어지는 스포츠 행사나 제전 등을 총칭한다.

최근 스포츠 이벤트는 지속적인 성장과 사회적인 관심을 유도하고 있다. 이와 같은 배경에는 다음과 같은 요인이 저변에 깔려 있다.

첫째로 현대인의 건강에 대한 높은 관심도를 지적할 수 있다. 매일같이 정신적 스트레스 속에서 생활하고 있는 사람에게는 스포츠는 똑같은 일이 반복되는 일상에서 벗어나 스트레스를 해결할 수 있는 청량제 같은 역할을 한다. 특히, 고령화 사회로 전환하고 있는 현대사회에서는 과거 스포츠에 대한 관심도가 낮았던 노인층으로까지 스포츠 인구의 고른 연령별 분포가 확산되고 있다.

둘째로 여성의 활발한 스포츠 참가를 들 수 있다. 취업 여성의 증가 현상은 '제3의 성'으로 불릴 만큼 사회, 경제적 변혁의 주체가 되고 있다. 특히 안정된 경제력을 바탕으로 한 라이프스타일의 변화는 여성의 여가시간을 크게 증가시켜 스포츠에 대한 관심을 유도하게 되었다. 또한 건강 유지와 몸매 관리, 사교 등의 분명한 참가 동기와 목적의식을 나타내며 적극적인 참여 형태를 보인다. 따라서 남성의 전유물 또는 제한된 특정층만 관여하던 스포츠에 대한 본래 이미지와 역할은 차츰 변화하고 있다.

한편 스포츠 이벤트는 관전형과 참가형으로 구분해 특성과 효과를 설명할 수 있다.

첫째, 관전형 스포츠 이벤트는 기업이나 특정 단체가 소비자, 관객에게 화제나 볼거리를 제공하기 위해 스포츠와 관련된 프로나 유명 선수들을 초청해 주최하는 여러 형태의 행사나 대회를 말한다. 이것은 간접적인 관전 방식이 우선되며, 이미지 향상과 수익 증대 등을 목적으로 매스미디어를 이용해 불특정 다수의 많은 사람에게 관전의 즐거움을 제공하는 이벤트다.

관전형 스포츠 이벤트는 실제 경기장을 방문해 관람하는 '직접 관전'과 TV 중계로 시청하는 '간접 관전' 방식으로 구분된다. 경기장과 같은 제한된 장소에서 관람하는 직접 관전보다는 TV 중계를 통한 간접 관전 방식의 경우가 메시지 수용자의 규모나 스폰서십(Sponsorship)에 의한 상업적인 활용과 효과 면에서 그 기대 효과가 매우 크다.[17]

1984년에 개최되었던 LA올림픽은 올림픽을 상업적으로 이용해 성공시킨 최초의 사례로 유명하다. 이전까지 적자로 운영되었던 올림픽대회를 TV 중계권을 통한 스폰서십과 다양한 스포츠 마케팅을 활용해 올림픽을 개최해 국가의 위상을 높이고 경제적 파급 효과와 대회의 흑자 운영에도 성공해 이후 올림픽 마케팅의 좋은 선례를 남겼다.

올림픽 등 메가 이벤트는 대회 기간 중 세계 각국의 많은 사람들에게 동시간대에 TV 중계가 가능하다는 사실만으로도 상업 가치가 충분해 급속히 인류 최대의 스포츠 이벤트로 성장했다. 한국은 스포츠 마케팅에 관심이 많은 대기업을 중심으로 2002 한일 월드컵대회를 비롯해, 2011 대구 세계육상선수권대회, 영암 세계F1대회 등을 유치하고 적극적인 홍보와 프로모션 활동을 하였다. 이는 대회를 개최해 얻게 되는 파급 효과와 기타 부수적인 수익 창출에 대한 기대 때문이다.

---

17) (주) 宣傳會議編, 『新時代のイベント戦略』, 宣傳會議, 1989, pp.114~118.

둘째, 참가형 스포츠 이벤트는 지방자치단체나 기업, 학교 등의 조직체가 참가자의 건강 증진과 공동체 의식의 강화를 목적으로 자발적인 참가를 유도해 개최하는 스포츠 행사다. 공익성이 크고 교류나 친선 목적의 성격이 강하며, 일반인이 직접 참가해 체험하는 이벤트 형태다.

기업이 주관하는 관전형 스포츠 이벤트는 기업의 수익성과 이미지 향상을 목적으로 시행되는 데 반해, 지자체는 지역 주민들의 자발적인 참가를 유도해 참가자와의 원활한 커뮤니케이션과 건강 증진 등 비영리 목적으로 시행된다. 이러한 참가형 이벤트에는 전국소년체전, 전국체육대회, 그리고 주민 참가를 위해 각 시도별 자치단체가 주최하는 각종 스포츠 행사, 또는 기업이 주관하는 사내 체육대회, 학교 운동회 등이 포함된다.[18]

그러나 참가형 이벤트는 공공성이나 사회성에 너무 치우치지 않고 스포츠에 관한 사회적 관심도나 유행 패턴, 시대 상황 등을 잘 파악해 시행하는 것이 중요하다. 사회적, 문화적 환경이나 시대적 트렌드를 기획력에 제대로 반영하고 활발한 프로모션을 전개하며, 스포츠에 대한 흥미를 유발시키고 대중적인 보급과 확산에 많은 역량을 기울여야 한다.

(2) 스포츠 이벤트의 기대 효과와 활용법

스포츠 이벤트가 가져올 기대 효과와 활용 가치를 새롭게 인식하는 데에는 다음과 같은 몇 가지 이유가 있다.

첫째, 스포츠는 모든 사람이 접근하기 쉬운 주제이며, 국경과 문화를 초월해 누구나 쉽게 공감대를 형성할 수 있기 때문에 대중매체에 의한 퍼블리시티 효과가 기대된다. 또한 다양한 파트너십과 스폰서십을 통해 마케팅 커뮤니케이션 전략의 중요한 수단으로 활용할 수 있다.

둘째, 올림픽이나 월드컵 등 대형 스포츠 행사의 개최로 스포츠는 국제관계나 정치적 주요 변수로 작용하며 국제교류와 친선의 원동력이 되고 있다.

셋째, 스포츠 이벤트 진행 중에 기업명과 상품명이 유명 선수의 유니폼이나 펜스 광고 등을 통해 직접 노출되어 브랜드 고지와 이미지 향상에 도움이 된다.

---

18) (주) 김희진, 『세일즈프로모션』, 커뮤니케이션북스, 2004, pp.341~347

넷째, 대중매체에 의한 사전 홍보 활동으로 퍼블리시티 효과를 기대할 수 있으며, 경기 중에도 TV 중계 등 매스미디어와 효과적인 믹스 전략으로 폭넓은 파급 효과를 기대할 수 있다.

다섯째, 스포츠 이벤트에 대한 협력과 후원은 스포츠의 건강한 이미지가 기업의 이미지와 잘 연계되어 호감도가 조성되기 쉽고, 거래 회사의 인센티브 효과를 높이고 신뢰감 조성에도 도움이 된다.

여섯째, 유명 선수의 인기도, 지명도를 이용해 강한 화제성을 유발하기 쉬우며, 기업과 상품의 캐릭터 전략이나 광고 캠페인, 스타 마케팅 등에 활용할 수 있다.

일곱째, 대형 스포츠 이벤트는 개최 지역의 도로정비와 설비 투자, 그리고 지역 산업 개발을 통해 지역 활성화에 기여할 수 있다.[19]

(3) 스포츠 이벤트의 쟁점

최근 들어 기업은 마케팅 전략의 차별성과 기업의 사회적 역할이 강조되면서 스포츠 이벤트를 주목하고 있다. 스포츠 이벤트 영역은 야구, 축구, 농구, 배구를 비롯해 사이클, 경마, 자동차경기 등 모든 분야에 걸쳐 다양화 되고 있으며, 그 규모도 대형화되고 국제화가 가속화되어 과거와 비교되지 않을 정도로 괄목할 만한 성장을 이룩했다.

스포츠 이벤트는 국가, 문화를 초월해 누구나 공감·접근하기 용이하기 때문에 마케팅과 커뮤니케이션 측면에서 어떤 형태의 이벤트보다 기대 효과와 활용 가치가 매우 높다. 또한 매스미디어의 파급 효과를 바탕으로 한 후원, 협력, 협찬 등 스폰서십과 파트너십은 여러 형태의 비즈니스 전환이 용이해 상업적인 활용을 극대화할 수 있다.

앞으로 여가 선용과 건강을 지향하는 사회 분위기에 힘입어 보다 넓은 영역의 대상으로부터 스포츠 이벤트에 대한 관심이 증대될 것으로 예상되며, 부가가치와 파급 효과에 대한 인식 확대로 여러 방면에서 활용이 재검토되어야 할 것이다.

---

19) (주) 김희진, 『IMC시대의 이벤트기획론』, 커뮤니케이션북스, 2001, pp.177~183.

6. 캐릭터 마케팅

캐릭터는 경쟁 대상과의 차별화와 정체성(Identity)을 표현, 확립하기 위한 다양한 수단을 포함한다. 캐릭터에 본질적으로 내재된 상징성·독창성·친화성 등의 특성 때문에 오늘날 여러 분야에서 자주 활용되고 있다.

최근 의료기관이나 병원에서는 본연적으로 가지고 있는 이미지의 단점을 보완하고 친근감을 주는 새롭고 차별화된 이미지를 창출하여 고객에게 만족을 증가시키는 사례가 등장하고 있다. 의료서비스의 마케팅·홍보 활동의 효율적인 수단으로서 뿐만 아니라 방문객의 만족도를 극대화하려는 수단으로서 캐릭터 마케팅에 보다 많은 관심이 필요하다.

(1) 캐릭터의 개념과 특징

캐릭터(character)란 광고, 마케팅뿐만 아니라 여러 비즈니스 속에 자주 사용되는 상징물로 실존하는 것과 가공의 것이 모두 포함된다. 여기에는 독자적인 인물, 동물, 사물, 기호 등의 사진 또는 일러스트레이션 등이 있으며 만화를 비롯해 애니메이션, 게임, 소설, 영화, TV, 이벤트, 스포츠 등에 다양한 형태로 등장한다. 또한 통합적인 마케팅 계획과 효과적인 관리를 위해서는 개성이 강하고 주목을 끌기 쉬운 캐릭터가 자주 사용되며, 장기간에 걸쳐 지속적으로 활용되어야 효과를 기대할 수 있다.

캐릭터의 유사 용어로 마스코트(Mascot)와 아이캐처(Eye Catcher), 캐리코트(Characot)가 있다. 마스코트는 캐릭터보다는 제한적인 의미를 가지고 있는데, 특히 스포츠 이벤트 분야에서 자주 사용된다. 마스코트의 어원은 프랑스 프로방스 지방의 마녀(masco) 혹은 작은 마녀(masot)에서 출발했다. 본래 부적의 일종으로 목에 걸거나, 팔 또는 모자, 의복 등에 부착하거나 소지하면 행운을 가져온다고 믿는데서 출발했다. 하지만 시간이 지나면서 사람, 동물, 식물, 기타 상서로운 의미를 담는 대상물을 포괄적으로 의미하게 되었다. 근래에 이르러서는 시각적으로 아름답고 대상의 특징을 단순하게 표현하는 기법이 추가되고, 귀엽고 친근감을 주는 이미지의 상징물로 정착되면서 기업의 프로모션 활동이나 이벤트, 축제의 이미지를 향상시키기 위한 총체적인 시각 수단이나 요소로 통용되고 있다.[20]

20) (주) 『디자인 용어사전』, 미진사, 1983, p.202

이 밖에 캐릭터와 '아이캐처'가 혼동되는 경우가 많은데 이를 구별할 필요가 있다. 캐릭터는 기업이나 상품의 개성, 특성을 표현하기 위해 모든 상징물을 포함하는 포괄적인 의미가 내포되어 있지만, 이에 비해 아이캐처는 단순히 주의를 끌기 위해 광고나 사인(sign)물에 사용되는 개성적인 기호나 일러스트레이션을 가리킨다. 아이캐처의 연속 사용으로 제2의 트레이드마크(Trade Mark) 같은 존재가 된 것을 트레이드 캐릭터(Trade Character)라고 한다.[21]

또한 캐리코트는 캐릭터와 마스코트의 합성어로 표현되며 주로 스포츠 이벤트의 마스코트를 대신하는 용어로 사용된다. 귀엽고 독특한 디자인으로 남녀노소 가릴 것 없이 폭넓은 인기를 얻고 있다. 그 밖에 심벌마크(symbol mark)를 변형시킨 엠블럼(emblem) 형태로 캐릭터를 대용하는 경우도 있다.[22]

흔히 캐릭터 산업은 'Non Age, Non Sex, Non Generation' 비즈니스로 표현된다. 이것은 연령과 성에 관계없이 모든 고객의 흥미와 관심을 유도할 수 있으며 세대를 초월해 사랑받을 수 있는 고부가가치 산업이라는 것이다. 이와 같이 캐릭터가 여러 기업이나 다양한 기관의 관심을 유발하는 이유는 캐릭터 안에 본질적으로 내재한 상징성, 차별성, 독창성, 오락성, 문화성 등으로 경쟁 대상과 손쉽게 차별되고 넓은 계층의 메시지 수용자에게 심리적 위안이나 친밀감 등이 전달될 수 있다는 장점 때문이다.[23]

(2) 캐릭터의 종류와 분류

기업이나 공공기관에서는 마케팅 커뮤니케이션의 수단으로 제품과 서비스에 대한 부가가치 창출을 위해 캐릭터를 이용하는 사례가 증가하고 있다.

1990년대 이후 시작된 범세계적인 캐릭터 열풍과 함께 현재 우리 주변에는 말할 수 없이 많은 다양한 종류의 캐릭터들이 범람하고 있다. 단순한 상징적인 의미를 갖는 심벌에서부터 비즈니스적인 측면까지 다양하게 활용되고 있는 캐릭터의 종류와 특성을 정리해 보기로 하자.

---

21) (주) 김현주, 『캐릭터와 캐릭터 산업에 관한 연구』, 광주대학교 석사학위논문, 1997, pp.6~9
22) (주) 송낙웅, 『캐리코트 뱅크』, 창지사, 1997, pp.6~12.
23) (주) 미야시타 마코토·정택상 역, 『캐릭터비즈니스 감성체험을 팔아라』, 넥서스BOOKS, 2002, pp.43~44.

가) 광고(캠페인)캐릭터

주로 대중 매체를 이용하여 등장한 캐릭터를 말하는데 광고의 차별성과 이미지 부각을 위하여 가공의 것이든 실존의 것이든 사용하게 된다. 캠페인 전략의 일환으로 TV광고를 통하여 등장하는 것이 일반적으로 제품과 기업의 이미지를 손쉽게 전달할 목적으로 사용된다. 치토스의 '체스터', 세븐업의 '파이도디도', 일본 닛싱식품의 'UFO맨', 환경캠페인의 '초롱이', 그리고 최근 큰 광고효과를 발휘했던 메리츠화재의 '걱정인형' 등이 있다.

나) 인물(유명인)캐릭터

실존하는 인기가수, 탤런트, 기타연예인과 같은 엔터테이너와 스포츠 스타의 인물 캐릭터를 말하며 이들 인기인의 인물 초상권을 사업적으로 이용하는 사례가 많다. 인기인의 경우 지속적인 인기 관리를 위한 스캔들이나 인기도 등의 여러 가지 변수를 의도적으로 통제하기 어려운 점이 있는데 특히 일본의 경우에는 인기 연예인의 캐릭터만을 취급하는 전문 캐릭터 숍이 큰 호응을 얻고 있어 유명인기인마다 각자의 캐릭터 전문점을 경영하는 예는 흔하다. 인기가수, 유명 프로 스포츠 선수, 국내외 영화배우 등의 인물캐릭터가 있다.

다) 문구(팬시)캐릭터

디자인적인 측면에서 문구, 팬시회사에서 개발된 캐릭터들이 독자적인 제품군의 주인공으로서 제품 간의 차별적인 이미지가 해당 문구용품에 상품가치를 부여하는 것이다. 이러한 문구캐릭터는 애니메이션 캐릭터와 비교하여 영상매체를 통해 인지도를 제고하고 생명력을 불어넣기 힘들기 때문에 다른 분야에 비교하여 상품화되기는 어려운 측면이 있다.

그런 이유로 해서 문구회사에서는 애니메이션의 제작에 투자하여 문구캐릭터를 애니메이션 캐릭터로 재탄생시키려는 시도도 추진하고 있으며, 인물캐릭터와 마찬가지로 전문 캐릭터 숍에 의한 유통망이 잘 발달되어 있다. '바른손, 둘리 나라, 모닝글로리, 핑키 펭코' 등을 예로 들 수 있다.

라) 애니메이션(만화)캐릭터

주로 영상매체, 즉 영화나 비디오 그 밖의 멀티미디어를 통하여 등장하고 있는 캐릭터를 말하며 캐릭터 산업의 근간을 이루고 있다. 전통적으로 인쇄매체를 중심으로 한 만화 캐릭터가 인기를 끌면서 영상매체를 이용하여 애니메이션 캐릭터로 발전된 예가 적지 않다.

애니메이션은 인간의 손이 많이 가는 제작 구조상, 출시 후 극장 수입과 방영권과 같은 1차적인 필름 판매 수입만으로는 손익 측면에서 투자 회수가 불가능하기 때문에 캐릭터 사업을 병행하여 부가가치를 높이고 있다. 애니메이션 캐릭터는 크게 미국계, 일본계로 구분할 수 있다. '미키마우스', '뽀빠이', '톰과 제리' 등으로 대표되는 미국계의 캐릭터는 장기간 유행되는 캐릭터가 많고 일반적으로 생활용품 위주로 다양하게 상품화 사업이 전개된다. 이에 반해 '포켓몬', '디지몬', '호빵맨' 등의 일본계 캐릭터는 방영 기간을 전후한 비교적 단기간의 유행을 기반으로 게임, 문구, 팬시류 위주로 상품화가 이루어진다.

마) 기업 캐릭터

'코퍼레이트 캐릭터(corporate character)'라 하며 시각에 따라 큰 차이점을 보이고 있다. 기업 캐릭터는 기업의 대표하는 제1심벌로 사용되는 시각과 기업이 고객에게 부드럽고 친숙한 이미지를 주며 기업의 인지도를 높이고 통일된 이미지를 전달하기 위해 개발, 사용되는 경우가 있다.

기업심벌로 사용되는 예는 종근당의 '종', 유한양행의 '버들', 국민은행의 '까치'등이 있고 친숙하며 통일된 이미지를 전달하려는 캐릭터의 경우는 LG전자의 '코리', 현대증권의 '바이코리아', 용을 의인화한 쌍용그룹의 '투디', 롯데월드의 '로티와 로리' 등이 있다.

바) 브랜드 캐릭터

기업 캐릭터가 기업의 전체적인 차원에서 이미지 제고가 목적이라면 브랜드 캐릭터는 한 제품 또는 제품군의 독특한 이미지를 형상하기 위해 주로 사용되어 해당 브랜드의 모델 역할을 수행하고 있다. 예를 들어 미쉐린의 '비벤덤', 위니아의 '위니', '제니', '에니', 듀라셀의 '바니' 등이 대표적인 예라 하겠다.

사) 이벤트 캐릭터

각종 이벤트 행사, 전시, 문화, 지역, 스포츠 이벤트 등에서 행사의 취지와 성격에 맞는 캐릭터를 자체적으로 개발하여 이벤트의 홍보와 프로모션을 위한 목적으로 활용한다. 이벤트 캐릭터는 각종 기획 행사의 이미지 부각 및 흥미, 분위기 연출을 위하여 효과적으로 활용되기도 하는데 이를 이용한 상품화 사업은 행사 종료 시까지 일정한 기간 내에 활발하게 운영되는 것이 보통이다. 광주 비엔날레 '비두리', 대전EXPO '꿈돌이'가 그 대표적인 예이다.

아) 스포츠 캐릭터

스포츠 캐릭터는 스포츠 이벤트를 통하여 널리 사랑을 받게 되며 마스코트로 인지된 캐릭터는 이벤트가 끝난 뒤에도 오랫동안 상품화되기도 한다. 본래 스포츠 이벤트는 이벤트의 분류방법 중의 하나로 등장하기 때문에 위에 있는 이벤트 캐릭터에 포함시키는 것이 보통이지만 최근 이벤트 마케팅 분야가 활성화되어 다양하게 활용되고 있어 독자적인 영역으로 분류하였다.

한편 마스코트는 캐릭터와 합성어로 '캐리코트'로 표현되어 귀엽고 깜찍한 대상물로 남녀노소 가릴 것 없이 폭넓은 인기를 얻고 있다. 그 예로 서울올림픽의 '호돌이', 부산 아시아게임의 '곰무리', 최근의 소치동계올림픽 '레오파드, 해어, 폴라베어' 브라질월드컵 '풀레코' 등이 있다.

자) 시티캐릭터

브랜드 캐릭터가 기업과 그 기업이 만든 제품의 이미지 제고를 목적으로 사용되는 것이라면 시티 캐릭터는 지방자치단체가 재정적인 확충을 위한 '시티 마케팅(city marketing)', 활동의 하나로 그 지역을 대표할 수 있는 상징물을 상품화한 것을 가리키고 있다.

최근 지방자치제의 정착에 따라, 각 행정기간은 CI계획과 함께 독자적인 캐릭터를 제작하여 이벤트 행사 및 각종 수익 사업에 적극 나서고 있으며 이와 같은 추세는 앞으로 계속 이어질 전망이다. 남원의 '춘향', 장성의 '홍길동' 캐릭터, 함평 '나비' 캐릭터가 그 예이다.

차) 게임소프트 캐릭터

미국의 '할리우드'가 전 세계의 영화산업을 주도 하고 있다면 일본은 전체 전자오락 소프트웨어 시장을 주도한다고 할 수 있다. 미국의 게임 소프트웨어는 일본의 취약한 부분인 인터넷 부분에서나 간신히 명맥을 이어가고 있을 정도이다.

'파이널 판타지 시리즈'를 비롯하여 '철권 시리즈', '파워풀 프로야구(야구게임의 새 장을 연 소프트)', '마리오', '록맨' 등 주로 일본에서 그 예를 찾아볼 수 있는데 젊은 세대를 중심으로 비즈니스 영역이 확대되고 있다.

카) 사이버 캐릭터

본래 멀티미디어를 활용하는 애니메이션 캐릭터에 함께 분류하는 것이 일반적이지만 최근 들어 사이버 비즈니스가 급성장함에 따라 새로운 장르로 자리 잡고 있다. 사이버 캐릭터들이 주요 대상으로 하는 타깃 오디언스는 컴퓨터 게임과 애니메이션에 열중하고 있는 10~20대 연령층이 중심이 되고 있다.

"스타는 태어나는 것이 아니라 만들어지는 것이다."란 말은 사이버 세계에서 더욱 공감할 수 있게 된다. 영국의 만능 엔터테이너인 '라라 크로포드', 일본의 사이버 가수 '쿄코 다테'를 비롯해서 우리에게 친숙한 '아담', '루시아', '사이다' 등 국내 사이버 스타가 그 예이다.

(3) 캐릭터 이벤트에 관한 쟁점과 사례

1990년대 이후 시작된 범세계적인 캐릭터 열풍과 함께 현재 우리 주변에는 다양한 형태의 캐릭터들이 등장하고 있다. 단순히 상징적인 의미를 갖는 심벌에서부터 마케팅과 광고, 이벤트 분야의 상업 측면까지 소비자와 공감을 유도하는 커뮤니케이션 수단으로써 그 중요성과 역할이 증대되고 있다.

캐릭터가 이벤트에 적극적으로 활용되는 이유는 남녀노소 구분 없이 폭넓은 계층에 친밀감과 소구력이 높다는 특성에 기인한다. 과거에는 단순히 디자인 영역에 한정되었지만 비즈니스나 홍보의 수단으로서 가치가 높은 캐릭터는 다양한 마케팅커뮤니케이션 분야에서 보다 적극적인 활용이 기대된다.

최근 병원에서도 캐릭터를 전략적으로 이용하는 사례가 자주 등장하고 있다. 의료 시장에서의 경쟁이 심한 성형외과, 피부과를 비롯한 치과, 안과, 한의원을 중심으로 캐릭터를 활용해 고객에게 친근감 있게 다가가려 하고 있다. 기존의 병원이 가지고 있는 차가운 인상과 느낌과 함께 병원의 흰색과 회색을 중심으로 한 무미건조한 분위기는 이미지 차별화에 많은 문제점을 내포하고 있었다.

수많은 기업의 마케팅활동에서도 알 수 있듯이, 캐릭터는 짧은 시간 내에 고객에게 차별화된 느낌과 호감을 유도하는데 긍정적인 역할을 수행해 오고 있다. 뒤늦은 감이 있지만 병원에서도 지금까지 병원이 가지고 있는 차갑고 무거운 느낌을 벗어나기 위해 캐릭터를 도입함으로서 새로운 생명력과 인간답고 따뜻한 느낌으로의 전환에 성공하고 있다.

▼ 완도 해조류박람회-공식 마스코트

해초와 미초
Haecho & Micho

▲ 이벤트 캐릭터의 사례

02 chapter

통합적 이벤트기획
과정의 개요

축제·이벤트의
전략과 기획실무

일본 아리타축제

민헨 맥주축제 맥주마차

지역이벤트 강진청자축제

통합적 이벤트기획 과정의 개요

이벤트기획 방법은 크게 세 가지로 구분 할 수 있다.

첫째로 이벤트의 실시 목적을 상업성, 경제성에 두는 방식으로 기업이 마케팅 활동의 일환으로 이벤트를 실행하는 경우이다. 이 때 기획방향은 이윤추구를 극대화하기 위해 투자된 비용에 대한 효과를 최대한 기대할 수 있도록 경제적 가치나 합리적 사고가 기획과정에 반영된다. 예를 들어 판촉이벤트, 기업이벤트와 산업전시회, 견본시 등과 같이 비교적 직접적이고 단기적인 효과를 얻어내려는 것에서부터 스포츠이벤트처럼 대중적, 장기적인 관점에서 효과를 기대하는 경우에도 이 기획방법이 활용된다.

둘째로 상업적인 목적보다는 공공성, 문화성, 예술성에 중심을 두어 이벤트를 실시하는 경우이다. 주로 지역이벤트나 문화 · 관광축제, 문화 · 예술 · 공연이벤트와 같이 장기적인 효과와 공적가치를 추구하기 위하여 개최되고 이때 기획과정에는 교육적, 문화적 가치나 창의성이 반영될 수 있도록 고려된다.

전자의 경우는 이벤트에 참가하는 대상이 상품을 구매하는 소비자가 되기 때문에 고객만족을 목표로 기획서에 시장환경, 제품분석, 소비자분석을 반영시켜 프로모션 믹스나 SP 믹스전략을 통하여 시너지효과를 창출한다. 후자는 이벤트 마케팅 영역과는 달리 기획서상에 문화적, 예술적 표현을 전제로 하여 공연계획이 중심이 되며 이를 위하여 추가적으로 연출, 조직, 관리와 같은 운영계획 등이 첨가된다.

기획서를 작성할 때 공연계획이 있고 없고의 문제는 매우 중요한 사항으로 등장한다. 마케팅 측면에서의 이벤트 영역으로 구분되는 판촉이벤트, 기업이벤트의 경우는 대상이 주로 고객이나 소비자인 관계로 시장상황, 제품분석을 통하여 매장에서 제품을 광고와 연동시켜 POP광고, 이벤트, 비주얼 머천다이징에 의해 매출액을 증대시키는데 목적이 있지만 지역 축제나 문화, 예술, 공연이벤트는 필연적으로 무대행사가 포함되기 때문에 공연계획이 추가되고 이를 원활히 진행하기 위하여 연출, 운영계획을 필요로 하게 된다. 흔히 이벤트 기획을 수립하면서 두 가지 영역에 따른 기획 상의 상이점을 염두에 두지 않고 각자의 입장에서 한 가지 방법으로 모든 영역의 이벤트를 일률적으로 이벤트 기획서에 작성하려는 경향은 출발부터 문제의 소지가 많다.

결론적으로 판촉이벤트로 대변되는 이벤트 마케팅영역의 기획서와 지역축제나 예술, 공연이벤트의 기획서는 차별성을 인정하는 것이 매우 중요하며 각각의 특성을 제대로 살려서 기획서 작성에 임해야 할 것 같다. 흔히 이벤트 기획서를 작성한다고 하면서 두 가지 영역이 혼용되어 제시되는 문제점을 주변에서 자주 볼 수 있다.

셋째로 상업적 · 경제적인 목적과 문화적 · 예술적 · 공적 가치가 함께 추구되는 복합적인 이벤트 형태다. 이윤을 추구하는 기업이나 공공기관을 막론하고 다양한 주체가 참여한다. 박람회, 견본시 등 전시 이벤트나 스포츠 이벤트처럼 이벤트 운영 방식과 프로그램 구성, 기획 방법 등이 앞 두 가지 사례와 달리 혼합된 방식으로 추진된다.

먼저 전시 이벤트는 대상물을 전시하거나 프레젠테이션, 데먼스트레이션 등을 통해 다양한 정보나 지식을 관객에게 제공함으로써 기대 효과를 창출한다. 또한 스포츠 이벤트는 스포츠가 가지고 있는 고유의 건전성, 건강미, 드라마틱한 속성을 이용해 프로그램이 전개되어야 하고, 특히 스타플레이어를 상업적으로 활용하기 위해 다양한 마케팅 기법을 도입해야 한다.

본서에서는 기업의 영리를 추구하는 목적으로 실시되는 기업 · 판촉 이벤트를 제외한 대부분의 축제와 이벤트의 형태를 논의의 대상으로 삼는다. 그 이유는 다른 범주의 이벤트와는 달리, 기업 · 판촉 이벤트는 특성이 차별화되고 속성이 매우 구별되기 때문이다. 물론 둘째로 제시된 공공성과 문화성에 중심을 두는 지역 이벤트나 문화·관광 축제, 문화·예술 이벤트 등과 셋째로 제시된 경제적인 목적과 문화적·예술적 가치가 함께 추구되는 복합적인 이벤트 형태의 박람회, 컨벤션, 견본시 등 전시 이벤트나 스포츠 이벤트는 이벤트 운영 방식과 프로그램 구성, 기획 방법 등에 차이가 있으며, 이들은 기업·판촉 이벤트와는 또 다른 기획 상의 차별된 특징이 존재한다. 그러나 스포츠 이벤트는 전시 이벤트와는 다른 기획서 작성 상의 특징이 많으며 이를 설명하기 위해서는 방대한 양이 요구됨으로 본서에서는 전시·컨벤션 이벤트를 중심으로 소개하기로 한다.

또한 이 장에서는 문화·공연이벤트 영역의 기획서와 전시·컨벤션 이벤트 영역의 기획서 작성에 대한 이해를 돕기 위해 논의의 대상에서 제외된 이벤트 마케팅영역에 대한 개요를 포함시켜 대략적인 내용을 서술한다.

1 이벤트 마케팅영역의 기획서

판촉이벤트, 기업이벤트와 같이 이벤트 마케팅영역의 기획서는 이벤트 상황분석에서 출발한다. 기업의 영리추구를 최대한 보장하기 위하여 먼저 거시적, 미시적 시장 환경을 분석하는 것을 토대로 소비자, 고객이 구입하게 될 제품에 대한 일반 분석과 PLC 상에서의 전략선택, 투자비용과 신규사업의 합리적 의사결정에 필요한 포트폴리오 분석을 실시한다.

이벤트 상황분석이 끝나면 이것을 이벤트의 관점에서 재분석한 이벤트 기본전략 분석에 들어가게 된다. 먼저 실현 가능하고도 구체적이고, 측정이 용이한 이벤트목표를 정하고 소비자분석에 들어가서 시장세분화에 의한 목표소비자를 결정한다. 목표소비자층의 설정방법은 일반적으로 인구통계적 세분화와 지리학적 세분화에 의한 외적분석과 보다 내재적이면서 심층적인 분석방법인 심리학적인 분석, 다시 말해서 내적분석을 행하고 구매자들이 제품에 가지고 있는 지식, 태도 사용법 또는 반응에 기초하는 행동적 세분화 분석을 실시한다.

목표소비자가 명확히 설정되었으면 다음 단계로는 이벤트 콘셉트를 정하는 것이 중요하다. 기획과정에서도 논리적인 순서는 존재한다. 다른 기획과정과 마찬가지로 기획의 기본은 목표설정에서 시작된다. 계획기간 동안에 달성해야 할 기본 방향이 명확하지 않으면 기획력은 진행방향을 잃게 된다. 목표가 결정되었으면 다음은 그러한 목표를 누구를 대상으로 달성해야 가장 경제적인가를 고려하여 목표소비자를 선택하고 그들의 마음을 사로잡기 위하여 공감할 수 있는 핵심적인 메시지인 이벤트의 콘셉트를 도출해 낸다.

이벤트의 상황분석과 제품분석, 소비자분석이 끝나면 이벤트 기획과정의 핵심이라 할 수 있는 프로모션분석이 이루어진다. 프로모션분석은 대표적인 전략단계로서 마케팅믹스 요소의 적절한 통합과 전략적 사업단위 가운데에서도 우선순위 결정에 의한 자원의 집중에 의하여 효과적인 마케팅활동을 전개한다. 프로모션믹스에는 인적판매, 광고, 세일즈 프로모션, 홍보 등이 있지만 사고의 핵심은 광고와 세일즈 프로모션을 축으로 하는 풀과 푸시 전략이다. 먼저 광고를 통하여 제품의 존재나, 장·단점을 알리고 차별화된 이미지를 전달하여 매장을 방문(풀 전략)하게 만든다. 그러나 이것만으로 프로모션 활동이 종지부를 찍는 것은 아니다. 오랜 시간에 걸쳐 많은 비용을 들이고 어렵게 매장에 발걸음을 옮기도록 하여도 매장의 강력한 판매촉진 수단에 의해 단시간에 특정제품으로 구매가 결정된다.

지금까지도 강력한 설득력과 많은 설명을 필요로 하는 전문품, 비탐색품(unsought goods) 등에는 있어서는 인적판매에 대한 의존도가 높고 PR 방식의 커뮤니케이션에 의해 자연스럽게 호감도를 형성할 수 있는 홍보에 대한 신뢰감이 존재하지만 프로모션분석의 중심은 광고와 세일즈 프로모션에 의한 풀과 푸시 전략이다. 일반적인 경우는 풀과 푸시 전략으로 프로모션분석이 완성되지만 정말 중요한 것은 세일즈 프로모션믹스 전략(SP믹스 전략)이다. 흔히 이벤트를 단독행사로 진행하는 경우가 많은데 통합적 사고에 의한 시너지 효과를 기대하려면 이벤트 역시 프로모션요소와는 물론 다른 세일즈 프로모션 수단과의 믹스가 중요한 변수로 작용한다.

광고에는 1차 효과와 2차 효과가 있다. 1차 효과는 순수하게 광고메시지만을 접촉하고 영향을 받게 되어 구매와 직결되는 경우이다. 그리고 2차 효과는 비계획적으로 우연히 매장을 방문하여 현장에서 과거에 인지한 광고를 연상함으로써 구매활동과 연동되는 후발적인 효과를 말한다. 조사 결과에 의하면 광고의 간접적인 2차 효과는 오히려 직접적인 1차 효과보다도 많은 비중을 차지하고 있다. 따라서 광고활동은 단순한 광고메시지 접촉에 의해 효과를 발휘한다기보다는 매장에서의 다양한 연출, 그리고 구매를 촉진하기 위한 인 스토어 프로모션(Instore Promotion) 등 구매현장에서 고객에게 직접적인 영향을 줄 수 있는 SP 수단이 중요시되기 때문에 이에 대한 집중적인 연구가 필요하다.

매스 미디어를 통하여 인지된 광고 메시지와 연계된 POP 광고, 판촉이벤트를 전략적으로 활용함으로써 매장에서 기존에 인지되었던 광고내용을 연상하도록 하여 구매를 자극, 촉진하는 발상은 통합적 마케팅 사고에서는 매우 중요하다. 지금까지 마케팅 커뮤니케이션의 주요한 수단의 하나로 인식하여 광고에 전면적으로 의존하였던 것에서 다른 매체와의 미디어믹스를 통하여 효과를 극대화시킬 수 있다는 발상의 전환이 요구된다. 무엇보다도 광고매체와 점포내부의 판매촉진 수단이 적절한 조화를 이루며 통합되어야 한다.

유통프로모션은 다양한 수단을 활용한다. 가격할인과 특매, 쿠폰, 프리미엄을 활용하는 판촉이벤트, POP광고, 사인(sign), 디스플레이 등의 세일즈 프로모션 수단을 효율적으로 활용할 수 있는 방안이 요구된다. 유통프로모션 수단이 중요한 이유는 소비자의 구매행동 과정에서 저비용으로 단기간에 즉시적인 효과를 기대할 수 있다는 것이다. 크러그 먼(Krugman)의 주장과 같이 매스미디어인 광고는 수동적, 소극적이며 저관여 하게 되는 고비용 저효율의 매체적 특성을 나타내므로 광고가 제대로 효과를 발휘하기 위해서는 매장에서의 직접적인 자극수단과 연동되는 것이 필요하다.

우선 4대 매체를 잘 활용하여 브랜드 이미지를 강력하게 심어 줄 수 있는 광고를 반복적으로 노출하고 매장에서는 이벤트, POP광고 등의 SP수단을 활용하여 광고 컨셉트와의 전략적 통일감을 유지시켜나가야 한다. 광고를 통하여 이미 인지된 브랜드 및 이미지를 시각적, 청각적인 자극에 의해 점두에서 특정상품을 식별, 확인할 수 있게 함으로써 미디어믹스에 의한 상승효과는 극대화된다. 흔히 SP의 역할을 한 마디로 마케팅 피니셔(marketing finisher)로 표현하는데 최종 구매단계에서 강력한 구매의욕을 자극함으로써 자사제품을 구매하도록 촉진시키는 역할을 수행한다. 유통프로모션 분석은 특히 지역축제, 문화·예술·공연이벤트의 기획서에서는 존재하지 않는 특징을 갖고 있다. 판촉이벤트, 기업이벤트의 기획수립 과정에서 유통프로모션이 중요한 항목으로 설정되는 이유를 여기서 발견할 수 있다.

이벤트 마케팅 범주에 있는 기획의 마지막 단계에서 가격프로모션 분석이 설정되어 있는 이유는 가격요인이 소비자의 구매행동에 많은 영향을 주며 판촉이벤트의 성패를 좌우하는 중요한 변수로 작용하기 때문이다. 가격전략은 기업의 수입과 직접 관련되며 다른 마케팅 믹스 요소인 제품, 유통, 촉진과는 달리 의사결정 과정이 비교적 손쉬우며 마케팅비용이 적게 드는 정책적 수단이라는 점에서 차별화되고 있다.

일반적으로 저관여 제품이거나 이성소구대상 제품은 가격의 탄력성이 높기 때문에 가격할인, 쿠폰, 프리미엄과 같은 기능형 SP수단에 영향을 많이 받게 된다. SP수단은 빈번한 사용에 따라 제품 자체의 이미지를 손상시키거나 효과가 제한적으로 나타나므로 상표충성도를 확립하기는 곤란하다. 최근 들어 기존의 판촉수단이 갖고 있는 단점을 보완할 수 있는 새로운 프로모션 수단이 개발되면서 고관여 제품에도 SP수단에 대한 효과를 기대할 수 있게 되었다. 고객만족 수준을 한층 높이고 단기적인 효과뿐 만 아니라 장기적인 관점에서도 다양한 이벤트와 특전, 서비스를 제공함으로써 효과를 기대할 수 있는 CRM SP 수단이 등장하고 있다.

그림 2-1 이벤트 마케팅영역의 기획과정

제1 단계	제2 단계	제3 단계	제4 단계	제5 단계
이벤트 상황분석	이벤트 기본전략분석	프로모션 분석	유통 프로모션	가격프로모션 분석

2 문화 · 공연이벤트 영역의 기획서

한편 지역축제나 문화, 예술, 공연이벤트(이하 문화·공연이벤트로 칭함)와 같이 무대를 이용한 공연행사가 포함되어 있는 영역의 이벤트 기획서의 중요한 특징은 다음과 같이 설명할 수 있다. 이 범주에서는 이벤트는 진행하기 위해 일반적으로 공식행사, 부대행사를 근간으로 공연시설이나 행사장을 통하여 공연, 연출 계획이 추가된다. 행사장은 임시로 만든 가설의 시설과 기존의 집객력이 높은 장소에 설치하게 된다.

이벤트 마케팅영역을 몇 개의 단계에 의해 살펴보면 『이벤트 마케팅영역은 시장상황 분석을 필두로 이벤트 기본전략 분석, 프로모션 분석, 유통 프로모션 분석, 그리고 가격 프로모션 분석과 같은 5단계의 분석이 이루어지고 문화·공연이벤트영역은 기본계획을 기본으로 행사계획, 운영계획, 홍보계획, 예산계획 등과 같은 다섯 개의 계획단계가 설정』된다.

그림 2-2 문화·공연이벤트 영역의 기획과정

이벤트기획 순서에서 먼저 「기본계획」과 이를 바탕으로 하여 전술적으로 프로그램을 실행하는 과정에서 공식행사와 부대행사와 같은 행사계획이 수립된다. 또한 공식행사, 부대행사 외에도 필요에 따라서는 체험행사나 경연행사, 공연행사, 그리고 특별행사 등의 「행사계획」이 추가될 수 있다. 한편 행사장의 프로그램을 연출, 진행하기 위해 시설, 장비계획과 효율적인 진행과정에서 조직구성과 실무 집행체계를 세우게 된다. 그 밖의 행사장의 서비스, 경비, 소방, 안전관리, 주차장·교통관리, 운영 매뉴얼에 이르기까지 효과적인 행사진행이 가능하도록 다양한 「운영계획」이 뒤따르게 된다.

이벤트 마케팅영역과 마찬가지로 행사를 널리 알리기 위해서는 사전에 온라인, 오프라인의 홍보나 매스미디어와 쌍방향매체에 의한 「홍보계획」이 종합적으로 수립되며 설정된 예산에 대하여 기대효과를 충족시키기 위한 「예산계획」이 기본적인 항목으로 수립된다.

다음으로 문화·공연이벤트영역의 기획단계에 대하여 구체적인 내용을 하나씩 살펴보

자. 첫 번째로 기본계획은 이벤트의 목적과 이념을 명확하게 제시하고 콘셉트, 테마와 실행목표, 슬로건 그리고 핵심적인 예산사항 등의 기본구상과 6W 2H에 의해 정확하게 제시하는 것이 중요하다. 기본구상 속에서 분명하게 해야 할 것은 그 이벤트를 누가(Who), 언제(When), 무엇을(What), 어디서(Where), 왜(Why), 누구에게(Whom), 어떻게(How), 얼마로(How much) 실시하는지가 기본적인 요소이다.

이벤트기획의 방법으로는 6W 1H나 6W 2H 또는 이 두 가지가 변형된 형태 등이 시장상황과 이벤트목적에 따라 다양하게 나타나 있지만 가장 보편적인 방법은 6W 2H의 이벤트기획 발상이다. 6W 2H의 각 요소에 대한 체계적인 분석 작업과 이해를 통해 이벤트 실행 시에 필요한 전제조건을 확인하게 되고 원활한 진행을 위하여 중점사항이 무엇인가를 파악하여 전체적인 기획의 체계를 올바르게 세우게 된다.

둘째로 행사계획은 기본계획에서 밝힌 기본구상을 차별화된 프로그램으로 나타내는 단계로서 광고기획으로 말하자면 기본적인 전략구상을 구체적으로 실현하기 위한 전술단계이다.

행사계획은 프로그램계획, 행사계획, 공연·연출계획 등으로도 표현되는 경우가 있다. 기본계획을 장기적인 관점에서 행사의 기본방향과 전체적인 윤곽을 결정하는 전략적 단계라고 한다면 행사계획은 기본계획을 바탕으로 단기적, 구체적으로 프로그램을 실행하는 전술단계라고 볼 수 있다.

행사계획은 크게 공식행사와 부대행사로 구분된다. 공식행사는 이벤트프로그램의 가장 핵심이 되는 행사로서 집객력을 모을 수 있는 개·폐회식과 같은 대규모행사나 의전행사 등이 포함되며 프로그램의 하이라이트라고 할 수 있다. 부대행사는 공식행사를 제외한 다양한 볼거리의 프로그램이 포함되어 이벤트의 콘셉트를 구체적으로 실행하고 표현하기 위하여 공식행사를 보완하며 매일 행사기간동안 특색 있는 갖가지 행사로 구성되고 있다. 또한 행사계획에는 공식행사, 부대행사 외에도 필요에 따라서는 참가자의 참여를 유도하는 체험행사나 경연행사, 공연행사, 전시행사, 그리고 특별행사 등이 추가될 수 있다.

최근 들어 행사계획 가운데는 체험행사의 비중이 크게 증가하고 있다. 그 이유는 방문객의 입장에서 볼 때 이벤트에 참가함에 있어서 단순히 관람하는 것에서 끝나지 않고 자신이 직접 행사프로그램을 체험할 수 있는 것이 더욱 만족도가 높기 때문이다. 예를 들어 도자기

축제에서 자신이 도자기를 직접 만들어 보거나 또는 축제장에서 소망 등을 직접 제작해보는 것과 같은 체험행사는 참가자의 흥미와 만족도를 크게 높일 수 있다.

또한 경연행사는 판촉이벤트의 콘테스트에 해당하는 것으로 방문객의 적극적인 참가와 주변사람의 흥미를 유도하기 위하여 실시된다. 각종 미인 선발대회나 음식 경연대회, 댄싱 선발대회 등의 예에서 알 수 있듯이 시상식이나 게임, 콘테스트에 참여시키는 행사나 시상을 전제로 경쟁심을 유발시키는 행사는 일반적인 프로그램보다 오락과 흥미를 제공할 수 있다. 경연행사는 참가자의 적극적인 참여를 통하여 본인은 물론 관람객의 이벤트에 대한 관심을 유도할 수 있다는 장점이 있다.

공연행사는 무대를 이용하여 각종 콘서트가 진행되며 가요제, 예술·문화행사 등의 공연이 포함된다. 따라서 공연계획 가운데에서 가장 기획자의 창작능력 및 연출력이 요구되기도 하며 문화·공연이벤트 영역에서는 공식행사, 부대행사와 함께 자주 등장하는 주류가 되는 항목이다.

전시행사는 대회의 성격 상, 특별히 관광 상품이나 이벤트소품으로 진열이나 전시가 필요시 되는 경우 디스플레이 효과를 이용하여 참가자의 시선을 끌게 된다. 모터쇼와 같은 전시이벤트나 견본시 등에서의 전시행사는 이벤트의 성패를 가름하는 중요한 프로그램의 하나로 포지셔닝되며 김치축제나 각종 음식축제 등의 지역축제에 있어서도 전시행사는 참가자의 볼거리를 제공하는 메인행사로 자리 잡고 있다.

마지막으로 특별행사는 본 행사를 더욱 돋보이게 하거나 행사의 부족한 부분을 보완하기 위해 특별하게 마련된 프로그램의 성격을 띠고 있다. 공식행사, 부대행사를 통해서도 대회의 이미지가 선명하게 나타나지 않거나 소규모의 체험행사나 경연행사로도 방문객의 주목을 끌지 못할 때 별도로 프로그램을 준비하여 공연계획을 진행할 수 있다. 그 예로 2005년 남도음식문화큰잔치에서는 해마다 음식을 전시하는 것만으로는 전년도와 차별화를 꾀할 수 없고 야간에 방문객의 체류시간을 연장하려는 의도에서 획기적인 아이디어의 하나로 등 축제를 기획한 바 있다.

셋째로 운영계획은 행사계획이 원활히 진행될 수 있도록 행사요원을 교육, 관리하고 장비, 시설지원을 비롯하여 안전, 교통, 주차장 문제에 이르기까지 다양한 서비스계획을 세우게 된다.

행사계획에서 구성된 프로그램이 잘 연출, 진행되기 위해서는 행사장에 있는 각종 시설을 사전에 철저히 준비, 관리되어야 하며 이벤트효과를 극대화시킬 수 있도록 장비의 적절한 동원이 요구된다. 물론 운영·관리는 결국 사람이 담당하는 것이므로 효율적인 조직구성과 더불어 이벤트 구성원에 대한 교육이 체계적으로 이루어져야 한다. 그 밖의 방문객의 편의를 위하여 행사장의 안내, 유실물 관리, 보관 업무 등과 같은 서비스 업무를 실시하며 안전하고 쾌적한 이벤트를 즐길 수 있도록 하기 위하여 경비, 소방, 안전관리 계획을 세우게 된다.

방문객 만족도를 조사하게 되면 의외로 앞에서 언급한 안내원의 친절도와 함께 화장실 휴게 공간 등의 서비스 시설이나 업무 외에도 주차장·교통문제가 자주 등장하게 된다. 이벤트 행사요원이 임의적으로 그때그때 자의적으로 판단하여 진행하는 것보다 운영 매뉴얼에 의해 사전에 충분히 교육되어 누구나 할 것 없이 언제나 일정한 서비스 관리가 유지될 수 있도록 세심하고 구체적인 운영계획이 뒤따르게 된다.

사전에 철저히 준비된 기본계획에 의하여 차별화된 공연 프로그램이 계획된다하더라도 이에 못지않게 중요한 것은 이를 관리하고 집행하는 데에 빈틈이 없어야 하는 운영계획이다. 몇몇 사례에서 알 수 있듯이 이벤트를 실시했을 때 대부분 운영계획이 치밀하지 못하고 구성원에 대한 교육관리가 잘 이루어지지 않았음을 알 수 있다. 성공했던 이벤트의 요인은 평소에 그냥 지나치기 쉬운 곳, 소홀하기 쉬운 곳까지 운영계획이 사전에 구체적으로 잘 입안되어 행사요원에게 올바르게 교육, 인지되었기 때문이다. 일을 벌이는 것보다 이를 실수 없이 진행하는 것이 필요하듯이 공연계획에 치중하는 것도 중요하지만 유능한 이벤트 플래너는 운영계획에 관한 중요한 체크포인트를 항상 마음속에 새겨 둘 필요가 있다.

넷째로 문화·공연이벤트영역의 기획에서 중요한 단계는 홍보계획이다. 관광학의 관점에서 보면 축제는 관광자원이 되기도 하지만 마케팅 커뮤니케이션 입장에서는 홍보자원이기도 한다. 이것은 홍보의 중요성을 강조하는 말로 자기고장의 축제를 잘 개발하여 홍보에 힘쓰면 지역이미지가 대외적으로 알려져 수많은 방문객들이 자발적으로 찾게 되는 계기가 된다는 의미이다.

이벤트를 효과적으로 홍보하게 되면 집객력의 원동력이 될 수 있다. 대부분의 지역축제나 문화이벤트가 군민행사나 동네잔치로 끝나는 이유는 외부로 잘 홍보되지 않기 때문이다. 이벤트는 체험매체로서의 특성을 가지고 있기 때문에 참가자가 현장을 방문하지 않으면 존재의 의미가 없어진다. 따라서 성공하기 위한 가장 중요한 전제조건은 효율적인 홍보 계획에 있다. 성공했다고 평가되는 이벤트도 내막을 자세히 살펴보면 참가자 대부분이 그 지역 출신에 한정되어 있어 그다지 실속이 없는 지역행사로 머무는 경우가 많이 있다.

우리가 지역축제나 문화이벤트를 개최하는 목적은 가능한 널리 홍보하여 지역의 이미지 를 향상시키고 외부 방문객을 많이 참가시켜 경제적인 파급효과를 극대화하려는데 있다. 내실이 있는 이벤트라는 것은 외부지역에 잘 홍보되어 많은 사람을 불러 모을 수 있게 하 여 지역의 한계를 벗어날 수 있는 역량을 강화하는 것이다. 외국의 성공사례를 살펴보면 홍 보의 역할이 왜 중요한지 알 수 있다. 일본 삿포로 눈축제가 세계적인 축제로 발돋움한 이 유에는 같은 시기에 동계 올림픽을 이용하여 세계에 폭넓게 홍보되었기 때문이고, 독일 뮌 헨의 맥주축제로 유명한 옥토버 페스트도 결국은 뮌헨 올림픽을 계기로 세계의 매스컴을 통하여 널리 홍보하는 데에 성공했기 때문이라 할 수 있다.

여러 여론조사에 의하면, 드라마나 영화를 통해 간접적으로 이벤트, 축제가 소개되거 나 꾸준하고 지속적인 홍보활동을 통해 해당 지역을 제대로 고지시킨 사례가 인지도가 높 게 나타나고 있다. 홍보는 마케팅영역과 마찬가지로 행사 전에 집중되는 것이 보통이며 몇 가지 방법에 의해 진행된다. 온라인(on line), 오프라인(off line)의 홍보나 매스미디어(mass media)와 쌍방향매체(two-way media)에 의한 홍보, 그리고 인적매체(personal media)와 비인적 매체(non-personal media)에 의해 홍보계획이 종합적으로 수립된다.

홍보계획이 시너지 효과를 얻기 위해서는 통합적 마케팅 커뮤니케이션(IMC)이 수립되어 하나의 목표와 콘셉트에 의해 일관성 있게 유지, 관리되는 것이 필요하다. 또한 각 매체별 특성을 잘 이해하여 매체의 장점을 충분히 살린 미디어믹스(media mix) 전략이 함께 실시되 어야 한다. 실패한 이벤트 사례를 보면 매체의 특성을 제대로 파악하지 못한 채 여러 매체 를 예산범위 내에서 적당히 섞는 방식을 취하거나 각 매체 운영계획이 따로 수립되어 통합 적으로 관리되지 못하는 경우가 많다. 뿐만 아니라 비현실적인 홍보예산 설정 때문에 어느 정도의 예산이 투입되어야 가장 적합한 홍보계획이 수립될 수 있는지 제시되지 않고 있다.

문화·공연이벤트영역의 이벤트 플래너는 일반적으로 다른 영역의 기획자보다 홍보계 획에 대한 개념이 부족한 편이다. 그 이유는 이벤트계획의 중심을 예술성, 문화성에 두어 경제성, 합리성이 결여되기 쉽기 때문이다.

홍보계획은 사실상 매체계획, 마케팅 커뮤니케이션 계획, 프로모션 계획이란 표현이 더 적합하다. 홍보는 본래 대중매체를 활용하여 무료로 실시되는 프로모션 믹스 매체의 하나로서 유료로 매체비용을 지불하게 되는 광고와는 크게 다르다. 또한 이벤트의 홍보매체로 자주 이용되는 현수막, 광고탑, 광고사인 등의 옥외광고, 버스나 지하철에 부착되는 교통광고, 포스터나 안내 카탈로그(catalog) 등과 같은 인쇄광고 제작물, 그리고 이벤트 현장을 방문한 참가자에게 인센티브(incentive)로 제공되는 쿠폰, 경품 등의 SP매체, 쌍방향으로 직접적 소구가 가능한 인터넷 광고 등, 홍보매체에 활용될 수 있는 매체는 해를 거듭하면서 더욱 다양화되고 복잡화 되고 있다. 따라서 광고 홍보학을 제대로 이해하지 못하는 사람이 프로모션 매체의 특성을 올바르게 파악하여 통합적인 계획을 수립하기란 그리 쉬운 일이 아닐 것이다.

홍보와 광고 그리고 선전의 의미는 전혀 다르다. 프로모션과 세일즈 프로모션도 전혀 다른 개념이다. 이벤트 기획서를 읽다 보면 이러한 개념이 처음부터 잘 못 인용되어 제시되는 경우가 자주 발견된다. 전략과 전술의 실행에 앞서서 이벤트와 관련된 용어에 대한 정확한 이해와 주어진 홍보예산을 효율적으로 집행하기 위하여 앞으로 매체의 특성, 기능에 관한 노력과 연구가 더 많이 요구된다.

다섯째로 제시되는 이벤트기획 단계의 마지막은 예산계획이다. 이벤트 예산의 설정은 가장 핵심적인 부분으로 설정된 목표를 달성할 수 있는 최적의 이벤트 예산을 설정하는 것이 중요하다. 이벤트 예산에는 반드시 투자된 비용에 대한 효과를 고려하여 최소의 비용으로 최대의 효과를 얻을 수 있는 경제적 관념이 뒤따라야 한다.

이벤트 예산비용은 기본적으로 공연계획에서 파생되는 다양한 프로그램의 제작, 연출비용과 운영계획의 진행에 따른 장비, 시설비용을 비롯하여 서비스시설, 안전관리, 주차장시설 투자로 인한 비용투자, 그리고 이벤트를 적당한 수준으로 홍보하기 위하여 소요되는 홍보예산 등이 포함된다.

마케팅 영역의 이벤트 예산을 설정할 때는 시장상황은 물론 제품수명주기(PLC)와 예산편성 주기, 경쟁기업의 동향, 위험부담의 정도 등을 고려하며 종합적인 판단을 세우게 된다. 그러나 문화·공연이벤트영역의 이벤트예산 집행과정은 객관성, 합리성이 결여된 채 주먹구구식으로 진행되는 경우나 확실한 근거 없이 적당히 예산을 배분하여 짜 맞추는 사례가 많다.

이벤트의 기획의 올바른 접근방식은 설정된 실현 가능한 목표와 이를 달성하기 위한 최적의 세분화된 목표 방문객, 그리고 이들에게 만족감과 감동을 전달, 연출할 수 있는 차별화된 프로그램, 또 합리적인 예산 설정이다.

아직은 이벤트의 기획의 중심이 너무 예술적 표현이나 문화적 소재 발굴에 치우쳐서 이벤트 기획서 작성에 과학적인 사고가 도입되지 못하고 있다. 유명한 해외 이벤트 사례를 조사하면 우리는 그들의 유연한 사고와 균형 잡힌 접근방식에 많은 것을 배울 수 있다.

세계적으로 잘 알려진 이벤트 사례를 조사하면 그들은 문화제를 발굴하거나 전통성을 유지, 보존하는데 최선을 다하면서도 현대적인 시점에서 이를 가공하고 새로운 감각을 받아들이는데 인색하지 않다. 따라서 다양한 세대나 여러 나라의 해외 방문객이 폭넓게 축제에 참여하며 만족할 수 있어 많은 수입을 올릴 수 있다. 또한 문화적 가치와 경제적 이익이 함께 조화를 이루며 이벤트기획에서 문화성은 충분히 살리면서도 수입을 높일 수 있는 프로그램과 상품을 개발하여 두 개의 상충되는 개념에 대한 균형을 유지하고 있다.

반면에 우리의 이벤트의 현장에서는 너무 한 쪽만을 고집하고 주장하는 경우를 자주 발견할 수 있다. 고전과 현대를 조화시키거나 문화성과 경제성의 균형을 추구하기 보다는 두 개념이 충돌되어 조화로운 발전이 저해되고 있다. 우리나라 이벤트의 대표적인 문제점으로 자치단체나 관이 이벤트를 주도하기 때문에 이들로부터의 지원금이 중단되면 대부분의 지역축제는 지속적인 발전에 한계가 있음을 지적하고 있다. 지역축제나 문화·공연이벤트의 본질이 경제적 이익을 올리는 데 있지 않더라도 장기적인 관점에서 수익성이 충분히 확보되지 않고는 더 이상의 발전은 확신할 수 없다.

앞으로 진정한 이벤트 발전을 위해서는 무엇보다 사고의 유연성이 기획력에 반영될 필요가 있다. 예산을 효율적으로 관리하고 목적에 알맞게 집행하는 것도 중요하지만 이와 함께 다양한 이벤트프로그램과 상품개발에 주력하여 수익성을 높이는데 소홀함이 있어서는 안 될 것이다. 우리의 지역이벤트는 지방자치제도의 시행과 더불어 아직 걸음마 단계에 머물고 있다. 따라서 많은 시행착오를 겪고 있는데 연윤이 짧은 만큼 어느 방향으로 이벤트가 나아가야 할지 갈피를 못 잡고 있다. 하나의 시각에서 자신의 주장을 관철시키려고 하지 말고 장기적인 안목에서 이벤트 발전에 무엇이 도움이 되는지 냉철히 생각해 볼 때이다.

3 전시 · 컨벤션 이벤트 영역의 기획서

「5단계 17항목」으로 구성된 본 기획방법은 업무 진행 스케줄과 기획안이 복합적으로 구성된 것이 특징이다. 전시이벤트를 유치하기 전부터 유치하여 실행에 이르기까지를 크게 기본(계획)단계를 비롯한 준비단계, 유치단계, 개최(및 실행)단계, 종료단계와 같은 5단계로 구분하고 행사의 운영 · 관리계획과 홍보계획, 예산계획을 시간의 흐름에 맞춰 진행해 나가는 방법이다.[1]

여기서 설정된 기간은 임의적인 것으로 특정 전시회의 성격과 특징에 따라 기간이 변화할 수 있다. 국제 규모의 전시이벤트는 계획의 시작을 3년으로 둘 수 있으며 지방에서 개최되는 소규모의 전시회는 6개월부터 기본계획을 설정할 수도 있다.

전시이벤트의 기획 사고는 전시이벤트 운영의 기본적 사고와 관련이 있다. 전시이벤트 운영은 전시장 전체에 표정과 움직임을 주고 내장객을 직접 접촉하는 영역으로 전시이벤트 자체를 크게 좌우하는 중요한 분야이다. 각각의 기본적인 업무수행은 기본구상과 계획단계에서 수립된 운영방침을 충분히 검토하여야 한다.

전시 운영은 회장 운영을 직접 담당하는 주최자 측의 총괄운영 업무담당자와 세부 업무담당별 운영요원으로 구분하는데, 중요한 점은 전시이벤트에 관련된 운영요원 모두가 하나가 되는 '공통적인 사고'를 갖는 것이다. 하나의 가치관과 판단기준이 되는 이러한 공통적인 사고는 전시이벤트 목적과 성격에서 도출된 방침에 기초를 둔 주최자의 관리와 정보의 일원화가 주안점이다.

그러므로 전시이벤트에 관련해 직접 관계되는 운영요원들의 행동원리를 통일하는 것이 운영과 관리의 기본이다. 결국 전시이벤트 전체운영조직의 책임체제, 통일성, 정보의 일원화 등의 시스템을 확립하는 것에 의해 운영이 확실해지고 전시이벤트 참가자의 정확한 판단기준에 의해 행동이 이루어지므로 순간적 대응으로서가 아닌 기본계획을 거쳐 실행계획단계에서 구체화된 운영방침으로서 조직적이고 통일적으로 수행할 수 있도록 하는 기본사고가 정립되어야 한다.[2]

1) (주) 문영수, 『전시학개론』, 한국국제전시회, 2003 참고
2) (주) 이미혜, 「전시이벤트의 운영전략에 관한 연구」, 문화관광연구 제4권 제4호 (통권14호)

첫 번째의 『기본계획 단계』는 전시이벤트의 기획단계의 시작으로 이에는 기본계획, 시장환경분석, 행사 프로그램 등의 항목으로 구성되어 있다. 본 단계에서는 기획과정의 개요와 기본 방향을 설정하고 시장 환경의 분석을 통하여 공식행사나 부대행사 등의 전체적인 프로그램에 대한 계획을 수립하고 있다.

먼저 기본계획에서는 가장 먼저 전시회 일정을 대략적으로 확정시키고 이를 바탕으로 전시회의 명칭과 전시장소, 협력기관 및 후원단체 등을 선정하고 대회의 로고 및 심벌, 캐릭터 제작에 착수한다. 시장환경분석은 매우 중요한 항목으로 여기에는 크게 환경분석, 시장분석, 참가업체 및 방문객 분석 등이 있다.

이 가운데 마케팅 커뮤니케이션에서 가장 핵심적인 사항이 바로 참가업체 및 방문객 분석이다. 전시이벤트가 성공하기 위해서는 주체라 할 수 있는 참가업체 및 방문객을 제대로 파악하고 그들이 전시 대상물에 대하여 어떻게 반응하며 어떤 동기로 방문하였으며 어떤 요소들이 영향을 미치는가를 분석하여 전략 수립의 기초로 하는 것이 중요하다. 이벤트전략을 제대로 수립하기 위해서는 전시 참가자인 방문객과 조직에 대한 이해와 분석이 올바로 이루어져야 한다. 그 이유는 모든 마케팅활동의 원점은 인간과 조직이며 이벤트 활동 역시 그들에게 보내는 설득커뮤니케이션이기 때문이다.

또한 행사 프로그램은 공식행사와 부대행사로 구분하여 세부적인 계획을 수립한다. 공식행사인 개 · 폐회식과 같은 대규모 행사를 중심으로 집객력을 높일 수 있는 프로그램을 기획하고, 부대행사는 공식행사와의 통일된 콘셉트를 구현하기 위한 다양한 볼거리를 제공하기 위하여 노력한다. 또한 방문객의 적극적인 참여를 유도하기 위한 체험행사나 경연행사, 공연행사, 그리고 특별행사 등이 추가될 수 있지만 전시이벤트의 특성 상, 전시행사에 많은 노력을 기울여 차별화된 프로그램을 연출, 기획한다.

두 번째의 단계인 『준비단계』에서는 목표로 하고 있는 해당 전시이벤트가 유치될 수 있도록 구체적인 노력을 시도한다. 준비단계에는 예산계획을 비롯한 데이터베이스 구축 및 업체리스트 작성, 조직 및 운영위원회 구성, 제1차 홍보계획-홍보계획의 수립 및 준비 단계, 집객력(관객동원계획) 등과 같은 5항목이 구성되어 있다.

먼저 예산계획은 준비단계의 가장 핵심적인 부분으로 여기에는 이벤트 예산의 수립, 이벤트 기획 예산 편성법, 예산 조달 방법 등이 포함된다. 이벤트 예산계획에서는 설정된 목표를 달성할 수 있는 최적의 이벤트 예산을 설정하는 것이 중요하다. 이벤트 예산에는 반드시 투자된 비용에 대한 효과를 고려하여 최소의 비용으로 최대의 효과를 얻을 수 있는 경제적 관념이 뒤따라야 한다.

이벤트 예산 비용은 기본적으로 공연계획에서 파생되는 다양한 프로그램의 제작, 연출비용과 운영계획의 진행에 따른 장비, 시설비용을 비롯하여 서비스 시설, 안전관리, 주차장시설 투자로 인한 비용투자, 그리고 이벤트를 적당한 수준으로 홍보하기 위하여 소요되는 홍보예산 등이 포함된다.

데이터베이스 구축 및 리스트 작성 항목에서는 참가업계 및 방문객 리스트 작성과 데이터베이스 활용과 DM(Direct Mail) 등의 항목에 관한 검토가 필요하다.

전시이벤트를 성공적으로 개최하기 위해서는 시장에 대한 사전조사와 함께 준비할 수 있는 충분한 일정을 확보하는 것이 중요하다. 참가업체의 입장에서는 전시회에 참가함으로서 수익성을 확보하고 기업의 이미지를 향상시키려는 의도가 강하고 방문객은 여가선용과 함께 정보교류라는 목적을 실현하기 위해 전시장을 찾게 된다. 따라서 모든 전시회는 전시 주최자를 비롯한 참가업체, 방문객 등의 입장과 이익이 상충되지 않도록 노력해야 하며 서로 상호보완적인 관계가 되도록 기획단계에서부터 다양한 노력과 아이디어가 동원되어야 할 것이다.

또한 조직 및 운영위원회 구성은 전시이벤트의 효율적인 운영체계를 구축하고 각 담당부서의 책임소재를 명확히 하며, 비상사태에 신속히 대응하기 위하여 반드시 필요하다. 이러한 조직 및 운영위원회가 의도한대로 진행되고 효율성을 발휘하기 위해서는 먼저 책임소재를 분명히 해야 할뿐만 아니라 정보를 일원화하고 업무 및 체제의 통일성과 일체화 등의 시스템을 확립한 후에 조직의 기동성과 민첩성이 유지, 발휘되어야 한다.

다음은 제1차 홍보계획-홍보계획의 수립 및 준비 단계(런칭 홍보전략)이다. 홍보계획은 준비단계, 유치단계, 개최(및 실행)단계에 맞춰 3단계로 진행한다. 홍보계획을 입안할 때 많은 사람이 혼동하기 쉬운 것이 있는데 그것은 홍보의 영역과 범위이다. 사실은 여기서 말하는 홍보는 정확한 표현이 아니며 본래는 프로모션과 커뮤니케이션 계획이 정확할 것이다.

마지막으로 현장에서의 감동을 제공하는 이벤트의 매체 특성을 충분히 발휘하기 위해 집객력(관객동원) 계획을 효율적으로 수립하는 것이 중요하다. 이벤트를 '동원의 마술'로 표현하듯이, 사전에 충분한 동원계획이 수립되지 못해 이벤트 개막식 첫째 날, 예기치 않게 관객이 당초의 목표치에 미치지 못하는 일이 있어서는 안 된다.

세 번째 단계인 『유치 단계』는 전시이벤트의 특징이 잘 반영된 기획 항목이다. 전시이벤트는 다른 영역의 이벤트와는 달리, 주최자와는 별도로 참가업체나 출품업체, 바이어와 같은 구성요소의 역할이 매우 중요하다. 주최자가 모든 것을 기획, 연출하여 방문객의 평가를 받게 되는 일반적인 이벤트나 행사와는 다르게, 전시이벤트는 행사장이나 부스를 임대, 사용하여 이들 참가업체의 제품과 전시품을 독자적인 형태로 전시, 소개하고 소기의 목적을 달성하게 된다.

따라서 전시이벤트가 성공하기 위해서는 사전에 충분한 시간을 가지고 본격적인 방문객에 대한 참가를 설득하기에 앞서서 참가업체나 출품업체에 대한 유치활동에 최선의 노력을 기울일 필요가 있다. 참가업체가 국내뿐만 아니라 해외까지 포함되는 대규모 박람회나 전시회의 경우는 개최 1년 전부터 유치활동을 시작하며, 국내의 소규모 전시회의 경우라도 몇 개월 전부터 유치계획에 의해 활동을 전개하여야 한다.

한편 유치 단계는 크게 3항목으로 구성되며 행사장배치 계획, 동선계획, 제2차 홍보계획-홍보 집행 및 전개 단계 등이 여기에 포함된다.

먼저 이벤트 프로그램 구성과 연출기획이 끝나면 이벤트 행사장에 대한 배치를 해나가야 되는데, 행사장 배치를 해 나감에 있어서 먼저 해야 할 일은 그 이벤트를 구성·운영하는 데 필요한 기능을 검토하여 그것들을 하나의 시스템으로 구성하는 행사장 배치 계획이 요구된다.

다음의 동선계획은 프로그램의 구성 후, 전시장의 연출 및 배치가 효과적으로 완료되면 방문객이나 참가자들의 원활한 관람과 행사진행을 계획되는 것이다. 전시장의 운영과 관리의 각 업무는 전문적인 지식과 경험을 필요로 하는 부분이 많다. 동선계획과 관련하여 전시장의 운영전략 중 주요내용은 입·퇴장 관리를 비롯하여 청소 및 사고와 재해에 대비한 경비와 화재대책이 포함된다.

앞의 홍보 제1단계는 전체 홍보계획의 방향이 수립되고 준비되는 단계로서 매체별 홍보계획과 광고 인쇄물의 제작 및 계획이 수립되고 홈페이지 제작을 위한 On-line 관련 시스템 및 데이터가 구축되는 시기이다. 또한 1차 사전 설명회가 준비되어 홍보활동을 지원하기 위한 보도자료 작성 및 배포 계획이 진행되는 시기이기도 하다.

본 항목의 홍보 제2단계(인지, 고지 홍보전략)에서는 제1단계에서 수립된 홍보계획의 진행 방향에 의해 일정대로 구체적인 홍보 매체가 집행되는 전개 단계이다. 여기서는 TV, 라디오, 신문 등 매체 집행계획 수립 및 부문 별 집행, 세일즈프로모션 및 옥외광고가 제작, 설치되며 On-off line 홍보활동이 전개되고 방송매체를 활용하여 홍보활동이 적극적으로 실시되는 시기이다. 이를 위해 주요 공항, 역, 터미널, 고속도로 휴게소, 주요 관광지 등과 같이 집객력이 높은 장소에 홍보 인쇄물이 비치되고 행사 고지를 위한 이벤트가 활발히 전개된다.

네 번째의『개최 및 실행 단계』에는 개최 전 준비업무를 비롯한 제3차 홍보계획-홍보 확산 및 참여 확대 단계, 전시회 개최, 폐단식 및 철수업무 등이 있다.

이 단계에서는 이미 오랜 기간 동안 기본계획 단계와 준비 단계, 유치 단계를 통해서 진행해왔던 노력이 결실을 맺게 되어 다양한 프로그램과 행사가 개최되고 일반 방문객의 평가를 받게 된다.

따라서 제4단계인 개최 및 실행 단계는 전시이벤트의 기획단계의 얼굴이자 하이라이트라 할 수 있으며 그동안 축적되어 있던 조직력과 실행력을 잘 결집시켜 최선의 결과가 도출될 수 있도록 노력과 역량을 발휘해야만 한다.

개최 및 실행 단계는 개최 전 준비업무, 제3차 홍보계획-홍보 확산 및 참여 확대 단계(집중 홍보전략), 전시회 개최, 폐단식 및 철수 업무 등이 포함된다.

먼저 개최 전 단계는 본격적인 실시단계가 아니고 행사 진행의 구체화를 위한 준비단계 업무라는 점에 유의해야 한다. 개최 전 준비업무에는 준비물 발주와 (전시회 개최를 위한)사전 설명회 등이 있다. 사전 설명회는 전시이벤트의 개최를 가능한 널리 알려서 예상한 집객력을 확보할 수 있는 홍보활동의 일환으로 실시된다.

앞의 홍보 제1단계는 전체 홍보계획의 방향이 수립되고 준비되는 단계이고, 홍보 제2단계는 수립된 홍보계획이 일정에 의해 구체적으로 집행되는 단계이다.

제3단계는 홍보 확산 및 참여 확대(집중 홍보전략) 단계로서 본격적인 집객을 위한 총력적인 홍보전이 이루어지는 단계로서 각 매체를 활용한 프로모션 활동이 집행되는 단계라 할 수 있다. 또한 각 홍보 매체의 미 집행분이 집행되며, 공식행사인 개막식 등에 맞춰 이를 소구하기 위한 홍보활동과 프로모션활동이 집중된다.

앞의 홍보 제1단계는 홍보의 준비를 위한 런칭 홍보전략이 주가 되고, 제2단계는 행사의 목적과 취지, 행사의 차별화된 개최 내용을 포괄적으로 알리는 인지, 고지 홍보전략이라 할 수 있는데 홍보 제3단계는 개막 직전에 동원 가능한 홍보매체를 적극적으로 활용하여 집객력을 향상시키려는 집중 홍보전략의 성격을 띠고 있다.

또한 전시회 개최에는 설치 공사, 행사장 연출, 개관준비 및 전시회 개최, 이벤트 개최 중의 리스크 업무관리 등이 있다.

마지막으로 다섯 번째의 『종료 단계』는 전시이벤트의 기획단계의 마지막 단계이다. 이 단계의 중요한 항목으로는 결산 및 정산 업무, 제4차 홍보계획-사후관리 및 평가 단계 등이 있다. 종료 단계는 대회 종료 후, 이를 마무리하기 위한 결산과 정산 업무가 이루어지고, 이벤트 의뢰자에게 수집, 보존된 자료를 해당 행사의 성과를 보고하고, 평가를 받게 되는 피드백 단계이기도 하다.

전시이벤트의 기획과정이 결실을 맺고 소기의 성과가 달성될 수 있고 유종의 미를 거둘 수 있도록 세심한 계획을 수립하여 마지막까지 최선을 다하는 자세가 필요하다. 먼저 이벤트의 최종적인 자료정리 업무관리 중의 하나로 결산과 정산업무가 있다. 행사 종료와 함께 정산과 결산처리로 의뢰받은 행사의 진정한 의미에서의 완결을 맞게 된다. 이러한 결산과 정산업무는 이벤트기획 단계의 마지막인 예산계획과도 밀접한 관계가 있으며 계획의 기초 단계인 기본계획과 전체적인 계획과정과의 관계를 생각하며 입안되어야 한다.

다음의 홍보 제4단계(피드백을 위한 홍보전략)는 마무리와 사후관리 및 평가 단계로서 피드백을 위한 홍보전략 단계이다. 각종 방송, 신문광고 보존 및 수집, 종합 결과 보고서 제출(결과보고서), 또한 영상자료, 사진자료 등에 대한 기록 및 보존 작업이 진행되고 행사결과에 대한 보도자료가 배포되며, 행사 진행 후 구축된 인프라의 지속적인 관리 및 유지가 지속되는 단계이기도 하다.

그림 2-3 전시이벤트 영역의 기획과정

제1 단계	제2 단계	제3 단계	제4 단계	제5 단계
기본(계획) 단계	준비 단계	유치 단계	개최 및 실행 단계	종료 단계

MEMO

03 chapter

문화·공연이벤트
영역의 기획

축제 · 이벤트의
전략과 기획실무

일본 아리타축제

먼헨 맥주축제 맥주마차

지역이벤트 강진청자축제

chapter 03

문화·공연이벤트 영역의 기획

앞의 장을 통하여 이미 이벤트마케팅 영역의 기획에 관해 충분한 논의가 진행되었고, 여기서는 이벤트 기획의 또 다른 영역이라 할 수 있는 문화·공연이벤트 영역의 기획방법에 대해 설명을 시작하기로 한다. 이벤트기획 관련 서적의 대부분은 축제나 공연, 문화이벤트와 관련된 것이지만 각각 개별적인 특수한 상황에 초점이 맞추어 서술되었기 때문에 어떻게 접근해야 객관성을 확립할 수 있는지 판단하기가 매우 어려웠다.

이미 지적한 바와 같이 이벤트 기획 방법은 다양한 접근 방법이 존재하고 있다. 각기 서로 성격과 특징을 가진 이벤트나 축제 영역에 있어서 이를 무시하고 고정된 틀에 따라 한 가지 방법만으로 이벤트 기획을 수립하려고 하는 것은 많은 문제를 야기 할 수 있다.

한편 문화·공연이벤트 영역의 이벤트는 기획력과 함께 연출력이 요구되기 때문에 차별화된 문화적, 예술적 표현을 나타내기 위한 공연계획이 수반되며 이를 위하여 추가적으로 연출, 조직, 관리와 같은 운영계획 등이 첨가된다.

이벤트 기획 수립 시, 공연계획의 존재여부는 매우 중요한 사항으로 등장한다. 대부분의 지역축제나 문화, 예술, 공연이벤트(이하 문화·공연이벤트로 명명함)에서는 공식행사와 부대행사를 진행하기 위해서 무대행사가 포함되기 때문에 공연계획이 추가되고 이를 원활히 진행하기 위하여 차별화 된 연출능력과 짜임새 있는 운영계획을 필요로 하게 된다.

이벤트 마케팅영역의 기획 단계는 크게 이벤트 상황분석을 시작으로 이벤트 기본전략, 프로모션분석, 그리고 유통프로모션 분석, 가격프로모션 분석의 기본 5단계로 구성되고 있지만 문화 · 공연이벤트는 기본계획을 기본으로 하여 행사계획, 운영계획, 홍보계획, 예산계획 등과 같은 다섯 개의 계획단계가 설정된다.

문화 · 공연이벤트는 전자의 판촉, 기업이벤트의 기획방법과는 근본적으로 매우 다르며 수립과정에 다음과 같은 특징을 발견할 수 있다.

문화 · 공연이벤트의 기획과정은 먼저 모든 계획을 총괄하며 기본방향을 제시하는「기본계획」을 수립하고 이를 바탕으로 하여 전술적, 구체적으로 프로그램을 실행하게 되는 공식행사와 부대행사 등의「행사계획」이 설정된다. 주최자는 행사계획을 통하여 고객을 만족시킬 수 있는 프로그램을 전달하게 되며 공식행사, 부대행사 외에도 필요에 따라서는 체험행사나 경연행사, 공연행사, 그리고 특별행사 등의 공연계획이 추가될 수 있다.

문화 · 공연이벤트 기획의 중심은 기본계획과 행사계획이다. 이 둘이 적절히 조화를 이룰 때만이 이벤트기획의 효과를 충분히 발휘할 수 있다. 이와 같은 관계는 광고기획에서 참고로 할 만한 근거를 발견할 수 있다.

광고기획의 기본구조에는 기획의 합리적, 과학적, 이성적 근거를 제시하는 마케팅 접근방법과 이와는 반대로 예술적, 감성적으로 소비자에게 다가가는 커뮤니케이션 접근방법이 있다. 광고기획의 4단계에서 마케팅 접근방법에 해당하는 항목은 광고상황분석, 광고기본전략, 광고매체전략 단계이고, 커뮤니케이션 접근방법에 속하는 것은 광고 크리에이티브 전략 단계이다. 결론적으로 광고기획은 대부분 과학적 논리를 제시하는 마케팅이 중심이 되지만 소비자가 메시지와 접촉하여 태도변화나 호감도를 형성하는 요인에는 광고카피나 시각적인 비쥬얼과 같은 커뮤니케이션 접근이 많은 영향을 주게 된다.

기획에서 전달해야 할 핵심과 방향을 설정하고 성공할 수 있는 이론적 근거와 확신을 갖게 하는 것은 마케팅 접근방법에 있지만 결국 소비자가 광고메시지를 접촉하여 직접적인 영향을 받게 되는 것은 커뮤니케이션 접근방법이다. 다시 말하자면 광고전략이 성공을 거두기 위해서는 상당수 마케팅적 접근이 필요하지만 소비자에게 정말 중요한 것은 사실적인 광고주의 의도가 아니라 진정으로 마음에 와 닿는 감성적인 광고 커뮤니케이션이라 할 수 있다. 그러므로 광고기획이 생명력을 발하기 위해서는 광고전략은 내부적으로 잠재되어야 하며 실제 소비자가 접촉할 때는 크리에이티브 전략이 잘 표출되어 조화를 이루어야 한다.

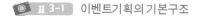 표 3-1 이벤트기획의 기본구조

내부잠재전략 (이벤트전략 담당자)
①③④⑤ 마케팅적 접근 (과학적/이성적)

① 기본계획	② 공연계획
③ 운영계획	④ 홍보계획
⑤ 예산계획	

외부표출전략 (방문객과의 직접접촉)
② 커뮤니케이션적 접근 (과학적/이성적)

이벤트기획에서도 이와 같은 논리는 적용될 수 있다. 이벤트기획자가 담당하는 내부 잠재 전략 단계에는 ①, ③, ④, ⑤의 기본계획, 운영계획, 홍보계획, 예산계획이 포함되며 과학적, 이성적인 마케팅적 접근이 이루어지며 방문객이 직접 접촉하며 체험하는 외부표출 전략 단계에는 ②의 행사계획이 속하게 되어 커뮤니케이션 접근이 실시되며 예술적, 감성적인 연출방법이 필요시 되고 있다.

여기서 반드시 기억해야 할 것은 이벤트기획 역시 차별적이고 감성적인 연출방법에 의해 방문객의 감동을 유도하려는 행사계획은 기획 상의 비중에 관계없이 매우 중요하지만 마치 빙산의 일각처럼 이벤트가 성공하기 위해서는 내부적으로 잠재되어 있는 마케팅적 접근방법도 함께 고려되어야 한다는 사실이다.

최근 공연산업에서 부각되는 '시장원리'[1] 및 '승자독식의 원칙' 등은 모두 문화·공연이벤트의 기획과정에서 마케팅적 접근방법의 중요성을 일깨워주고 있다. 여기서 시장원리란 주최자의 편의나 이익을 위해 이벤트가 필요한 것이 아니라 수요자인 방문객의 입장에서 진정한 만족이 보장되고 추구되어야 함을 의미하고 있다. 이미 시장전반이 공급자 중심에서 수요자 중심의 시장으로 전환되었듯이 넓은 의미에서 바라보면 이벤트분야 역시 수요자의 판단과 선택에 의해 경쟁되고 평가되어야 한다는 것을 시사하고 있다.

지역축제를 비롯한 문화, 관광이벤트가 스스로의 매너리즘에 빠져 행정 편의적인 발상과

---

1) 시장원리란 무엇인가
　　시장은 공통적으로 상품이나 용역을 판매하려는 사람인 공급자와 구입하고자 하는 사람인 수요자가 모이는 장소이다. 그러나 경제학에서 말하는 시장은 훨씬 포괄적인 의미를 가지고 있다. 즉 어떤 물건이나 서비스를 사려는 사람과 팔려는 사람을 연결시켜주는 상황 혹은 상태를 말한다.

차별점이 없는 행사를 여가 없이 남발하고 있는 실정을 직시하면 이벤트의 장기적인 발전을 위해서도 시장원리는 도입을 미룰 수 없을 것 같다.

승자독식의 원칙은 공연산업을 중심으로 하는 이벤트분야에서 자주 볼 수 있다.

예술가 시장의 특징 중의 하나는 몇몇의 소수 탁월한 재능을 갖고 있는 예술가(슈퍼스타)는 엄청나게 큰 소득을 얻는 반면에 대부분의 많은 예술가는 평균이하의 소득을 얻고 있다. 이러한 현상이 강하게 존재하는 시장을 '승자독식시장(winner－take－all market)'이라고 한다.

이러한 현상이 강하게 나타나는 원인은 일반적인 노동 시장에서는 일에 애한 성과의 보상이 절대평가(노동자의 한계 생산물)에 의존하는데 반해서 승자독식 시장에서는 일에 대한 성과의 보상이 상대적 평가에 의해 이루어지는 현상 때문이다. 예를 들어 스타 예술가와 보통 예술가 사이의 재능이나 능력의 차이는 아주 적지만 그들이 얻는 소득은 몇 십 배에 달하는 경우가 많다. 이러한 현상은 특히 예술, 연예, 프로 스포츠 등의 분야에 두드러지게 나타나는 경우가 많다.

이런 승자독식 현상이 일어나는 가장 큰 이유는 예술 분야에 미디어 기술의 발전으로 인해서 규모의 경제가 나타나기 때문이다. 예를 들어 음반, 영화, 도서 문화 예술 부문에서의 생산은 초기의 고정비용은 매우 큰 데 비해 추가로 생산하는 한계비용은 거의 무시될 정도로 작다. 이는 결국 자연독점 현상을 초래하게 되고 가장 강한 것만 살아남게 되는 것이다.

또한 예술작품의 소비행태에서 강한 '망 외부성(network externalities)'이 존재하기 때문이기도 하다. 이것은 다른 사람의 평가나 평판을 중시하거나 사회적 가치를 존중하는 심리적인 현상으로서, 예를 들어 예술 작품을 소비할 때 위험을 기피하려는 소비자에 의해 이미 다른 소비자 또는 작품의 평론 등을 통해서 명성을 얻은 작품으로 소비가 집중되는 것을 가리키고 있다. 그렇게 되면, 결국 몇 개의 유명한 예술 작품만 살아남게 되고 나머지는 시장에서 밀려나게 된다. 또한 어떤 상품이 그 기능보다는 그 상품을 소비하는 사람의 사회적 지위를 강하게 나타내는 경우, 가장 경쟁력이 있는 상품이 시장을 독차지하는 경우가 많다. 이를 흔히 「지위 상품」(status good)이라고 하는데, 예술작품은 대부분 이런 지위 상품의 속성을 갖고 있다.[2]

문화에도 경제 논리를 건설적으로 적용하면 문화 발전을 촉진 할 수 있다. 이러한 믿음

2) 한국 문화 경제 학회, 『문화 경제학 만나기』, 김영사, 2002 pp164~165

하에서 문화의 경제적 가치를 높이고 문화인의 활동 영역을 확대하는데 최소한의 시장 원리는 필요하다.

문화 예술분야에서 시장원리 및 승자독식의 원칙이 의미하는 것은 막연한 예술, 문화지향적인 것보다는 경쟁논리를 통하여 관객에게 올바른 평가를 받음으로써 장기적인 발전을 추구하려는 인식에 대한 필요성이다. 극단적으로 표현하면 관객이 외면하는 공연이나 방문객이 찾지 않는 이벤트는 존립하기 어렵다는 생각이다.

한편 문화 · 공연이벤트의 영역에 있어서는 항상 문화성과 경제성이 양립되어 인식되는 경향이 있다. 특히 지방자치단체가 주관하는 지역축제의 경우에는 공적이벤트의 성격이 강하므로 경제적인 측면이 외면되기 쉽다. 물론 경제적인 이익추구를 위해 축제가 개최되지는 않지만 지나치게 예술, 문화 지향적인 면만 강조된다면 대중지향적인 방문객에게 만족을 주지 못하기 때문에 장기적인 관점에서는 득이 되지 못한다.

우리나라의 지역축제는 1990년대 지방자치시대에 들어와서 각 지방자치단체가 관심을 가지면서 양적으로는 크게 성장 하였지만 이 과정에서 독창성 부재, 전문축제 기획, 관리운영상의 전략부족, 운영 인력의 부족 및 지역주민의 참여 저조 등의 문제점을 공통으로 나타내고 있다. 또한 확실한 프로그램 상의 차별성이나 분명한 콘셉트가 없이 지역축제 간에 유사한 행사를 실시하고 있어 문제점이 노출되고 있다.

문화 · 공연이벤트의 문화성과 경제성은 양립되는 개념이 아니다. 문화성, 예술성을 유지, 보존하면서도 거시적인 측면에서 경제성을 확보하여 조화로운 발전이 유지되는 것이 바람직하다. 기본계획에서 출발하여 예산계획 수립까지 가능한 낭비성이 있는 비용을 줄이고 항상 투자된 비용에 대한 이벤트효과를 검증하려는 자세가 요구된다. 또한 홍보의 필요성을 제대로 인식하여 외부의 방문객 동원에 노력하며 규모의 경제성을 유지하려는 인식이 중요시 된다.

최근 문화관광부의 「문화관광축제 정책방향」을 참고로 하면, 축제운영에 있어서 마케팅 개념을 적극적으로 도입할 것을 권장하고 있다. 이에 의하면 앞으로 지역축제는 시장경제 논리의 중요성을 충분히 인식하여 축제기획자 위주의 축제 운영이 아니라 문화관광축제의 수요자인 방문객의 만족을 유도할 수 있는 방향으로 전환하도록 요구하고 있다.

이와 같이 문화 · 공연이벤트 기획은 기본계획을 통하여 이벤트의 목표와 방향, 콘셉트가 설정되면 행사계획을 거쳐 외부로 그 의도가 표출된다. 운영계획, 홍보계획, 예산계획은 기본계획과 접근방법이 같은 맥락에 있으며 행사계획에 의해 예술적, 감성적인 연출이 창출될 수 있도록 지원하게 된다.

따라서 「운영계획」에서는 행사장의 프로그램을 연출, 진행하기 위해 시설, 장비계획과 효율적인 진행과정에서 조직구성과 실무 집행체계를 세우게 되며 그 밖의 행사장의 서비스, 경비, 소방, 안전관리, 주차장 · 교통관리, 운영 매뉴얼에 이르기까지 효과적인 행사진행이 가능하도록 설정 된다 .

또한 이벤트 마케팅영역과 마찬가지로 행사를 널리 알리기 위해서는 사전에 온라인, 오프라인의 홍보나 매스미디어와 쌍방향매체에 의한 다양한 「홍보계획」이 종합적으로 입안되며 마지막으로 설정된 예산에 대하여 기대효과를 충족시키기 위한 「예산계획」이 수립된다.

운영계획, 홍보계획, 예산계획에 대해서는 나중에 자세한 설명을 덧붙이기로 한다.

표 3-2 문화 · 공연이벤트영역의 기획과정 (5단계 19항목)

제1 단계 **기본계획**	
1. 이벤트 목표, 테마, 컨셉트 설정	2. 6W2H의 체크포인트

제2 단계 **행사계획**	
3. 행사계획의 기본방향과 구성	4. 프로그램 구성
5. 프로그램 관리	6. 행사장 연출
7. 행사장 배치	8. 동선계획

제3 단계 **운영계획**	
9. 조직관리	10. 운영조직 분석
11. 시설관리	12. 이벤트행사장 운영 스텝

제4 단계 **홍보계획**	
13. 홍보 기본방향	14. 매체별 홍보전략
15. 단계별 홍보전략	16. 통합적 홍보활동 전략

제5 단계 **예산계획**	
17. 이벤트 예산의 수립	18. 이벤트 기획 예산 편성법
19. 예산 조달 방법	

1 기본계획

기본계획은 이벤트의 개요이며 기본방향을 설정하는 단계이다. 또한 기본계획은 문화 · 공연이벤트 기획과정의 첫 번째 단계로서 출발점이기 때문에 이것만으로 전체적인 흐름과 특징을 알 수 있도록 제시되어야 한다.

따라서 기본계획에서는 이벤트의 목적과 이념이 명확하게 제시되고 콘셉트, 테마와 실행 목표, 슬로건 그리고 핵심적인 예산 사항 등의 기본구상이 설정되며 마지막으로 6W2H에 의해 전체적인 개요가 설명된다. 6W 2H는 6W와 2H의 구성요소로 이루어지며 이벤트를 누가(Who), 언제(When), 무엇을(What), 어디서(Where), 왜(Why), 누구에게(Whom), 어떻게(How), 얼마로(How much) 실시하는지 이벤트의 핵심적인 요소가 반영된다.

표 3-3 대관령 눈 축제의 기본계획 사례

대관령 눈 축제의 기본계획 (행사개요)	
행 사 명	제10회 대관령 눈꽃축제
일 시	2002년 1월 05일 (토) ~ 1월 20일(일) 16일간
장 소	강원도 평창군 도암면 횡계리 용평동 경기장 일원
행사대상	Main Target : 18 ~ 35세의 젊은 계층 Sub Target : 전 국민 대상 불특정 다수 / 외국인 관광객 및 거주민
주 최	강원도 평창군
주 관	대관령 눈꽃 축제 위원회
후 원	문화관광부, 강원도, 한국 관광공사, 용평 리조트
기대효과	성공적인 행사로 평창군의 위상 고지 2010년 동계올림픽 유치 Appeal

자료 : CMG KOREA 제공

1. 이벤트목표와 테마, 콘셉트 설정

(1) 이벤트목표

목표가 효율적으로 설정되기 위해서는 일반적으로 ① 측정 가능해야 하고, ② 구체적인 기간이 설정되어야 하며, ③ 행동 유발적이면서 실행 가능한 목표이어야 한다. 이벤트목표를 설정할 때는 위의 세 가지 요건을 충족할 수 있는지 살펴보며 실행에 옮겨야 실패를 줄일 수 있다.

전술한 바와 같이 이벤트목표는 마케팅, 광고목표와는 다소 차이점이 있으며 그 양상이 조금 복잡하다. 대부분 마케팅목표는 매출이나 시장점유율에 초점을 맞추고 광고목표는 커뮤니케이션 목표로서의 브랜드 인지율에 일차적 목표를 두게 된다. 크리에이티브 목표는 광고의 핵심메시지의 침투율에 목표를 두며 매체목표는 노출빈도에 따른 합리적인 광고의 도달률에 목표를 두고 있다.

기본적으로는 이벤트 역시 프로모션믹스, 구체적으로는 세일즈 프로모션의 하나이므로 판매액과 같은 기업의 수익성에 독자적으로 공헌했다고 보기는 어렵기 때문에 마케팅목표와는 같은 맥락에서 설정되기는 어렵다.

또한 PR이벤트처럼 단순히 기업에 대한 호감도나 이미지를 향상을 목적으로 하는 경우는 광고목표와 동일하게 이벤트를 통하여 브랜드 인지율이나 이벤트의 메시지 침투율과 같은 커뮤니케이션 목표를 설정할 수 있지만 판촉이벤트의 경우와 같이 이벤트를 통해서 현장에서 직접적인 판매가 가능한 경우는 마케팅목표와 비슷한 점이 있을 수 있다.

이벤트마케팅 영역이라도 기업이미지의 향상을 목적으로 하는 PR이벤트와 직접적인 판매를 목적으로 하는 판촉이벤트로 구분되며 문화 · 공연이벤트 영역에 속하는 지역축제 등은 각각 실행 목표가 다르기 때문에 이벤트목표를 설정하다는 것은 그렇게 단순하지 않는 작업이다. 또한 향후 이에 대한 다양한 연구와 논의가 뒷받침되어야 한다.

이벤트는 영리적, 비영리적인 목적에 따라 판촉이벤트(프로모션이벤트)와 퍼블리시티이벤트(PR이벤트)로 분류한다. 물론 영리적이거나 비영리적인 목적의 이벤트라 하더라도 상품광고(직접적으로 상품을 소개하여 단기적인 이익을 유도), 기업광고(간접적으로 기업의 이미지와 신뢰감을 형성하여 장기적으로 이익에 기여)의 경우와 동일하게 실행방법에 차이가 있을 뿐 결국 기업이 이벤트를 실시하게 되는 경우에는 이윤추구가 그 바탕에 있음을 부인할 수 없다.

따라서 이벤트목표는 광고목표, 마케팅목표와는 다르게 커뮤니케이션적 관점과 판매적 관점의 두 가지로 나누어서 설정해 볼 수 있다. 이 두 가지 관점은 오랫동안 목표설정의 중요한 논쟁 거리였으며, 이 중 어느 하나를 선택하여 이벤트목표라고 제한하여 말할 수 없는데 어려움이 있었다. 왜냐하면 이벤트는 그 실시목적에 따라 커뮤니케이션을 지향하는 방법도 있고, 판매를 지향하는 방법도 존재하기 때문이다.

이벤트의 목표로 측정될 수 있는 것이 어떤 것인가는 매우 중요한 문제이다. 목표와 효과의 연관성에서 이미 충분히 설명된 바와 같이 목표는 정확히 측정될 수 없다면 그 가치는 존재하지 않는다. 물론 여기에 대해서는 앞으로도 많은 연구가 뒤따라야 하겠지만 현재 이벤트 목표로 설정되고 있는 것을 소개하면 다음과 같다(자세한 내용은 앞의 장을 참고).

예를 들어 다음과 같이 앞장에서 이미 설명되었지만 몇 가지 이벤트 효과에 대한 목표 설정과 평가 작업은 가능하다.

첫째, 다이렉트 효과이다. 먼저 입장료 수입, 행사장 내부의 상품 판매 등은 효과 측정이 비교적 용이하다. 또한 집객 효과의 측정은 크게 국내인(외부 및 동일 생활권)과 외국인으로 나누어 구분할 수 있다. 입장료와 함께 조사하는 방법도 있지만 최근에는 입구에서 간단한 앙케트와 식별 가능한 리본을 가슴에 부착하여 인구통계적 측정이 비교적 정확하면서도 신속하다. 특히 바코드에 의한 입장권을 이용하여 다양한 측정이 가능하다.

둘째, 커뮤니케이션 효과이다. 주최자의 지명도와 이벤트의 테마, 콘셉트 등도 대개 앙케트 조사에 의하여 쉽게 측정되고 있다.

셋째, 판매 촉진 효과는 이벤트를 통한 단기적인 매출액을 측정하는 것인데 판매에 영향을 주었던 여러 가지 요인이 있지만 행사장에서 이벤트를 통하여 즉시적인 매출 현황은 판단할 수 있다.

넷째, 퍼블리시티 효과는 대중 매체를 통하여 행사 전 또는 중간에 안내 및 고지에 의한 홍보 활동 때문에 나타나는 효과로, 이것은 매스미디어의 노출 빈도(Media Frequency)를 파악하여 측정할 수 있다. 신문이나 잡지를 통한 효과는 비교적 효과 측정이 쉬운 편인데 전체 일간지나 잡지를 선별하여 어느 정도의 기사화가 성취되었는지 크기와 횟수를 분석하여 알 수 있다. 또한 TV나 라디오는 녹화나 녹음으로 모니터 활동을 잘 활용하면 노출 시간과 횟수를 통하여 퍼블리시티 효과를 대부분 파악할 수 있다.

다섯째, 인센티브 효과는 회사 가족과 거래처에 대한 관계 개선과 관계 촉진 효과를 말한다. 행사 진행 후 서베이 조사에 의해 협력 관계의 회사와의 관계 개선 및 사원, 사원 가족을 대상으로 하여 사원 결속의 의지 등을 분석할 수 있다.

마지막으로 이벤트의 직접 파급 효과와 간접 파급 효과로 구분하여 우선 직접 파급 효과는 먼저 이벤트를 인지하고 참가하였던 사람들의 구전(주로 VIP나 준거 집단의 오피니언 리더)을 통하여 이벤트의 내용을 알게 되고 얼마나 호감을 갖게 되었는가를 비롯하여 다양한 구전 효과를 파악할 수 있다. 또한 간접 파급 효과는 경제, 산업, 지역, 문화 등 매우 복잡하고 다양한 영역에서의 평가 작업이 요구되는데 현재 가장 효과 측정이 어려운 분야이기도 하다. 향후 이 분야에 있어서 많은 연구가 필요시 되고 있으며 여러 측면에서의 평가 및 분석 작업이 요구된다.

(2) 테마, 콘셉트 설정

이벤트의 주제를 나타내며 콘셉트와 혼용하여 사용되고 있다. 그러나 경쟁상황에서 출발한 차별적, 경쟁적 개념이 포함되지 않는 데에서 콘셉트와는 차이가 있다. 콘셉트에 의해 이벤트의 방향이 결정되면 구체적인 테마나 주제를 통하여 이를 표출시킨다.

콘셉트가 경쟁 대상과 차별화될 수 있는 표현의 핵심적인 기본 방향이란 의미가 강한 것에 반하여 테마는 행사나 이벤트의 내용을 한마디로 표현할 수 있는 주제를 가리키고 있다.

이러한 콘셉트(concept)는 사전적 의미로 개념이란 의미로 잘 알려져 있지만 실제로는 이벤트 기획 담당자가 방문객에게 전달하고자 하는 내용의 핵심으로 특정 이벤트만이 가지고 있는 차별화된 방향 설정 및 강조 사항이다.

일반적으로 이벤트 기획서에서 등장하는 콘셉트의 의미는 기획 내용에 관한 전체적인 개념과 방향으로 사용되고 있는데 때로는 테마나 주제 등으로 표현되기도 한다. 최근 이벤트 프로그램의 구체적인 표현으로 콘셉트의 의미를 구체화시켜 설명하는 경우도 있는데 이것 역시 잘못 이해하고 있는데서 나타나는 결과이다. 콘셉트를 보다 구체적인 개념으로 표현한 것이 테마와 주제, 슬로건이다.

이밖에도 목적과 목표, 전략과 전술, 슬로건, 헤드라인에 대한 구체적인 이해가 뒤따라야 한다.

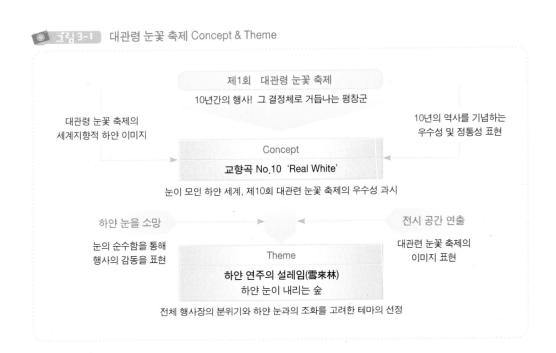

그림3-1 대관령 눈꽃 축제 Concept & Theme

제1회 대관령 눈꽃 축제

10년간의 행사! 그 결정체로 거듭나는 평창군

대관령 눈꽃 축제의
세계지향적 하얀 이미지

10년의 역사를 기념하는
우수성 및 정통성 표현

Concept

교향곡 No.10 'Real White'

눈이 모인 하얀 세계, 제10회 대관련 눈꽃 축제의 우수성 과시

하얀 눈을 소망

눈의 순수함을 통해
행사의 감동을 표현

전시 공간 연출

대관련 눈꽃 축제의
이미지 표현

Theme

하얀 연주의 설레임(雪來林)
하얀 눈이 내리는 숲

전체 행사장의 분위기와 하얀 눈과의 조화를 고려한 테마의 선정

2. 6W 2H의 체크 포인트

이벤트의 목적과 이념을 명확하게 제시하고 6W 2H에 의해 정확하게 제시하는 것이 중요하다. 기본구상 속에서 분명하게 해야 할 것은 그 이벤트를 누가, 언제, 무엇을, 어디서, 무엇을 위해, 누구에게, 어떻게, 얼마로 실시하는지가 기본적인 요소이다.

이벤트 기획의 방법으로는 6W 1H나 6W 2H 또는 이 두 가지가 변형된 형태 등이 시장 상황과 이벤트 목적에 따라 다양하게 나타나 있지만 가장 보편적인 방법은 6W 2H의 이벤트 기획 발상이다. 6W 2H의 각 요소에 대한 체계적인 분석 작업과 이해를 통해 이벤트 실행 시에 필요한 전제 조건을 확인하게 되고 원활한 진행을 위하여 중점 사항이 무엇인가를 파악하여 전체적인 기획의 체계를 올바르게 세우게 된다.

이 기본적인 요소가 명확하지 못하면 다음의 '무엇을(What), 언제(When), 어디서(Where), 어떻게(How), 얼마에(How much)가 결정될 수 없다. 이 과정이 이벤트 기획의 기본과정이라 할 수 있다.

이벤트 기획에 본격적으로 착수하기에 앞서 이벤트 플래너는 이벤트의 전체적 흐름에 대한 기본적인 내용을 파악해야 한다. 이벤트 기획의 방법으로는 6W 1H, 6W 2H 또는 이 둘이 변형된 형태 등 시장 상황과 이벤트 목적에 따라 다양하게 나타나 있지만 가장 보편적인 방법이 6W 2H의 이벤트 기획 발상에 근거해 설명하는 것이다.

6W 2H의 각 요소에 대한 체계적인 분석 작업과 이해를 통해 이벤트 실행시 필요한 전제조건을 확인하게 되고 원활한 진행을 위하여 과연 중점 사항이 무엇인가를 파악하여 전체적인 기획의 체계를 올바르게 세우게 된다.

(1) WHEN : 최적시기

이벤트 실시에 따른 최적 시기 및 기간의 설정은 매우 신중한 검토를 필요로 한다. 특히 주최자가 기업인 경우, 해당 기업의 내부 환경, 마케팅 환경부터 시작해서 이벤트 개최시의 계절적 특성, 기후 조건, 유사 이벤트의 유무 등을 신중이 고려하여 결정해야 한다.

결국 최적시기의 설정은 다양한 정보 분석을 통해 주최자의 목표 달성을 위한 가장 유리한 시기를 결정해야 한다. 지역 이벤트의 경우 일반적으로 10일 동안의 행사 기간에 두 번 주말을 맞이하게 하는 이벤트 일정이 집객력을 최대화하는데 이상적이라 할 수 있는 8일에서 14일간이 이벤트의 개최 시기로서는 가장 적당한 것으로 나타나고 있다.

이 정도의 기간이 설정되어야 이벤트를 통하여 주최자의 의도한 메시지가 전달되는 데 충분한 시간이 되며, 고객에게 일정한 긴장감을 유도할 수 있을 정도의 짧은 시간도 되기 때문이다. 그러나 대부분 국내에서 개최되는 이벤트의 경우는 공휴일이나 주말을 사이에 두고 3일 이내이기 때문에 사회적인 관심을 끌기 위해서는 너무 짧게 설정되어 있는 실정이다.

과거 삼익가구에서 주최한 콘서트 이벤트는 주요 대상층이 15~20세 정도의 젊은 층이었는데 마침 시험 기간에 이벤트 기간이 겹쳐 집객력 확보에 실패한 예도 있었다. 최근에는 이벤트 시기에 대한 과학적인 접근을 위하여 날씨를 정확히 분석해 컨설팅 비즈니스를 하고 있는 날씨 마케팅 전문 회사가 활발히 활동하고 있어 점차 날씨나 기후로 인해 실패할 확률이 줄어들고 있다.

이벤트담당자는 날씨로부터 입을 수 있는 최악의 피해에 대해 항상 철저히 준비하는 자세가 필요하다. 한 예로 날씨로부터 기업이 입을 수 있는 피해에 대해 예방할 수 있게 해주는 방비책 중의 하나가 바로 날씨보험과 날씨파생상품이다.

이벤트의 실행을 앞두고 행사 당일 폭설이나 큰비가 내린다는 예보가 나오면 주최 측에서는 적지 않게 당황하게 된다. 그렇다고 시간이 촉박하여 취소할 수도 없는 상황이라면 매우 난처하게 될 것이다. 그러나 위기를 기회로 활용할 수 있듯이 기발한 마케팅전략으로 형편없는 날씨를 기회로 활용하여 이벤트를 성공적으로 치른 사례를 찾아볼 수 있다.

미국 지방자치단체인 이리 카운티 공무원들은 비바람이 몰아닥치는 악천후에도 불구하고 '이리 카운티 페어(Erie County Fair)'를 성공적으로 치러냈다. 이것이 악천후 마케팅의 좋은 사례다. 이벤트에 만반의 준비를 다하던 공무원들이 행사 당일에 비바람이 몰아칠 것이라는 예보를 접했을 때는 이미 행사를 취소하기에는 너무 늦은 시기였다. 결국 이리 카운티 공무원들이 악천후를 이겨내기 위해 내린 결단은 이벤트에 대한 프로모션을 최대한 빨리 시작하자는 것이었다. 이벤트에 참가할 수 있는 티켓을 최대한 빨리 판매할 수 있는 기회를 갖기 위해서였다. 일단 참가 티켓을 구입한 사람들은 티켓 값이 아까워서라도 어지간한 악천후에도 행사장에 참석하리라는 예상에서였다. 이를 위해 예년보다 훨씬 앞서서 광고매체와 옥외광고의 전광판을 집중적으로 이용하였다. 가능한한 오랫동안 사람들의 머릿속에 이벤트행사에 대한 충분한 이미지를 심어주기 위해서였다.

또한 공무원들은 악천후라는 악재를 잠재우기 위해 예년에는 전혀 찾아볼 수 없었던 기발한 프로모션 기법을 선보였다. '세계에서 가장 길게 줄을 이어 춤추기'라는 아이디어가 그것이다. 행사에 주민들을 최대한 많이 참여시키기 위한 아이디어에서 비롯된 것이다. 물론 당일에는 비바람에 아랑곳하지 않은 주민들이 무려 2천 1백여 명이나 대거 참가하여 대성황을 이루었다.

이벤트가 열린 10일 동안 맑은 날씨를 보인 것은 불과 3일뿐이었다. 나머지는 모두 비가 오거나 지독히 흐린 날씨였다. 그야말로 최악의 날씨였다. 그럼에도 이벤트에 참가한 인원은 예년보다 오히려 약간 증가했고, 프로모션에 들어간 비용은 오히려 10% 가량 적었다고 한다. 치밀하고 기발한 마케팅 및 프로모션 전략으로 사전에 철저히 준비한다면 어떠한 악천후 속에서도 야외 행사를 대성공으로 이끌 수 있다는 사실을 보여준 대표적인 사례이다.[3]

3) 김동식 외, 『날씨마케팅』, 지식공작소, 2003, p53

또한 대회 기간이 빛을 발하기 위해서는 행사 전 또는 기간 동안 4대 매체를 이용한 충분한 홍보 활동이 뒤따라야 하는 것은 두말할 필요가 없지만 무엇보다 고객이 참가하기 쉽고 인원 동원이 쉬운 시기를 선택하는 것이 중요하다.

이벤트 시기와 관련된 중요 사항을 요약하면 다음과 같다.

① 이벤트 개최시의 날씨, 기후, 계절 동향
② 이벤트 표적 고객의 개최 시기 동향 분석(시험 기간, 농번기 등)
③ 국내외적으로 이벤트에 영향을 줄 만한 정치 · 경제적 동향
④ 이벤트 장소의 사용이 용이한 시점
⑤ 충분한 행사 준비 기간의 확보(홍보기간 및 물적·인적 자원의 확보)
⑥ 경쟁회사의 동향

(2) WHERE : 지역 및 공간

이벤트를 실시하는 지역의 지리적 특성과 환경, 행사장의 수용 규모 설비 등이 실시하고자 하는 이벤트의 전개 내용에 적합한가를 검토한다.

또한 이러한 검토를 토대로 집객 전략에 있어서의 유리한 점과 문제점도 살펴본다.

이벤트 장소의 주변 환경 및 지리적 위치는 예상된 참가자의 확보, 행사의 성공에 직접적으로 영향을 줄 수 있는 중요한 요소이다. 보통 개최 장소로는 편리한 교통 접근성이 우선되는데, 대부분의 이벤트가 중심가나 사람을 동원하기 쉬운 공원, 유원지, 백화점 등의 장소를 선택하는 것도 이러한 이유에서 비롯된다.

개최 장소를 선정할 때의 주의 사항으로는 다음을 참고로 하면 유리하다.

① 누구나 찾기 쉽도록 개최 장소는 지명도가 있는 곳
② 개최 장소의 주변 환경
③ 행사장의 안전성
④ 이벤트 장소의 동선 계획과 사고 예방에 주의
⑤ 장소 이용료 및 인 · 허가 조건 파악

⑥ 교통의 편리성과 주차 시설의 확보 상황

⑦ 목표 고객과의 친밀성이 있는 장소 확보

⑧ 행사장 이외의 시설물, 편의 시설의 상태

(3) WHO : 주최자

이벤트 실시의 주최자에 대한 다양한 정보 입수 및 원활한 커뮤니케이션을 통해 주최자의 사업 목표, 기업 전략, 조직 등을 상세히 파악하는 것은 바로 이벤트 목표에 대한 명확한 분석을 위한 최선의 방법이 된다.

이벤트를 기획할 때 이벤트의 의뢰자며 광고 활동의 광고주에 해당되는 이벤트 활동의 중심이 되고 있는 이벤트 주최자에 대한 올바른 이해는 효율적인 이벤트가 되기 위해서 필수적이다. 좋은 이벤트 기획은 먼저 정확한 주최자에 대한 분석에서 나온다.

또한 주최자의 특성 및 성격에 따라 이벤트 목적은 처음부터 달라지는데 영리를 추구하는 기업은 이벤트를 실시함에 있어 판매촉진에 많은 비중을 둘 수밖에 없고 지방자치 단체와 같은 비영리 단체는 이미지 제고나 PR목적의 이벤트 성격이 강하게 나타나 자연히 기획 방향과 프로그램 내용에 반영된다.

한편, 해당 기업 단체의 마케팅 목표와 프로모션 목표, 조직의 미시·거시 환경을 파악하고 특히 SWOT 분석을 이용하여 경쟁 업체와 비교하여 자사가 가지고 있는 강점과 단점, 그리고 외부 환경과의 위협, 기회적 요인을 분석한다.

SWOT 분석은 강점(Strength), 약점(Weakness), 기회(Opportunities), 위협(Threats) 등의 매트릭스를 통해 전략을 수립하며, '광고기획 단계에서는 경쟁분석과 자사분석에 이용되고 마케팅 기획에서는 전략적 마케팅 계획 수립을 위한 상황 분석'에서 이론적 틀을 제공하고 있다. 따라서 SWOT분석은 기획 과정의 시장 상황과 환경분석을 위해서는 필수적이라 할 수 있다. 말 그대로 자사 마케팅의 강점과 약점이 경쟁 회사와 비교해서 무엇인지를 확인하고 다시 마케팅 외부 환경의 기회적 요인과 위협적인 요인을 규명하는 것을 말한다.

SWOT 분석에서 검토되어야 할 거시적인 마케팅 환경 요인으로는 시장 내 전체 소비자의 인구, 소득, 연령, 직업 등과 같은 인구통계학적인 요인과 소비 구조 등과 같은 사회 경제적 요인, 그리고 기술·자연적 환경 요인, 법적·정치적 환경 요인 등이 있다.

(4) WHOM : 표적대상

이벤트 초기단계에서 목표, 콘셉트와 함께 중요시되고 있는 것이 표적 대상이다. 표적대상이 결정되지 않으면 목표 설정 자체도 불가능하고 이들의 마음을 사로잡을 수 있는 콘셉트와 테마의 설정조차 어렵게 된다.

다시 말하면, 누구를 향해 무엇을 할 것인가 하는 것이 이벤트의 핵심 요체이다.

오늘날과 같이 소비자의 니즈와 욕구가 다양해지는 상황에서는 어떠한 타깃 층을 어떠한 방법으로 설정할 것인가는 매우 어려운 문제이며 고도의 기술과 노력을 요구하게 된다.

이벤트 전략을 올바르게 수립하기 위해서는 사회, 시장의 구성원이 인간, 소비자에 대한 이해와 분석, 즉 소비자에 대한 철저한 분석이 이루어져야 한다. 왜냐하면 모든 마케팅 커뮤니케이션의 대상은 인간이며 이벤트 활동역시 인간에게 보내는 설득 커뮤니케이션이기 때문이다.

즉 이벤트를 포함한 마케팅 커뮤니케이션 활동은 적극적으로 소비자의 욕구를 파악하고 그 요구에 부응하는 이벤트를 창조, 개발함으로써 새로운 시장, 고객을 개척, 확보해 나가는 것이라 할 수 있다. 따라서 소구 대상인 소비자, 이벤트 참가자들의 선호를 어느 정도 끌어 낼 수 있느냐 하는 것은 목표 대상층이 무엇을 원하고 어떻게 행동하는가에 대한 이해와 이것을 이벤트 기획에 반영시킬 수 있는가에 달려 있다. 그러므로 목표 고객에 대한 깊은 이해가 전제되지 않고는 효과적인 이벤트 활동을 기대할 수 없다.

이러한 표적 대상의 분석에 있어서는 제품을 구매한 다음 왜 구매하였는가를 분석, 조사하는 소비 사후적인 분석보다 제품의 개발 단계부터 고객이 무엇을 원하고 있는지 고객의 요구 사항을 충분히 고려하고 만족시킬 수 세심한 배려가 필요하다.

뿐만 아니라 잠재 시장에 대한 수요를 예측하여 제품의 개발에 임해야 함은 물론 목표 대상의 단순한 욕구 충족만이 아니라 더 나아가 개개인 또는 개인에게 영향을 미치는 가족, 조직체를 포함시킨 정신적, 심리적 충족까지도 고려해야 한다.

(5) WHAT : 주제(내용)

목표 대상이 결정되면 다음으로 그 타깃에 대해 무엇을 전달할 것인가의 문제가 대두되기 시작한다. 이 '무엇을' 이라는 것을 결정하는 작업이 콘셉트로 이는 이벤트 주제, 콘셉트를 도출해 내는 모태라 할 수 있다.

이벤트 내용에 관한 항목 WHAT은 뒤의 이벤트 실행 방법 HOW와 연계된다. 이벤트 내용 WHAT은 핵심적인 이벤트 주제나 내용을 제시하게 되지만 이것은 이벤트 실행 방법 HOW에서 구체적인 프로그램의 형태로 다양하게 소개된다.

이벤트 주제에는 무엇보다도 목표와 목표 대상에게 잘 부합되고 있는지가 중요하다.

논리적으로도 목표와 목표대상, 그리고 콘셉트 기획 과정의 핵심 요소이자 근본이라 할 수 있는데 기획을 입안하는 이유는 조직의 목표를 달성하는 것에 있고 목표가 있으면 그 대상이 분명해야 된다. 또한 목표대상이 정해졌으면 이들의 마음을 사로잡을 수 있는 콘셉트(이벤트 기획에서는 주제나 테마에 해당함)가 경쟁 업체와 비교하여 차별적이고 흥미롭고 강렬해야 하는 것이다.

또한 콘셉트가 구체적으로 나타나는 이벤트 내용(프로그램)은 고객이 직접 접촉하고 주최자의 의도가 그대로 전달되는 광고 기획 과정의 커뮤니케이션 전략이자 크리에이티브 전략에 해당된다고 할 수 있는데 어느 면에서는 고객이 이벤트에 대해 느끼고 판단하는 전부가 될 수 있다. 따라서 테마를 포함한 이벤트 내용에는 먼저 비일상적 제시에서 출발한 화제성, 의외성이 표현되어야 하고 독창적이면서도 대중적 공감을 얻기 쉬워야 한다.

마지막으로 주제는 프로그램의 방향과 일관성을 제시되어야 한다. 그래서 이벤트 참가자들이 이벤트를 쉽게 이해할 수 있는 근거를 마련해 주는 것인데 주제의 방향 설정이 명확하게 되었으면 이벤트를 현실화, 구체화할 수 있는 프로그램을 일관성 있게 연출함으로써 고객의 마음속에 이벤트의 이미지를 창출해 낼 수 있다.

(6) WHY : 목적과 목표

이벤트 기획의 시작은 실시 목적, 목표를 명확히 하는 데서 출발된다.

문제의 핵심 사항에 대한 정확한 범위 내에서 집약적이고 명확하게 설정하는 일이다.

모든 기획 과정에는 목적과 목표, 전략과 전술 단계가 있다.

먼저 목적(Objective)은 장기적, 포괄적인 계획으로 가장 범위가 넓어 광의의 목표라 할 수 있으며 목표(Goal)는 목적을 실현시키기 위한 단기적, 구체적인 계획이다. 또한 목적과 목표가 결정되면 이를 합리적, 체계적으로 수행하기 위한 실행 계획이 필요한데 전략(Strategy) 은 전술의 상위 개념으로 장기적, 포괄적인 계획을 가리키고 전술(Tactics)은 전략을 구체적 으로 실행하기 위한 단기적, 세부적인 실행 프로그램을 의미하고 있다.[4]

이벤트를 왜 실시하는가라는 이벤트 실시의 의의 및 당위성을 설명하면서 시작단계에서 목표를 명확히 결정하여야만 통일된 목적의식을 가지고 일관성 있게 이벤트는 실시될 수 있는 것이다.

콜리(Russell H. Colley)는 광고 목표의 수립을 위한 DAGMAR 이론을 발표하였지만 이벤트 도 마찬가지로 '목표가 되기 위한 조건'은 다음과 같다.

첫째, 목표는 측정 가능하여야한다. 이벤트는 마케팅의 하부구조로서 궁극적으로는 수익 성이 보장되어야 하는데, 만약 목표의 결과로 산출되는 효과가 본래의 예상 목표와 일치하 는가를 측정할 수 없다면 목표를 설정했다 하더라도 의미 없는 일이 될 것이다. 측정 가능 하지 않은 목표란 존재하지 않는다.

둘째, 명확하게 설정된 목표 소비자가 있어야 한다. 이벤트의 주체가 되는 목표 대상이 없는 목표 또한 목표라 할 수 없다. 누구를 대상으로 하여 그들에게 무엇을 만족시킬 것인 가가 분명하지 않다면 기획 과정의 핵심이 빠진 것과 마찬가지이며 결국 목표 대상이 부재 하기 때문에 결과를 측정할 주체가 없게 되고 만족시켜야 할 테마와 프로그램도 차별성, 일 관성을 유지할 수 없게 된다.

셋째, 측정 가능한 기간이 명시되어야 한다. 모든 계획에는 달성해야 할 기간이 정해져 있다. 매출 경쟁과 시장 경제 논리 속에서 경쟁 관계는 더욱 더 심화되고 있는 가운데 목표 를 설정해놓고 기간이 명시되지 않는 일은 없을 것이다.

(7) HOW : 방법

이 부분은 목적 달성을 위해서 어떠한 방법으로 목표 대상에게 접근할 것인가를 결정하 게 되는 단계이다.

다시 말해서, 주최자의 의도, 목적을 달성하기 위한 이벤트의 전개, 실행 방법을 선택하

---

4) 『マーケティング 用語辭典』, 日本經濟新聞社, 2000, p66

게 되는 과정을 말하고 있으며 전시회, 스포츠 대회, 콘서트, 세미나, 연극, 영화제 등 다양한 이벤트의 형태를 통하여 각각의 특성과 목표와의 관련성과의 일체성을 고려하면서 가장 적합하다고 생각되는 이벤트 방식을 결정하게 된다.

또 하나의 중요한 사항은 퍼블리시티 활동을 통한 목표 소비자에의 홍보전략이다.

이벤트 실시 방법이나 형태도 문제지만 이벤트 실시 전후의 적절한 퍼블리시티 활동을 통하여 고객에게 이벤트 내용을 주지 시켜야한다. 이벤트는 매스미디어와 달리 타깃이 한정되어 있고 시공간의 제약의 받는 매체적 성격을 가지고 있다.

이러한 이벤트의 한계를 극복할 수 있는 중요한 활동이 퍼블리시티이며, 더 많은 참가자의 관심을 끌게 하여 이벤트 실시 효과를 극대화시키고 행사 의도를 폭넓게 전달하는 역할을 하고 있다.

(8) HOW MUCH : 예산

이벤트 기획 과정의 최종적인 단계인데 사전에 철저한 조사와 판단 기준에 대한 정확성이 요구되는 단계이다.

대규모의 이벤트는 막대한 규모의 예산이 소요되는 만큼 비용 대 효과라는 측면에서의 상관관계를 충분히 고려한 후에 신중하게 책정해야 한다.

또한 합리적인 예산 규모와 더불어 중요한 것은 책정된 비용이 효율적으로 지출될 수 있도록 유도하는 예산 관리안의 수립이다. 비효율적인 예산 설정은 결국 이벤트의 실패로 연결됨으로 정확한 예산 책정과 함께 철저한 예산 관리가 이루어져야 한다.

이벤트 예산 설정은 이벤트 전략의 핵심적인 부분으로 이벤트 목표를 달성할 수 있는 최적의 예산을 설정하는 것이 중요하다. 최적의 이벤트 예산은 경쟁적인 개념으로 최소의 비용으로 최대의 효과를 얻을 수 있어야 한다. 효율적인 예산의 설정을 위해서는 먼저 이벤트 소요 비용에 대한 명확한 분류가 이루어져야 하며 또한 예산 설정에 영향을 미치는 요소를 분석한 후에 이벤트 예산의 설정방법 등을 제시하여야 한다.

◎ 이벤트 예산 수립 시 고려사항

이벤트 예산수립은 비교적 정확한 미래예측과 이를 위한 노력이 수반되어야 하며 그렇지 않은 경우 재정적으로 많은 문제점을 초래할 수 있다.

대규모 이벤트의 경우 개최시기에 앞서 예산이 수립되는 경우가 많은데 여기에 잘못된 미래추세 예측이나 그릇된 정보를 바탕으로 한 예산수립이 이루어질 경우 커다란 오류를 범할 수 있다.

또한 예산수립 시 허술한 관리체계와 보고체계, 예산의 융통성 부족 등도 실제 이벤트가 개최되었을 때 문제를 발생시키는 원인이 된다.

예산수립과정에서 가장 주의해야 할 점은 예상 지출의 과소산정과 예상수입의 과대산정이다. 이는 이벤트 재무관리에 악영향을 끼칠 수 있기 때문에 이벤트 예산 수립 시 수입은 예상보다 적게 지출은 예상보다 많게 계획하는 것이 바람직하다.

그리고 이벤트 예산을 수립할 경우에는 마케팅 전략, 제품의 성격, 시장 상황, 경쟁회사의 반응 등을 고려하여 편성해야 하며 특히 다음과 같은 사항들을 감안하여 작성하여야 한다.

① 예산 편성 주기

이벤트 예산의 편성 주기는 일반적으로 1년 단위이지만 상황에 따라 단기로 끝나는 행사와 같이 1회로 편성되는 것에서 3개월, 6개월 단위로 변화될 수 있다.

② 제품 수명 주기(PLC)

제품수명주기인 도입기, 성장기, 성숙기, 쇠퇴기에 따라 예산의 규모는 달라질 수 있다.

③ 경쟁 기업의 동향

경쟁 기업의 동향에 대한 정보를 분석해야 하며, 특히 경쟁 기업의 최근 예산 규모와 사용 방법에 대해 심도 있게 분석해야 한다.

④ 이벤트 목표와의 관련성

이벤트 목표에서 출발하여 목표 대상, 이벤트 컨셉트, 그리고 테마와의 직접적인 관계를 생각하며 설정해야 하며, 특히 기업 목표, 마케팅 목표, 크리에이티브 목표, 매체 목표와 일관성 있게 예산이 책정되도록 고려한다.

⑤ 위험부담의 정도

이벤트 기획사가 단독으로 이벤트를 주관할 경우 특히 실패에 따른 위험 부담은 커지는데 예산을 설정할 때는 적어도 투자액을 회수할 정도의 안정적인 비용 투자와 함께 비용 대 효과적인 측면을 생각하여 책정한다.

⑥ 예비비 편성

적정 수준의 이벤트 예산을 편성함과 아울러 예측 불가능한 사태 변화에 대비하여 사전에 일정한 수준의 예비비를 준비해야 한다.

⑦ 주최자의 지불 능력

이벤트의 규모는 주최자의 지불 능력을 생각하여 책정해야 하며 무리한 예산 설정으로 주최자에 큰 위험 부담을 주어서는 안 된다.

⑧ 현장 행사의 특성

이벤트는 현장 매체의 특성을 가지고 있기 때문에 시설 대여, 장비 대여, 입장료의 설정 등과 같이 다른 매체와는 기본적으로 다른 면이 많이 존재한다.

따라서 손익 관계를 따져보면서 사전에 실행 계획과의 면밀한 검토를 통해 구체적인 사항을 예산에 반영해야 한다.

▲ 광안리 어방축제 - 개막식 축하공연

이벤트 기획의 기본요소(6W2H)	
① When 시기/언제 최적 시기	② Where 장소/어디서 실시 지역 및 공간
③ Who 주최/누가 주최자의 특성 및 환경	④ Whom 대상/누구에게 표적대상
⑤ What 내용/ 무엇을 콘셉트와 테마	⑥ Why 목적/왜 SP, PR
⑦ How 방법/어떻게 전개 방법	⑧ How much 예산/얼마로 예산 산출 및 관리

2 행사계획

　행사계획은 문화 · 공연이벤트의 기획과정의 두 번째 단계이며 이벤트 주최자의 의도를 외부로 표출하려는 다양하고 차별화된 프로그램 계획이다.

　행사계획은 기본계획에서 밝힌 기본구상을 차별화된 프로그램으로 제시하는 커뮤니케이션적 접근이 요구되는 단계로서 광고기획으로 말하자면 기본적인 전략 구상을 구체적으로 실현하기 위한 크리에이티브 전략, 전술단계에 해당된다고 볼 수 있다.

　행사계획은 프로그램 계획, 행사 계획, 공연 · 연출 계획 등으로도 표현되는 경우가 있다. 기본계획을 장기적인 관점에서 행사의 기본 방향과 전체적인 윤곽을 결정하는 전략적 단계라고 한다면 행사계획은 기본계획을 바탕으로 단기적, 구체적으로 프로그램을 실행하는 전술적 실행 단계이다.

　한편 행사계획은 크게 공식행사와 부대행사로 구분할 수 있다. 공식행사는 이벤트 프로그램의 가장 핵심이 되는 행사로서 집객력을 모을 수 있는 개 · 폐회식과 같은 대규모 행사나 의전 행사 등이 포함되며 프로그램의 하이라이트라 할 수 있다. 부대행사는 공식행사를 제외한 다양한 볼거리의 프로그램이 포함되어 이벤트의 콘셉트를 구체적으로 실행하고 표현하여 공식행사를 보완하며 행사기간 동안 매일 특색 있는 갖가지 행사로 구성된다.

　부대행사는 다양한 특색 있는 내용의 프로그램으로 방문객에게 선을 보이게 되지만 단독으로 짜여져서는 안 된다. 부대행사의 각 프로그램은 같은 콘셉트의 형태로 계획되어 통일된 내용으로 구성되어야 하며 공식행사와 일관성이 유지되도록 전개되는 것이 중요하다.

또한 행사계획에는 공식행사, 부대행사 외에도 필요에 따라서는 참가자의 참여를 유도하는 체험행사나 경연행사, 공연행사, 전시행사, 그리고 특별행사 등이 추가될 수 있다.

그림 3-2 대관령 눈꽃 축제 구성연출방향

제10회 대관령 눈꽃 축제				
광역 연출	모듈 연출	경관 연출	특수 연출	입체 연출
교향곡 No.10 'Real White'				

Festival & Beautiful

자료 : CMG KOREA 제공

표 3-4 행사장 연출기법

광역 연출 (Widescape)	행사장 전 지역에 균형 있는 비중을 두고 필요에 따라 관객을 집중, 분산 시키는 전시, 조경, 이벤트 전개이다. 또한 인근 지역을 총체적으로 포괄하는 연출개념을 세워 축제 벨트 뿐 만 아니라 주변지역, 시민과 관광객, 공공 단체의 적극적인 참여 유도와 연계 이벤트를 중요 포인트로 삼는다.
모듈 연출 (Modular Facility System)	기본 테마인 [교향곡 No.10 'Real White']를 중심으로 한 회장 Zoning과 일관성 있는 테마 부여를 통해 전체적인 통일성을 갖고 Zone별로 체계적이고 시스템화된 이미지를 연출한다.
경관 연출 (Sitescape)	축제장 내의 색체/사인/환경 연출 체계를 세워 미적, 기능적 측면을 조화시킨 시설물 설치 관리와 상징적 색체를 활용한 환경을 연출한다. 또한 장소의 특성을 최대한 살려 미적 극치를 이룰 수 있는 이벤트를 구성한다.
특수 연출 (Multimedia System)	축제에 생명력과 흥미요소 가미를 위해 전시와 시설과 이벤트 방식에 Hi-Tech 개념과 테마를 도입한다. 이벤트 부분에는 미래성 / 첨단성의 부각을 위해 Multimedia Equipment를 적극 활용한 System Show를 연출한다.
입체 연출 (Audio-Visual System)	장소의 평면성을 극복하기 위하여 높이와 부피를 최대화한 인공 눈 조형물을 설치하여 상부 공간의 빈약함 보완, 상황과 시간대에 맞게 쾌적하고 즐거운 분위기, 자연의 소리 등을 연출하기 위해 적절한 방송 시스템과 음악 선곡에 주력한다.

◎ 세계 성공 축제에서 배울 점 - 선택과 집중의 논리

최근 대부분의 지역축제의 행사계획을 살펴보면 많은 문제점이 노출되고 있다. 각 축제마다 수많은 프로그램이 제시되고 있는 데도 불구하고 독창성이 부재하거나 전문적인 기획능력이 부족하여 서로 축제를 모방하고 차별성이 별로 없는 유사한 행사를 유치하고 있는 등의 문제점을 공통으로 나타내고 있다.

세계적으로 유명한 축제의 성공사례를 분석하면 의외로 프로그램의 수가 적거나 내용이 단순하게 구성되어 있음을 발견하게 된다. 여기서 우리는 그들의 '선택과 집중'에 대한 지혜를 배울 수 있다. 먼저 방문객에게 보여줄 수 있는 자신 있는 메인 행사를 중심으로 부대행사는 이를 보완할 수 있는 최소한의 프로그램으로 운영되고 있다. 우리나라의 지역축제는 콘셉트의 일관성이 없는 내용의 프로그램을 너무 많이 한꺼번에 보여주려 하고 있다. 따라서 축제 참가 후에 자신이 무엇을 보았는지, 또는 축제에서 나타내고자 하는 핵심 내용이 무엇인지 기억하지 못한다. 이것은 프로그램의 종류만 많으면 축제가 성공한다고 생각하는 데서 발생하는 오류인 것이다.

오늘날의 지역축제는 양적인 성장에도 불구하고 천편일률적인 다른 축제방식을 그대로 모방하는 사례가 반복되고 있다. 지역축제 발전을 위해 프로그램 개발에 과잉투자를 하고 있음에도 성과가 보이지 않는 것은 프로그램 간의 일관성, 통일성이 부족하고 의미 없이 중복된 프로그램이 너무 많기 때문이다.

굳이 외국의 사례를 열거하지 않더라도 최소한의 투자로 많은 이익을 얻는 것, 선택과 집중에 의한 프로그램의 간소화, 그리고 콘셉트의 단순화 과정은 우리에게 시사하는 바가 크다.

1. 행사계획의 기본방향과 구성

이벤트의 시기적 특성, 행사의 화제성, 참여대상의 범위에 따라 테마와 콘셉트를 프로그램에 반영하고 이를 토대로 다양한 프로그램을 구성해야 한다.

구체적으로 '그 행사를 실시하는 직접적인 동기와 간접적인 목적은 무엇인가?', '행사에 가장 기대하는 역할, 가장 중요시해야 할 기능은 무엇인가', '그것을 위해서는 누구를 어떻게 섭외해야 하는가', '행사를 통해 표출하고 싶은 이미지란 어떤 것인가', '그것을 위해 필요한 아이템이나 연출요소는 무엇인가', '어떤 공간에서 전개해야 하는가' 등 행사의 틀을 결정하는 기본적인 방향을 다각도에서 검토해야 한다.

프로그램 구성은 전체 이벤트를 위한 각 프로그램의 시간대별, 기능대별로 목표를 정해서 프로그램을 선정해 나가는 것이 중요하다.

공통적으로 행사기획에는 메인행사인 공식행사와 부대행사인 공연행사, 경연행사, 체험행사와 전시행사 등이 있다. 예전에는 일반적으로 기본행사인 공식행사, 공연행사, 부대행사로 나뉘어졌는데 최근의 증가되는 경향은 경우에 따라서 경연행사, 특별행사 또는 전시행사 등이 추가될 수 있다.

공식행사에는 개막식과 폐막식 등이 있을 수 있으며 이벤트의 핵심을 이루는 프로그램으로 테마를 뒷받침할 수 있어야 한다.

또한 행사의 독특한 정서를 반영하고 테마에 어울리는 소재를 개발함으로써 타 이벤트와 차별화를 이룰 수 있어야 한다. 부대행사의 테마는 직접적으로 반영되지 않지만 메인 행사장 분위기 고조 및 관객동원의 극대화를 목적으로 시행되고 프로그램의 다양성을 꾀하고 관객들로 하여금 다채로운 체험을 제공한다.

이벤트를 구성하는 요소로서 추가되는 부대행사란 이벤트의 핵인 메인 · 프로그램을 보완하거나 확장하거나 하는 목적의 행사이다. 체험행사는 최근 증가되는 행사로서 이벤트의 주체보다는 참가자의 만족을 유도할 수 있는 참가주도형으로 나아가고 있으며 전시행사는 전시 · 이벤트의 성격으로 단지 보는 것만이 아닌, 제품을 전시해서 그것만의 장점을 부각시킬 수 있다.

◉ 표 3-5 2005 여수 국제청소년축제 행사 기본계획 사례

공식행사	개막식, 시상식, 폐막식
경연행사	School 밴드, 노래, 힙합, 댄스, 사물놀이, 게임 등
전시행사	전남홍보관, 청소년축제, 사진전시, 추억의 교실전시 등
특별행사	해외 청소년 초청공연, 청소년 캠프, 청소년 영화제 등
일반행사	인기가수 초청공연, 공개녹화, 애니메이션 상영 등
체험행사	해양레포츠, 세계전통의류체험, 전통문화체험 등

자료 : 여수 국제청소년축제 사무국 제공, 테마 커뮤니케이션

표 3-6 제12회 남도음식문화큰잔치 행사 기획 사례

공식행사	개막식, 폐막식, 남도음식 세미나 등
전시행사	남도 22개 시군 전시관, 멀티미디어 전시관, 테마음식 전시 등
기획상품판매	남도 유기농 친환경 장터, 시 · 군 명가음식판매, 퓨전음식판매 등
경연행사	22시군 대표명장 전통음식 경연, 야채, 과일조각대회, 씨름대회 등
공연행사	춘향전 마당놀이, 퓨전 국악음악회, 사물놀이, 공개방송 등
체험행사	재래식 두부 만들기, 전통 그릇 만들기, 민속놀이 체험 등

자료 : (주) 엠비씨미디어텍 제공

표 3-7 제9회 포천시 산정호수/명성산 억새꽃 축제 행사기획

구분	행사명
체험행사	● 찰떡쿵 떡매치기 ● 나만의 캐리커쳐 내얼굴을 그려봐 ● 행복사주팔자보기 ● 내가 지키는 가족건강 수지침 ● 전통차 향기 따라 ● 얼굴그림 그리기, 매직 풍선
포천시 홍보관	● 포천 명품 전시회 ● 포천 향토음식 먹거리 장터

자료 : 포천시, 2005

2. 프로그램 구성

이벤트 프로그램 구성하기 위해서는 다음의 세 가지 포인트에 유의해야 한다.

(1) 이벤트 실시목적을 명확하게 알고 있는가

이벤트에는 '무엇 때문에 실시하는가, 어떤 성과를 얻고 싶은가' 라는 이벤트를 실시하는 여러 가지 목적과 성과가 있다.

그 목적과 성과를 가능한 한 구체적으로 파악하여 명확하게 하면 누구에게 어떤 행동이나 심리적 움직임을 기대할 것인가, 어떤 분위기의 공간을 만들면 좋을 것인가, 어떤 커뮤니케이션이 이루어지면 좋은가, 그렇게 하기 위해서는 어떤 기법이 효과적인 것인가, 또 어떤 기법과 어떤 기법을 조화시키면 효과가 더 커질 것인가 등을 알 수 있을 것이다.

(2) 시기 및 장소의 조건과는 적합한가

이벤트에 따라서는 기념행사 및 계절행사와 같이 시기가 미리 결정된 경우도 있고 새로운 시설의 오픈기념행사와 같이 미리 행사장소가 결정된 경우도 있다.

이벤트에 있어서 개최될 일시 및 계절, 시간성, 장소의 넓이와 기능, 환경 등의 조건은 이벤트 공간에 큰 영향을 주는 요소들이다.

프로그램 구성단계에서 충분히 검토하여 시간 및 계절, 시간성, 장소조건을 적극적으로 활용해야 한다.

(3) 다양한 참가성을 보증할 수 있는가

최근의 이벤트는 사회활동의 하나로서 많은 사람들이 참가하고 있는 경향이 있다.

이벤트 업무의 프로는 아니지만 기획단계에서 참가하고 싶은 사람, 출연자, 발표자로 활동하고 싶은 사람, 운영스텝으로 참가하고 싶은 사람, 영업행위를 하고 싶은 사람 등 여러 가지 의욕과 관심을 가진 사람들이 있다.

유료인가 무료인가, 전문가인가 초보자인가, 단체인가 개인인가, 업종, 연령, 성별은 어떤 사람인가 등에 따라 기능과 방법을 달리하여 가능한 한 다양한 참가방식을 준비하는 것이 중요하다.

3. 프로그램 관리

이벤트프로그램의 구성을 종료한 후에도 전체조정을 계속하여야 하며 프로그램이 예정대로 실시되고 기대이상의 효과를 만들어내기 위해서는 계획단계에서 준비단계, 실시단계, 그리고 기록에 있어서도 냉정하게 대응할 수 있는 관리가 중요하다.

(1) 계획단계

가) 예산관리

예산은 적정한가, 누가 관리할 것인가 등의 각각의 프로그램별 예산방식을 결정하다. 변경이 생길 경우 및 긴급 시에 대한 예비예산을 포함한 예산을 명확하게 한다.

나) 스텝편성

프로그램을 실시할 스텝은 연출 및 진행뿐만 아니라 안내, 유도, 경비, 청소 등 프로그램 내용에 따라 다양하다. 또 프로그램이 많은 이벤트, 장기간에 걸친 이벤트는 가장 합리적이고 경제적이며 효과를 높일 수 있는 스텝으로 편성해야 한다.

독자적으로 스텝을 편성할 경우도 있고 파견회사를 활용하는 경우도 있다.

이 양자를 조합시켜서 일부는 독자적으로 편성하여 직접 고용하고 일부는 파견 스텝을 활용할 수도 있다.

프로그램별로 편성하고 어떤 프로그램과 어떤 프로그램은 공통 스텝을 활용하는 것이 좋은가 등에 대해 항상 전체와 각 프로그램을 연결해서 통합적으로 검토해야 한다.

다) 실시체계

프로그램을 실시할 때에 어떻게 할 것인가의 그 체제를 생각해 두어야 한다. 어디서, 누가, 무엇을 할 것인가 하는 거점과 역할과 지령체제다. 이는 실 시스템과 프로그램 전체에 책임을 지는 사람은 어디에 있는가, 어떤 역할 분담으로 어떤 연락체제 속에서 움직이는가를 프로그램 내용과 이벤트 장소의 조건, 스텝 수 등에 따라 결정한다.

라) 기획과 계획

프로그램별로 '어떤 목적으로', '누구를 대상으로', '언제', '어디서', '누가', '어떻게', '어느 정도의 예산으로' 할 것인가를 명확하게 해야 한다.

그것을 위해 필요한 '사람, 물건, 일은 무엇인가'를 알 수 있도록 기획서 또는 계획서로 정리한다.

프로그램별 타이틀은 의도를 잘 알 수 있도록 하고 매력을 느낄 수 있도록 하는 동시에 고지와 동원활동에도 중요한 요소가 되기 때문에 타이틀 및 내용의 간략한 설명을 포함한 기획서 또는 계획서를 정리한다.

이 각 프로그램의 기획서 또는 계획서를 일람표 형태로 정리해서 전체계획을 작성하고 항상 프로그램 구성 전체를 파악할 수 있도록 한다.

(2) 준비단계

가) 실시계획

출연자가 많은 스테이지 활용 프로그램, 복잡한 야외 퍼포먼스, 음향, 조명, 미술, 의상 등 많은 분야의 스텝을 필요로 하는 프로그램 등 이벤트는 다양하며 준비도 각각이다.

단기간에 끝나는 것, 장소의 변화를 그다지 필요로 하지 않는 것, 출연자가 적은 의식 등은 진행표를 준비한다. 그리고 하나의 행사장에서 연출, 진행 스텝 및 안내, 유도, 경비, 청소 등 많은 분야에 걸쳐 사람들이 관련된 프로그램 및 복수 프로그램으로 구성될 경우는 실시운영매뉴얼을 만든다.

이벤트의 프로그램 하나하나가 원활하게 실시되기 위해서는 관련된 사람들이 공통의 이념과 정보 속에서 그 역할을 다해 상호 협력하여 보다 수준 높은 성과를 만들어 내야 한다.

나) 변경과 긴급 시 대응

계획을 실시할 때 출연자 및 장소의 사정 등에 따라 프로그램의 내용을 변경해야 하는 사태가 자주 있다. 이 경우에 변경에 의해 생기는 영향, 예를 들면 출연자가 변경되면 그것에 따라 무엇이 바뀌어야 하는가를 시뮬레이션 하여 검토해야 한다.

또 내용적으로는 어떤가, 분위기와 동원력은 어떤가, 지역 및 행사장 공간에 대해서는 어떤가, 예산은 충분한가, 고지는 어디까지나 침투하고 있는가 등 한 사람이 바뀌어도 여러 가지 변화가 일어난다. 그 변경이 긴급을 요하면 신속한 대응력이 필요하다.

기후, 사고, 기타 문제에 따라 프로그램을 변경해야 할 때는 어디까지나 주최자가 무엇 때문에 이 이벤트를 실시해야하는가의 이벤트 목적과 성과를 기준으로 판단해야 하며, 그 판단을 누구와 협의하고 결정하여 누구에게 지시해야 하는가 등을 포함해서 생각해야 한다.

(3) 실시단계

가) 본인의 입장과 역할

이벤트는 살아 있는 것이며 라이브이기 때문에 이번의 이벤트에서 본인은 어떤 위치에 있는지, 어떤 역할을 해야 하는가를 알고 각 프로그램이 실시되고 있는 현장에 임해야 한다.

현장에서는 전문 분야별로 편성된 스텝이 일하고 있기 때문에 마음대로 지시하거나 조건을 지시하면 큰 혼란과 사고를 초래한다.

나) 현장관리와 기록

▼ 함평나비축제 - 공연행사

프로그램이 목표대로 성과를 올리고 있는가를 확인하는 작업이다.

기대 이상의 성과가 발생하기도 하고 생각하지 못한 문제가 발생하기도 한다.

이벤트의 기록은 현장에서의 노하우를 축적하기 위해 반드시 필요하다. 사진, VTR, 영상, 일기문, 수량적인 표현, 앙케트 등 기록의 방법에 따라 성과도 바뀔 수 있다.[5]

---

5) 장영렬, 「세일즈 이벤트 전략실무」, 월간이벤트, 2003, 제13장 참고

4. 행사장 연출

이벤트는 관객에게 좋은 이미지를 사게 하여 현장에서 승부를 해야 하기 때문에 어떻게 연출하는 것이 매우 중요하다. 흔히 '임팩트가 강한 것', '동원력이 있는 것'을 생각하게 되지만 동원을 한 후에 어떻게 이끌어 갈 것인지가 매우 중요하다.

아무리 좋은 기획을 수립했다 할지라도 연출이 어떤가에 따라 관객의 만족도는 달라진다. 연출을 능숙하게 하면 그 기획은 성공한 것으로 화제가 된다. 연출은 이론만을 체득해서 되는 것이 아니며 인간적인 감각적이며 현실의 장에 기본을 두고 있어야 한다.

이벤트는 관객과의 상호작용 속에서 여러 가지 변화하는 상황에 적응한 독자적인 연출을 만들어 내야 한다. 따라서 이벤트 기획에 있어서 연출은 관객들에게 중요한 요소임에는 틀림이 없다.

(1) 행사장 연출 시 주요 검토사항

이벤트의 효과적인 연출을 위해 기본적인 체크 포인트를 제시하면 다음과 같다.

- 전시이벤트의 특성을 고려한 연출방법을 채택하고 있는가?
- 전시품과 주변 환경, 분위기는 서로 조화를 이루고 있는가?
- 시각적인 요소에 너무 치우쳐 전시품이 외면당하고 있지 않은가?
- 시각적인 차별성과 효과를 위해 다양한 연출효과나 기법을 동원하였는가?
- 연출방식이 이벤트의 목적과 콘셉트에 부합되는가?
- 연출을 전개나 접근 방식이 너무 복잡하지 않은가?
- 연출상의 독창성은 충분한가?
- 따뜻한 감성과 서로 교감하기 충분한 연출인가?
- 체험 프로그램의 경우에 자연스럽게 참여할 수 있는 분위기가 연출되어 있는가?
- 전개상의 무리는 없는가?
- 해프닝을 유도할 때 그 결과를 미리 예측해 두었는가? 또 예측했던 것과 다른 결과나 반응이 보였을 때, 대처 방법은 미리 준비해 두었는가?

- 상황 변화에 맞춰 임기응변이나 전개의 흐름을 변화시킬 수 있는 연출방법을 미리 생각해 두었는가?
- 프로그램의 내용이 너무 추상적이지 않은가?
- 자신이 연출한 프로그램에 스스로 도취되어 있지는 않은가?
- 현장 스텝이 프로그램을 신속히 진행할 수 있도록 배려하고 있는가?
- 각각의 연출이 산만하지 않고 통일감을 느낄 수 있는가?
- 연출을 위해 공간 설정은 적절한가?
- 전시적인 측면과 장식, 의상 등의 시각적 요소가 일치되고 있는가?
- 예산에 관계없이 기대만큼의 연출효과를 창출할 수 있는가?
- 조명, 음향, 영상 등의 연출효과는 제대로 발휘되고 있는가?
- 연출을 위한 소품과 장치, 소재 등은 적절히 활용되고 있는가?
- 연출의 동적 요소와 정적 요소는 잘 조화를 이루고 있는가?
- 시각인 요소와 청각적인 연출 요소는 균형을 유지하고 있는가?
- 동선계획은 잘 고려되어 있는가?
- 각 프로그램의 시간 배분은 적절한가?
- 각 프로그램의 구성은 적절한가?
- 연출진행 스텝은 각자 제 역할을 다하고 있는가?

　이 밖에도 전시이벤트의 효과적이고 차별화된 연출을 위해 여러 가지 고려해야할 사항이 많이 있지만, 가장 기본적인 체크 포인트로 제시된 위의 사항들을 검토하면서 연출 계획을 수립하면 원활한 진행이 가능할 것이다.

(2) 이벤트 프로그램의 연출 및 전개

　대부분의 이벤트는 시간 경과에 따라 연출이 진행된다. 즉 이벤트는 시간의 흐름을 활용한 연출 방법이 중요하다. 시간의 흐름을 무시한 이벤트의 연출은 효과를 발휘할 수 없다. 먼저 연출 도입 부분은 이벤트의 시작을 알리게 되는데 이벤트가 앞으로 어떻게 전개되어 갈 것인가에 대한 방향과 흐름을 보여준다. 고객이 기대를 하게 되는 만큼 중요한 부분이다.

따라서 호기심을 유발할 수 있고 임팩트가 강한 연출방법이 바람직하며 이것이 "기(起)"의 단계이다. 다음에 전개될 부분은 호기심을 더욱 자극하고 흥미를 유도하는 발전의 단계인데, 이것은 이벤트의 내용이 진전, 발전되면서 이에 따라 새로운 요소가 가미되고 다른 내용으로 추가, 전환되어 가는 단계이기도 하다.

해당 이벤트는 시간이 경과함에 따라 색 다른 요소를 삽입하고 해프닝을 추가하여 프로그램에 대한 관객의 참여와 몰입을 유도하고 분위기를 더욱 고조시켜 가는 단계로 전환된다. 이를 "승(承)"의 단계라고 한다.

한편 관객의 마음이 완전히 이벤트에 젖어들게 되어 이벤트가 점점 최고조에 도달하게 되면 "전(轉)"의 단계로 전환된다. 또한 지금까지의 참여하였던 이벤트의 내용과 의미를 총괄적으로 정리함과 동시에 관객에게 진한 감동을 전달하고 내일에의 기대와 여운을 갖게 하는 단계로 도달한다. 이것을 "결(結)"이라고 한다.

이와 같이 이벤트는 기, 승, 전, 결과 같이 일정의 시간의 흐름에 따라 이야기의 완급을 조절하고 감동의 수준을 가감하게 되는데, 연출효과를 극대화하기 위해 이와 같은 전개방식은 자주 이용되고 있다.

(3) 전시현장 연출

연출 스텝은 프로그램 내용 및 규모, 장소 조건에 따라 다르지만 대개는 연출가, 연출조수, 음향담당, 조명담당, 미술담당, 의상담당 등으로 편성된다.

한편 특수성이 있는 프로그램에서는 전문가가 필요한데 이와 같이 연출가뿐만이 아니라 연출가의 지시에 따라 프로그램을 더욱 생동감 있게 할 수 있는 스텝이 필요한 경우도 있다.

연출 스텝이 프로그램 실시의 방향을 정하는 것, 실시현장에 안내와 유도 및 경비가 있는가, 보조설명을 해줄 수 있는 행사 안내원이나 도우미가 배치되어 있는가, 대회 운영자 및 관리자 등 주최측의 운영 스텝이 있는가. 등에 따라서 연락의 기능을 지닌 연출조수의 수가 바뀌기도 한다. 또 연출가가 프로인가 아마추어인가에 따라서 그 수가 바뀐다.

어떤 경우이던 간에 프로그램에 맞는 연출가를 선발해서 연출내용에 따라 필요한 스텝의 기능과 사람 수를 정한 후 스텝을 편성해야 한다. 그리고 그 기본편성과 회장조건, 회기, 관객 수, 참가자 수, 기타 프로그램과의 관계를 고려하여 최종적으로 판단한다.

연출은 프로그램을 계획대로 실시하는 것뿐만 아니라 기대 이상의 효과를 만들어 낼 수 있어야 한다. 그러나 여러 제약조건 중에서도 가장 큰 요인으로 부각되고 잇는 것이 장소의 조건이다.

이벤트는 가설 공간 또는 도로와 공원에서 이루어질 수도 있다. 따라서 그 프로그램의 현장인 장소조건은 아주 다양하다. 장소조건이 주는 영향은 아주 커서 장소조건을 어떻게 살릴 수 있는 연출이 되는가에 따라 이벤트의 성과가 좌우될 수 있다.

이러한 장소조건의 검토 항목은 다음과 같다.

- 영구시설인가, 가설공간인가?
- 항상 이벤트가 이루어지고 있는가?
- 실내인가, 반 오픈인가, 야외인가?
- 어떤 설비와 기기를 사용할 수 있는가?
- 소리, 햇빛, 바람 등의 영향은 얼마나 받고 있는가?
- 전문성이나 특수성을 지니고 있는가?
- 관객동원은 자유인가, 고정되어 있는가?

이 같은 조건을 지속적으로 체크하여 그 장소가 지닌 개성 및 특징을 파악해야 한다. 그 개성과 특징을 적극적으로 활용하는 것이 연출이며 그 개성 및 특징이 만들어 낼 수 있는 문제점을 사전에 막는 것이 진행이다.

프로그램의 내용에 맞게 장소를 선택할 경우에나 장소의 결정이 사전에 되어 있는 경우에도 장소의 장점과 단점은 아주 다양하다. 장소를 충분히 활용한 연출에 의해 그 공간에 모인 사람들이 공감하기 쉽게 되는 것이 이벤트의 특징이다.

또 이벤트 프로그램은 실시시기에 따라 큰 영향을 받는다. 즉 이벤트도 시간의 제약을 받는다는 것이다.

야외 이벤트와 같이 더위와 추위, 밝음과 어두움이라는 체감과 시각에 따라서, 프로그램의 구성에 따라서 참가자인 관객 자체의 심리상태도 바뀐다. 프로그램 구성 시에 실시시간을 고려하는 것과 동시에 연출에서도 실시시기를 만들어 내는 것이 효과적이다. 밤에는 밤 분위기를, 여름에는 여름 분위기를 만들어 내는 것이 효과적이다.

한편, 한여름에 한겨울을 이미지화하거나 소리와 빛으로 임팩트가 강한 연출을 하는 것도 하나의 연출방법이 될 수 있다. 실시시간에 대한 기본적 사고를 지니고 보다 효과적인 연출을 할 수 있어야 하는데 이 연출효과를 높이는 수단으로 조명, 음향, 영상 등의 기술이 있지만 최근에는 컴퓨터 제어에 의해 그 활용범위가 매우 다양해졌다.

그리고 이벤트의 콘셉트와 내용을 보다 효과적으로 관객들에게 전달하고 관객들이 공감, 감동, 만족을 느끼게 하기 위해서는 이벤트 현장에서 프로그램 구성에 생명력을 불어넣을 수 있는 연출 하드웨어 및 소프트웨어에 대한 계획이 필요하다. 프로그램 구성에 필요한 연출요소로는 음향, 영상, 특수효과, 출연진, 조명 등이 있다.

(4) 기본방향 설정

행사장 연출을 진행시키기에 앞서 기본방침을 분명히 해 두는 것이 중요하다.

기본방침이라는 것은 '행사장 구성을 어떠한 원리, 콘셉트를 기본으로 결정하는 것인가', '행사장을 구성할 때 무엇을 중시·우선할 것인가', '행사장 계획의 성과로서 실현되어야 할 것은 무엇인가'. 등 회장 전체를 통제하는 기본원칙과 그 전제가 되는 가치관·철학이며, 그 원칙을 구체적인 대처방법으로 옮겨놓는 것이 행사장 구성의 기본방향이다.

기본방향의 설정은 실제 행사장계획·행사장설계의 기본방향을 규정하는 중요한 여건인 동시에 그 이벤트의 인상이나 메시지를 크게 좌우하는 요인이 되기도 한다.

행사장은 안전을 최우선으로 하여 행사장 진입에서부터 퇴장에 이르기까지 안전사고에 대한 만반의 준비를 해야 한다. 행사장은 계절의 분위기를 느낄 수 있도록 색채감을 강조하고 편안하고 쾌적한 환경을 창출해야 한다.

또한 이벤트 관계자들이 유기적인 협조체제를 구축할 수 있도록 효율적인 동선체제가 이루어져야 하며, 행사의 콘셉트를 반드시 적용시켜서 이벤트 테마의 분위기를 살릴 수 있는 행사장을 연출해야 한다.

표 3-8 여수 국제청소년축제 행사장 구성계획 사례

기본방향	
전년도 행사장 구성의 문제점을 적극 보완하여 행사분위기를 적극 반영	
MISSION 1	국제행사 규모에 맞는 행사장 POP물 전면 외국어 표기
MISSION 2	관람객 동선을 최대한 고려한 행사 설치물 구성 배치
MISSION 3	행사주제에 부합하는 Zone 구성을 통한 메시지전달의 극대화
MISSION 4	관람객 편의를 극대화한 넉넉한 편의시설 확충을 통한 쾌적성 유지
MISSION 5	우천 및 기후변화에 따른 훼손 방지 시스템 구축을 통한 시설물 안전성 확보

5. 행사장 배치

이벤트 프로그램 구성과 연출기획이 끝나면 이벤트 행사장에 대한 배치를 해나가야 되는데 행사장 배치를 해 나감에 있어서 먼저 해야 할 일은 그 이벤트를 구성 · 운영하는 데 필요한 기능을 검토하여 그것들을 하나의 시스템으로 구성하는 일이다.

예를 들어, '사람의 흐름'과 '물건(장비, 시설)의 흐름', '정보의 흐름'을 각각 검토하여 요구되는 기능과 그 전개 방법을 정리하는 일은 행사장 배치 계획의 중요한 관건이 된다.

또한 행사장 전체에서 어떤 위치에 어떤 규모와 어떤 형태로 배치할 것인가를 검토해야한다. 무대의 설치나 음향, 조명의 장비설치, 관람석의 위치와 크기 등의 사전 검토와 함께 사용되는 시설에 대한 종합적인 설계가 필요하다.

한편 행사장을 출입하는 사람은 주최자를 비롯하여 일반 방문객, 관련 업체, 운영관계자 등 여러 형태가 있다. 각각의 입장차에서 발생하는 행사장내의 여러 가지 요구에 대해서 어떻게 대응하는 것이 효율적인지, 행사장 내에서의 물건의 반입과 반출은 어떻게 할 것인지, 그리고 정보의 흐름은 어떻게 대응하는 것이 좋은지 등에 대해서도 사전에 충분히 검토할 필요가 있다.

결국 행사장 배치와 설계에 있어서 기본적인 개념은 사람과 물건, 정보의 흐름이 서로 조화를 이루며 원활하게 진행되도록 하는 것이며, 그것은 나아가 이벤트의 매력도를 높일 수 있는 환경을 창출하는 일과 관련이 깊다. 이벤트 행사장을 구성, 배치할 때 필요한 기본적인 검토 사항을 정리하면 다음과 같다.

6. 동선계획

동선계획은 이벤트행사장에서 관객들의 관람동선과 주최측의 장비, 시설의 흐름을 원활히 하는 관리동선 등을 효율적으로 조절하는 장내 동선계획과 공급처리 시설계획 · 정보통신 시설에 관한 계획을 수립하는 것이 중요한 검토사항이 된다.

(1) 장내 동선계획

이벤트에 방문하는 모든 사람들의 흐름을 콘셉트와 목적 · 목표 위에서 짜는 계획이 동선계획이다. 모든 통로의 본질은 선으로서 사람이나 사물이 움직이는 선을 연결하여 이를 동선이라 한다. 이 동선이 짧으면 짧을수록 효율적이나 공간의 성격에 따라 길게 하여 더 많은 시간동안 머무르도록 유도되기도 한다.

사람이나 사물의 통행량과 함께 동선의 방향, 교차 · 이동하면서 이루어지는 사람 행위나 사물의 흐름을 동선계획이 고려해야 한다.

이벤트에서 동선의 역할은 방문객에게 쾌적한 환경을 제공하고 안전하고 편안하게 제반 전시물들을 관람하거나 참여할 수 있도록 계획하는 것을 그 목적으로 한다.

이러한 역할을 충실히 하기 위하여 발생할 수 있는 모든 사항을 고려하여 기본 동선 및 세부동선을 설정하며, 기타 제반 시설물들을 설치한다.

행사장 접근에서부터 행사 참여까지 원활한 흐름으로 연결하여 진입로 및 특정지역에서 지속적으로 운집해 있거나 특정 시간대의 혼잡을 방지하기 위해 효율적인 동선을 설정해야 한다. 또한 주 관람동선과 관리 동선을 분리하는 등 여러 가지를 고려해서 설정해야 한다.

동선계획에 있어서 중요한 것은 관객 동선이나 관리 동선 등 여러 가지 동선의 상황을 개별적으로 검토하는 것과 더불어 그것들의 상호간의 관계가 합리성 · 정합성을 가지도록 조정하는 것이다. 이벤트 행사장에서 동선 상의 문제가 발생하였을 시에는 대부분 동선이 서로 뒤얽힘으로써 발생하는 것이기 때문에 이벤트의 규모가 커질수록 동선 계획의 중요성은 매우 크다. 기능면 · 관리면 · 안전면 · 경관면 등 여러 관점에서 검증과 시스템화가 필요하다.

가) 행사장 접근동선

대중교통이나 자가용 이용자 그리고 직접 도보로 방문하는 사람을 행사장까지 편리하고 쉽게 접근할 수 있도록 동선을 구성해야 한다. 지하철이나 기차 정거장, 버스 터미널 등에서 전시장까지 거리가 멀어 접근성이 나쁠 때는 별도로 셔틀버스를 운영하며, 자가용 이용자나 단체로 버스를 이용하는 사람들이 접근하기 편리하도록 상황별로 유도 사인이나 안내 광고물을 설치해야 한다. 또한 행사장 접근 동선은 주차장과의 연계성이 매우 중요한데 안내요원을 충분히 확보하는 것은 물론, 넓은 공간을 마련하고 구획 정리를 실시하여 원활한 주차가 가능하도록 돕는다.

나) 입 · 퇴장 동선

입 · 퇴장 동선은 전시장 전체 및 각 전시장 별로 구분하여 관리하는 방법을 세운다. 먼저 효율적인 입 · 퇴장 동선관리를 위해 운영요원이나 안내원의 포지션과 역할에 대한 이해와 숙지가 가능하도록 충분한 사전 교육이 요구된다. 특히 행사장 입장시의 혼잡을 막고 안전을 위해 다양한 장치 및 가이드 봉을 설치하고, 방문객이 신속하게 입장할 수 있도록 대기 공간을 만들어 입장을 원활하게 해야 한다.

퇴장 시에도 입장 시와 마찬가지로 출구 별로 고른 분산을 유도하여 혼잡을 방지해야 하며 단시간 내에 빠른 퇴장을 유도하도록 한다. 또한 행사장 내 캐릭터 도우미와 안내원 등을 활용하여 방문객이 대기 시간에 지루하지 않고 즐겁게 입 · 퇴장할 수 있도록 다양한 프로그램을 만들고 흥겹고 재미있는 분위기를 조성하도록 한다.

다) 관람 동선

관람 동선은 참여 동선이라고도 하며 방문객이 쾌적하게 관람하거나 여러 이벤트나 프로그램에 참여할 수 있도록 관리, 운영되는 동선이다. 이벤트의 성격에 따라 자유롭게 관람과 참여를 허락하는 자유 동선과 장소에 따라 관람을 제한하는 강제 동선을 적절히 구사하여 운영하며, 때로는 이들을 보완한 동선을 구성해야 한다.

방문객이 많이 몰리는 시간대에는 이를 위한 기능성 이벤트를 별도로 마련하여 동선의 흐름을 분산시키는 등의 다양한 방법을 고려해야 한다.

라) 관리 동선

장비 이동이나 물품 운송 등을 위해 마련하는 관리 동선은 관람 동선과는 별도로 설정해야 한다. 관람 동선이 사람의 흐름을 관리하는 것이라면 관리 동선은 물건과 장비, 시설의 흐름을 원활히 하기 위해 운영되는 동선이라 할 수 있다.

일반적으로 유통업에서 서비스 극대화를 목적으로 고객과 직원이 이용하는 엘리베이터나 에스컬레이터, 통로등을 구분하여 관리하듯이 관리 동선은 방문객의 관람에 지장을 주거나 시각적인 불편을 방지하기 위해서 행사나 이벤트가 실시되는 시간을 피하여 운영하는 것을 원칙으로 한다.

마) 장애인 동선

기존의 관리 동선이나 참여 동선은 몸이 불편한 장애자나 노약자를 위해 별도로 장애자 동선을 마련하고 있다. 장애인이 일반 방문객과 함께 있을 때에는 운영요원이나 행사 도우미의 안내와 유도에 의해 장애인이 우선 입장할 수 있도록 해야 하며 이들이 이동하기 쉽도록 다양한 배려를 강구할 필요가 있다.

특히 휠체어나 기타 이동 수단 등을 별도로 마련하는 것을 비롯하여 원활한 관람과 이동이 가능할 수 있도록 도로의 경사를 완만하게 하거나 이동로를 평면화해야 한다. 또한 이들이 참여하기 쉬운 프로그램을 새롭게 개발하는 것은 물론, 장애인의 눈높이를 고려한 전시 및 연출 방법을 별도로 고려할 필요가 있다.

바) 비상 동선

소방이나 화재, 예측할 수 없는 사고나 예기치 못한 상황에 대비하여 이를 고려한 비상 동선은 필수적이다. 비상사태 시 신속히 대피, 이동할 수 있도록 가능한 독립적인 동선이 확보되어 있어야 하며, 각 동선체계가 혼란이 없도록 해야 한다.[6]

자칫 소홀하기 쉽지만 이벤트 담당자는 동선계획 수립을 위한 초기단계부터 만약에 사태에 신속히 대응할 수 있도록 반드시 비상 동선의 중요성을 인식하여 이를 반영시켜야 한다.

---

6) 장영렬, 「세일즈이벤트전략실무」, 월간이벤트, 2003, pp171-173

(2) 공급처리 시설계획 · 정보통신 시설계획

필요한 설비를 문제없이 공급할 수 있을지, 주요시설의 배치가 합리성을 가지고 있는지에 대한 검증을 기본으로 규모 · 배치를 전제로 한 공급 처리시설의 기본체계를 검토한다. 먼저 처음에 해야 하는 것은 계획의 기초가 되는 공급규모의 산정이다.(➡ 계획조건의 설정)

설치시설 개개의 수요를 예측, 집계한데다가 행사장 전체적으로 소요 공급량을 추계하는 것이다.

기존 시설을 이용하는 경우라면, '해당 시설의 공급 능력(capacity)의 범위 내에서 수요를 모두 채우는 것이 가능한가', '부족하다고 하면 어느 정도인가' 등을 지켜보는 것이 계획의 출발점이 된다. 박람회와 같이 모든 것을 가설공급에 의하는 경우는 소요 용량을 상정해야 하고 공급규모에 의해 공급방식이나 공급 루트가 바뀌고, 그것에 따라 공사규모가 크게 변동하므로 공급용량의 설정은 기술상의 과제인 동시에 경영상의 과제라 할 수 있다.

다음으로 행사장 전체에 대한 공급계획을 검토해 나가는데 옥외에서 전개되는 이벤트라면 '급수는 어디에서 끌어들여 어떠한 루트로 분기 · 공급 하는 것인가?', '오수관은 어디를 어느 정도의 경사로 배관하여 어디에 연결하는 것인가?, '전기는 어디에서 끌어들여 어떠한 제품으로 나누어 어떠한 루트 방법으로 나눠주는 것인가? 등 각 설비를 공급하기 위한 기본적인 생각을 정리해 나간다.

공급설비 면에서의 효율성을 생각하면서 계획단계에서부터 설비면에서의 합리성을 항상 의식하면서 검토를 진행시키는 것이 중요하다.[7]

3 운영계획

운영계획은 행사계획을 효율적으로 지원하기 위한 단계로서 가장 많은 항목을 포함하고 있다. 행사계획의 다양한 프로그램을 효과적이면서 가능한 실수가 발생하지 않도록 실행하

---

7) 히라노 아키오미, 「이벤트 플래닝 핸드북」, 한울아카데미, 2002, 참고

기 위해서는 체계적인 운영계획이 뒤따라야 한다.

운영계획은 공연계획이 원활히 진행될 수 있도록 행사요원을 교육, 관리하고 장비, 시설 지원을 비롯하여 안전, 교통, 주차장문제에 이르기까지 다양한 서비스계획을 세우게 된다.

공연계획에서 구성된 프로그램이 성공적으로 연출되기 위해서는 행사장에 있는 각종 시설을 사전에 철저히 준비, 관리되어야 하며 이벤트 효과를 극대화시킬 수 있도록 장비의 적절한 동원이 요구된다. 물론 운영·관리는 결국 사람이 담당하는 것이므로 효율적인 조직 구성과 더불어 이벤트 구성원에 대한 교육이 체계적으로 이루어져야 한다. 그 밖의 방문객의 편의를 위하여 행사장의 안내, 유실물 관리, 보관 업무 등과 같은 서비스 업무를 실시하며 안전하고 쾌적한 이벤트를 즐길 수 있도록 하기 위하여 경비, 소방, 안전관리 계획을 세우게 된다.

방문객 만족도를 조사하게 되면 의외로 앞에서 언급한 도우미, 안내원의 친절도와 함께 화장실 휴게 공간 등의 서비스 시설이나 업무 외에도 주차장·교통문제가 자주 등장하게 된다. 이벤트 행사요원이 임의적으로 그때그때 자의적으로 판단하여 진행하는 것보다 운영 매뉴얼에 의해 사전에 충분히 교육되어 누구나 할 것 없이 언제나 일정한 서비스 관리가 유지될 수 있도록 세심하고 구체적인 운영계획이 뒤따르게 된다.

사전에 철저히 준비된 기본계획에 의하여 차별화된 공연 프로그램이 계획된다하더라도 이에 못지않게 중요한 것은 이를 관리하고 집행하는 데에 빈틈이 없어야 하는 운영계획이다. 몇몇 실패한 이벤트 사례를 보면 대부분 운영계획이 치밀하지 못하고 구성원에 대한 교육 관리가 잘 이루어지지 않았음을 알 수 있다.

성공했던 이벤트의 요인은 평소에 그냥 지나치기 쉬운 곳, 소홀하기 쉬운 곳까지 운영계획이 사전에 구체적으로 잘 입안되어 행사요원에게 철저한 교육이 선행되었기 때문이다. 일을 벌이는 것보다 이를 실수 없이 진행하는 것이 중요하듯이 유능한 이벤트 플래너는 공연계획 뿐만 아니라 운영계획에 관한 중요한 체크 포인트를 항상 마음속에 새겨 둘 필요가 있다.

이벤트 운영은 이벤트 실행 시 행사장에서 일어나는 모든 사항에 대한 관리를 말하며 운영계획은 행사장 전체에 표정과 움직임을 주고 안락하고 쾌적한 관람여건을 제공하며 이벤트 자체를 크게 좌우하는 중요한 단계이다. 따라서 이벤트는 치밀한 운영계획과 더불어 기본구상과 계획단계에서 실제로 진행하면서 운영방침을 충분히 검토해야 한다.

이벤트 전체의 운영조직은 이러한 책임체제, 통일성, 정보의 일원화, 일체화 등의 시스템을 확립한 후에 횡적인 연결과 기동성, 민첩성 등이 있어야 한다. 아무리 훌륭한 테마나 다채롭고 흥미로운 프로그램이라 해도 운영이 원활하지 못하면 그 이벤트는 성공적이라 할 수 없다. 이러한 이유 때문에 이벤트 전략 시 미세한 항목까지도 체크하고 이벤트 운영에 만전을 기해야 한다.

이벤트 전체의 운영조직은 실시단계에서부터 계획단계에 이르기까지 생각하지 못한 것이 많이 발생하기 때문에 사고발생시의 절차 및 긴급연락망, 역할 분담 등을 결정해두고 그것을 기본으로 실시훈련을 해두어야 한다.

운영을 원활하게 하기 위해서는 시스템을 구축하여 철저하게 주지시키는 것이 중요하다.

1. 조직 관리

그림3-3 일반적인 이벤트 조직 체계도

일반적인 이벤트 조직 체계도

이사회
조직위원회
사무총장(사무국장)

행정부서	운영부서	방문객서비스	영접, 의전부서	홍보부서	기술부서
인사관리	시설,장비관리	숙박업무관리	의전업무	촉진활동	특수효과
자원봉사관리	안전관리	운송업무관리	V I P	매체홍보	음향기기
재무관리	비상계획업무	식음료관리	핸 들 링	스폰서관리	조명설비
보험관리	의료서비스운영	공중위생관리	환 대	이미지관리	특수장비
	통신관리	행사정보제공	연 회	방문객동원	
	입장권판매		시상식 등		

이벤트의 원활한 운영을 위해 지역 내 각계각층의 인사로 조직위원장이 선임되고 조직위원회가 구성되어지며, 행사를 실질적으로 이끌어나갈 운영본부(집행본부)가 자리하게 된다.

운영본부는 실무중심의 검증된 인력으로 구성하는 것이 바람직하다.

특히 행사를 총괄하는 총감독격인 운영본부장은 각 팀의 기능을 충분히 이해하고 관리할 수 있는 능력의 소유자를 선임해야 한다.

또한 각 팀장급의 인력은 실무경험이 있는 소유자를 기용하여 예산의 누수를 방지하고 돌발적인 위험에 대처할 수 있어야 한다.

그림3-4 이벤트 조직 체계도 사례

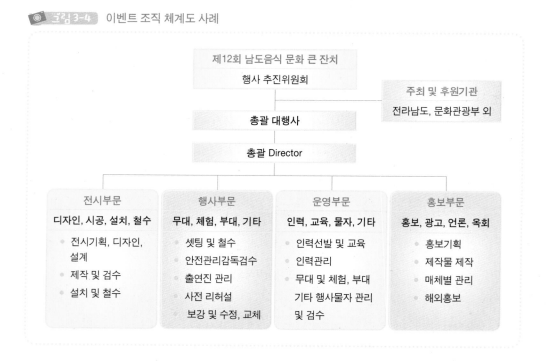

2. 운영조직 분석

이벤트 조직은 각 구성원간의 인격과 의견이 존중되어야 하지만, 특성상 수직적 라인이 중시되어져야 한다. 수직적 라인은 길거나 복잡해서는 안 되며 의사전달 통로가 간단하고 조직구성원의 능동적 자세가 강화되어야 한다.

이벤트는 여러 가지 돌발 상황이 많이 발생하기 때문에 이에 대처하는 순발력이 요구된다. 따라서 특정 한 사람에게 결정권을 가지게 하는 조직구성은 피해야 한다. 또한 이벤트는 일정기간 내에 특정목표를 달성해야 하기 때문에 가능한 한 조직체계를 단순화하여 일 처리를 신속하게 해야 한다.

(1) 타임스케줄과 진행과정 체크

운영책임자는 사전에 진행 시나리오(구성 대본)를 작성해, 타임 스케줄을 진행시키며 스텝에게 파악시킨다.

이점이 우선 가장 중요하지만 이벤트의 경우 예측이 불허한 경우도 발생되기 때문에 반드시 정해진 스케줄로 진행되지 않는 경우도 있다.

예를 들어 장비의 고장, 스텝이나 연출자의 부재, 부상, 입장객의 방해 등 여러 가지가 있을 수 있다. 따라서 운영 책임자는 이러한 사고에 최선의 대처를 할 수 있고 가능한 한 타임스케줄을 늦추지 않는 노련하고 경험이 풍부한 인물이 바람직하다.

(2) 진행 · 운영 관리의 체크포인트

그 밖의 스텝과 업무 진행 요원 관리의 주요한 체크포인트는 다음과 같다.

- 스텝과 업무 진행 요원의 인원수는 충분한가?
- 스텝의 포지션과 업무 교대는 적절한가?
- 장비 및 시설은 원활하게 작동되고 있는가?
- 전시회장의 입장 관리는 적절히 진행되고 있는가?
- 유효 전시면적은 충분히 확보되어 있는가? 입장 제한이 필요한가?
- 프로그램은 타임스케줄대로 진행되고 있는가?
- 스텝 및 출연자의 건강상태는 어떠한가?

(3) 도우미의 역할과 업무

이벤트의 안내와 업무를 지원하는 사람을 일반적으로 컴페니언(companion)이나 어텐던트(attendant)로 지칭하며, 우리말로는 도우미로 표현하는 것이 일반적이다.

어텐던트 및 행사 도우미는 이벤트 행사장의 안내와 서비스를 관장하며 전시회장의 안과 밖에서 근무하게 된다. 이들은 방문객이 항상 쾌적한 상태에서 안전하게 행사장을 관람하고 다양한 프로그램을 체험할 수 있도록 전문지식과 능력을 갖고 여러 가지 서비스를 제공하고 있다.

또한 전시 주최측과 참가 기업의 입장에서 방문객과 소통하거나 정보를 제공하며 이미지를 향상시키는데 공헌하기도 한다. 어텐던트 및 행사 도우미의 주요 업무 내용을 정리하면 다음과 같다.

- 안내 업무 : 입장객에게 여러 가지 종류의 안내 업무 진행.
- 프레젠테이션 : 전시품의 설명, 작동 시연, 사회 진행.
- 홍보 업무 : 신문, 잡지, TV 등 매스컴의 취재 협력.
- VIP 접대 업무 : 국내외 VIP 영접과 안내, 행사장내 안내 및 설명.
- 기록 업무 : 도우미 업무와 그것에 관련되는 업무의 기록, 서류정리, 팸플릿 등 홍보인쇄물의 배포와 관리 업무 진행.
- 정리 업무 : 행사장 내의 정리 및 정돈 그리고 긴급시의 피난, 유도 업무.
- 청소 업무 : 행사장 내의 청소 및 청결 유지

(4) 디렉터(director)의 업무

디렉터는 스텝, 출연자나 어텐던트를 지휘하고 관리하는 전시 업무의 리더이다. 각각의 디렉터의 본연의 업무도 중요하지만 무엇보다 중요한 것은 각 스텝이나 행사 진행자 간의 원활한 소통과 파트너십이다. 스텝 간의 인간관계에 신뢰감이 깨어지면 해당 이벤트는 주어진 목표를 달성하지 못하고 실패로 끝날 가능성이 많기 때문에 디렉터는 항상 스텝과의

커뮤니케이션을 중요시하고 좋은 파트너십을 유지할 수 있도록 노력해야 한다.[8]

전시이벤트의 디렉터는 각각의 업무 특성에 따라 다양한 역할과 기능이 주어지지만, 일반적으로는 다음과 같이 분류할 수 있다.

① 전시 디렉터

전시이벤트가 진행 중에 행사장에 계속 대기할 필요는 없지만, 틈나는 대로 자주 입장하여 프로그램 진행상에 이상이 없는지 확인하고 행사 진행요원의 근무 자세나 로테이션에 문제가 없는지 관찰하는 자세가 바람직하다.

② 음향 · 조명 · 영상 디렉터

전시 디렉터와 달리, 경우에 따라서는 중요한 프로그램이나 이벤트가 개최 중에는 항상 전시 행사장 내부에 계속 대기해야 한다. 음향, 조명, 영상 분야의 책임자로서 스텝에게 장비 작동 상에 있어 이상 유무를 확인하고 문제가 발생 시에는 적절한 지시를 하여 원활하게 진행될 수 있는 상태를 항상 유지해야 한다.

③ 연출 디렉터

메인이벤트 개최 중 행사장 내부에 항상 대기하지 않아도 되지만 전시 디렉터와 마찬가지로 행사장 내부의 연출 부문과 관련하여 일체의 권한과 책임을 부여받고 있기 때문에 수시로 진행상황을 확인하고 조정하는 것이 중요하다.

④ 운영 디렉터

운영 디렉터는 실제 이벤트 개최 중의 행사장 내부에 진행되는 모든 업무에 대해서 운영, 관리의 권한을 가진다. 운영 디렉터는 각 스텝의 근무 자세와 업무 진행 상황, 시스템 장비의 운영 상태 등을 잘 파악하여 원활한 진행이 유지되도록 하는 것이 주요 업무이다.

8) 이각규, 「이벤트 성공의 노하우」, 월간이벤트, 2001 참고.

3. 시설 관리

시설 관리는 방문객과의 직접적인 접점이 발생하지는 않지만, 운영과 관리의 지원시설로서 중요한 역할을 수행한다. 방문객이나 관객에게 불편을 주는 요인을 사전에 제거함으로써 관람객의 편의를 도모하고 질 높은 서비스를 제공하는 것이 편의시설 및 서비스 운영계획의 목표라 할 수 있다.

다음과 같은 시설물의 설치 및 관리가 필요하다.

(1) 입·퇴장관리

출입구에서 관람 내장객의 입장, 재입장, 입장 거부, 퇴장 등을 수행하는 업무이다. 또한 이벤트 관계자의 업무관련, 입·퇴장, 업무용 주차장의 효과적인 관리 등을 위해 출입증과 주차증을 발행하여 관리한다.

가) 출입구 관리의 업무항목

- 입장권의 체크
- 입장 부적격자의 발견
- 단체 입장객의 사람 수 체크
- 내장객의 정리유도
- 퇴장관리
- 기타

나) 관람객의 입·퇴장 관리 운영지침 사례

입장을 원하는 관람객을 위해 관람객들이 장시간 대기하는 불편을 최소화하고 전체 회장의 관람시간 계측에 대한 편의제공을 위해 입구를 최대한 활용한다.

또한 입구 사인물을 회장 외곽에 적절히 배치하여 관람객들의 입·퇴장을 원활하게 하도록 한다.

다) 입장거부 및 퇴장

- 타인의 신체 또는 물건에 해를 끼칠 우려가 있는 행위를 하려 하거나 그런 행위를 했을 때

- 심하게 거칠거나 난폭한 언동으로 타인에게 해를 끼치는 등 회장의 질서유지상 바람직하지 않다고 인정되는 상태에서 입장하거나 또는 입장 후 그런 상태가 되었을 때
- 입장권 및 출입증 등을 부정하게 사용하려 할 때
- 기타 운영상 바람직하지 않다고 판단될 때

(2) 주차 및 교통관리

이벤트에 있어서 충분한 주차장 및 편리한 교통관리는 매우 중요하다.

또한 이해하기 쉬운 사인 및 유도로 내장객의 이벤트에 대한 첫인상이 호감을 갖도록 해야 한다.

가) 교통관리의 업무항목

- 주차장내에의 유도
- 주차장내의 불법자 발견
- 행사장까지의 안내
- 기타

(3) 위생 · 방역

행사장내에서 음식물을 취급할 경우 전염병 및 식중독 등의 발생은 이벤트 전체 운영에 중대한 지장을 초래한다. 전염병 등의 발생관리를 위해서 청결하고 안전한 행사장 관리를 해야 한다.

가) 위생 · 방역을 위한 업무항목

- 환기 등 공기환경 및 급 · 배수의 감시
- 쓰레기 처리, 화장실 등의 위생지도
- 종업원에 대한 위생교육
- 위생관념의 계몽
- 기타
- 쥐, 해충 등의 퇴치 및 위생지도
- 영업시설의 순회 감시지도
- 지도검사, 수거검사
- 식품사고 등의 접수 및 고충처리

(4) 청소

운영스텝 및 전문업체에게 위탁하여 행사장의 환경정비를 수행한다. 청소관의 구역을 정해 각자가 맡아서 처리하는 사례가 많지만 쓰레기 구분 및 반출방법 등을 철저히 해야 한다. 최근에는 이벤트 행사장에 대한 환경보호 및 친환경주의가 강화되어 사회적 관심이 고조되고 있는데, 특히 행사장 내부의 안전과 더불어 청결이 요구되고 있다.

현재 개최되고 있는 유명 축제에서는 친환경성과 청결성을 강조하는 사례가 많이 늘고 있다. 대표적인 예로, 독일의 옥토버페스트는 차별화된 프로그램으로도 많은 주목을 받고 있지만, 행사장에서 발생하는 폐기물의 분리수거 및 재활용에도 관심을 두어 성공 축제로 자리 잡는데 중요한 역할을 담당하였다.

또 이와 함께 행사장 내의 쓰레기 등의 종류 및 인원 배치에도 유의할 필요가 있다.

가) 청소의 업무항목

- 순회청소(쓰레기 회수, 재떨이 청소 등)
- 특별청소
- 일제청소
- 기타

나) 청소관리 지침 사례

관람객이 항상 청결하고 쾌적한 상태에서 관람할 수 있도록 관람분위기를 조성, 유지시켜 주며 재활용이 가능한 쓰레기 분리수거 등, 자원 재활용도를 최대한 제고시키는 새로운 청소방식을 채택하며 자원 재활용에 대한 국민 계몽 차원에 일익을 담당한다.

(가) 운영기본방침

- 안전하고 신속한 청소실시로 회장 내 미관을 유지시킨다.
- 재활용이 가능한 쓰레기는 원천 분리시킨다.
- 관내에서는 금연을 원칙으로 한다.
- 쓰레기 수거 및 운반에 관해 합리적이며 완벽한 청소관리 체계를 확립한다.

- 관람객의 이동이 많은 구역에는 수시 오물 점검 및 수거로 청결상태를 유지시킴으로써 쾌적한 관람환경을 조성한다.

(나) 청소요원근무수칙

① 청소요원

청소요원의 세부업무는 다음과 같다.

- 담당구역에 대한 청소 : 비질, 흡진(vacuum), 껌 제거, 오물 제거 등
- 담당구역에 대한 쓰레기 수거 및 처리
- 기타 특별업무

② 청소요원 관리자

Ⓐ 개장시

- 사무실에서 창고열쇠, 무전기, 각종일지, 보고서 및 사무용품 수령
- 일일근무일지를 작성
- 요원의 출근과 복장 및 용모를 확인
- 요원에게 청소구역을 할당해주고 개인별 특정임무를 부여한 후 정신교육 실시
- 요원에게 청소용구 및 비품을 불출 및 확인
- 전날 수거되지 않은 쓰레기가 남아 있지 않은가 확인 후 조치
- 쓰레기통과 재떨이의 청결상태 확인
- 야간 청소에 대한 체크 및 평가
- 쓰레기통에 쓰레기 수거용 봉지 내장 유무 및 마른 걸레 등 물품 비치확인
- 청소용품 제고 확인

Ⓑ 개장중

- 요원 출 · 퇴근 관리
- 휴식시간 조정 및 관리
- 청소용품, 벤치, 쓰레기통, 재떨이 등 시설에 대한 보수의뢰서를 작성하여 폐장 1시간 전에 사무실에 전달

- 요원에 대한 청소용품의 적절한 소지 여부 확인
- 요원의 결근 및 지각상황을 사무실로 보고
- 물품창고는 체계적으로 정리하고 청결히 유지, 청소용품은 꼬리표를 부착하고 지정된 장소에 보관
- 환경미화원 및 청소자원봉사자에 대한 관리, 감독

ⓒ 폐장시
- 모든 요원의 퇴근을 확인
- 화장실, 휴식 공간, 출입구, 비상구에 대한 점검
- 요원에게 불출한 청소용품 회수
- 각종열쇠, 무전기, 사무용품 및 각종일지를 사무실에 제출

③ 기본근무사항

Ⓐ 개장시
- 종합창고에서 필요한 청소비품 수령
- 담당지역을 쓸고 닦음
- 휴지 수거
- 바닥 오물 제거
- 화장실 청소 및 물기 제거
- 화장실 비품 비치 및 수시 점검
- 안내판 청소

Ⓑ 폐장시
- 폐장 30분전부터 모든 청소요원은 관객동선에 있는 쓰레기통을 깨끗이 비우고 쓰레기통 내부에 내장하는 쓰레기 비닐봉지를 씌움
- 도로와 화단에 있는 쓰레기를 모두 제거
- 쓰레기 집하장 정리
- 청소용품 반납

(5) 경비대책

경비는 각종 범죄예방 및 화재, 기타 사고방지를 비롯하여 각 행사장의 서비스 기능으로 일시 방편적인 역할도 수행하는 등 방지대책과 함께 중요한 업무다.

경찰, 소방기관에 의한 정비 · 방재 활동뿐만이 아니고 이벤트 전체의 경비강화를 시도하려는 대책도 세워 둘 필요가 있다.

가) 경비대책의 업무항목

- 행사장 내 및 주변의 각종 범죄예방
- 입장객 정리 및 출입문 관리
- 습득물의 일시관리
- 기타
- 행사장 내 및 주변의 화재와 기타 사고예방
- 미아, 부상자 등의 일시보호
- 이벤트에 관한 규칙 위반행위 방지

나) 경비 운영지침 사례

경비업무는 회장을 찾아오는 관객의 안전을 유지하며 전시물 등 물적 재산을 보호하는 중요한 업무다. 항상 책임감을 가지고 성실한 근무태도로 방문객에는 친절하고 공정하게 대하여야 한다. 예의를 갖추어 정중한 언어를 사용하고 단정한 복장 및 용모로 회장 근무자로서의 품위를 유지해야 하며 회장 경비 근무수칙을 엄수한다.

특히 비상사태 발생하는 회장 최후의 수호자로서 임무를 다하여야 한다.

(가) 경비업무 분류 및 내용

① 전시장 및 입 · 출구
- 혼잡시의 입장제한과 정리
- 질서를 어지럽히는 자에 대한 주의 및 제지
- 정해진 정열방법에 의한 인원정리
- 휠체어 방문객에 대한 소정의 보조

- 장내 혼잡시 및 비상시 입장제지
- 의심자 발견시 조치 및 통보 연락
- 미아, 응급환자에 대한 일시적 보호 및 조치

② VIP 출입구
- 외래 입장객의 입관수속
- 입관 부적격자의 입관제지
- 의심자 발견시 조치 및 통보
- 관내 유도, 안내

③ 외곽 월담 방지
- 담장이 얕거나 월담이 예상되는 지역 보초
- 월담하는 자에 대한 주의 및 조치

④ 순찰
- 정선 순찰 및 역 순찰
- 난선 및 요점 순찰
- 도난, 화재, 기타 사고 예방 활동
- 제반규칙 위반자 경고, 제지, 퇴장 등 현장조치
- 전시물 훼손 및 파손자 처리

(나) 동발 · 중대 사태시 조치 요령

대규모 혼잡사고, 대규모 화재 등 돌발 중대사건의 발생 또는 그 염려가 있는 경우에 경비요원이 행하는 조치에 관해서 필요한 사항을 정해야 한다.

① 종별
Ⓐ 대규모 혼잡사고 : 게이트, 전시관, 전시물, 행사퍼레이드 등의 혼잡에 따른 전도 등에 의해 다수의 부상자가 발생한 사고를 말함

Ⓑ 대규모 화재사고 : 전시관, 전시물, 시설에 등 화재에 의해 긴급히 관객 등의 피난유도가 필요한 사고를 말함

Ⓒ 손괴사고 : 전시관, 전시물, 위락시설 등의 대규모 손·도괴에 따른 사고를 말함

Ⓓ 위험물 사고 : 가스, 화학류 등의 위험물에 따른 폭발 등의 사고를 말함

Ⓔ 업무방해사건 : 전시관, 전시물, 위락시설 등의 점거에 의한 행사 등의 방해 행위를 말함

Ⓕ 자연재해사고 : 지진, 태풍 등에 의해 관객 등의 피난유도를 필요로 하는 사안을 말함

Ⓖ 폭파예고·협박전화 등 사건 : 전시관, 전시물, 위락시설 등에 대한 폭파예고, 추진기획단 관계자, 참가자 등에 대하여 운영에 영향을 미칠 우려 있는 협박, 짓궂은 짓 등의 전화 사건을 말함

Ⓗ 기타사항 : 관광 등의 대량 식중독, 공개시간 종료 후의 장내 이상 잔류 등 긴급 또는 적절한 대응을 필요로 하는 사안을 말함

② 조치요령

Ⓐ 경비반장 등 리더요원

- 사건 등이 발생한 경우에는 담당직원 및 경비대에 즉시 보고하고 지시를 받는다.
- 경비대원을 지휘하여 관객 등의 인명구조를 제일주의로 하는 필요한 조치를 취한다.
- 장비, 장구 등을 유효하게 활용하고 2차 재해방지에 힘쓰는 한편 경비대원의 부상방지를 배려하여야 한다.
- 사건 등의 상황 전개 및 조치경과를 계속 경비대장에게 보고한다.

(6) 화재 대책

화재의 기본은 자체 화재관리의 추진, 방재설비의 충실 및 방재사찰과 지도의 강화에 있다. 화재에 관한 특별규칙을 정하고, 화재관리 조직 등 화재에 대비한 체재에 만전을 기할 수 있는 조직정비를 하고, 유사시에 대비해야 한다.

구체적인 응급대책으로 이상사태의 종류에 맞는 조치요령을 만들 필요가 있다.

가) 화재대책의 업무항목

- 피난유도요령
- 화재 및 기상에 관한 정보의 수집 전달요령
- 다수의 부상자 발생 시 구급활동 요령
- 폭파예고 사안 등 대책과 조치요령
- 긴급방송 등 실시요령
- 기타

나) 화재관리 운영지침 사례

소방본부 및 다망구역 소방서와 유기적 협조 체제를 구축하여 관람객의 안전을 확보하고 회장 내의 재산을 보호해야 한다.

사전에 화재 발생으로 야기되는 각종 재해를 방지할 수 있도록 운영요원의 교육과 자체 예방 시설을 갖춘 일련의 계획을 입안한다.

(가) 기본운영방침

- 화재 및 기타 재해 발생시 관람객의 안전과 제 시설물들의 피해를 극소화시킨다.
- 부상자 발생시 신속한 구호활동과 소방업무를 원활히 추진함으로써 차후 운영에 지장이 없도록 도모한다.
- 사전 예방 원칙하에 운영요원을 대상으로 자위소방대를 조직하여 정기적인 훈련을 실시한다.
- 긴급 소화용기의 준비 및 사용요령 숙지와 자체 소방대책 수립을 확고히 한다.
- 건축물 및 제 시설물을 내화성이 강한 소재로 선택하여 사고 발생률을 최소화한다.
- 재해 소지가 있는 시설물의 정기적 점검 및 회장 내 순회로 재해의 발생을 미연에 방지한다.
- 방화관리자는 관리시설에 있어서의 소화용 설비의 점검, 수용인원의 관리체제 등 방화관리 체제를 구축한다.

(나) 화재예방 및 화재대응 요령

시공업체 및 전시, 영상 계약 업체와 협위한 후 주요 관리 대상을 선정 수시 점검 및 확인을 해야 한다.

만일의 방화시를 대비하여 운영요원 및 모든 직원의 철저한 교육과 치밀한 방화대책을 수립하여 신속히 대처할 수 있는 체제를 갖춘다.

① 소화교육

현장교육을 통해 회장 모든 직원에게 간단한 소화교육을 실시한다.
- 비상벨 위치, 소화기 위치 및 사용법, 화기 사용법 등
- 대피동선 인지
- 화재발생시 담당 업무 지침사항
- 기타 회장 내 화재 방지 주의사항

② 관리 대상 점검
- 주요 관리 대상 목록을 작성하여 관련 업체 담당직원과 수시 점검 관리한다.
- 전기시설, 전시시설, 영상시설, 소방시설

③ 대피대책

Ⓐ 동선안내판 위치 숙지 : 모든 운영요원은 동선 및 동선안내판 위치, 비상구 등의 위치를 숙지하여 비상사태 시 관람객이 신속하게 대피할 수 있도록 한다.

Ⓑ 방송안내 멘트 : 화재시 관람객의 혼란으로 예상되는 2차사고(압사 등)의 예방을 위해 차분한 목소리의 질서유지 안내 방송을 수시로 한다.

Ⓒ 대피 : 화재가 발생되면 남성 스텝 및 대피반으로 조직된 운영요원들은 신속히 대피 가능 출구를 확인하여 관람객을 유도하는 한편 질서 유지에 만전을 기해 피해 확대 방지에 주력한다.

Ⓓ 대피순서: 노약자 및 장애자 ➡ 여성 관람객, 어린이 ➡ 남성 관람객 ➡ 관련 직원

④ 반출대책

화재시 중요한 서류 반출 순서 및 목록을 작성, 실제 상황시 주요서류, 물품을 착오 없이 반출할 수 있도록 사전 대비한다.

Ⓐ 전시물 및 위험물 반출 : 전시업체와 협의하여 화재 시 접근금지 품목(가열폭발성 물질 등) 및 반출목록을 작성하여 실제 화재시 소방지휘반장의 지도하에 남성 스텝과 운영요원이 신속, 안전하게 반출한다.

(7) 분실물 · 습득물 처리

분실물과 습득물은 분실물처리법에 의해 처리가 명확하게 규정되어 있고 원래는 경찰관이 취급하는 것이다. 그러나 대규모의 이벤트 행사장내에서는 그 취급수도 많아 주최자가 그것을 취급하는 체제를 만들어 관리하는 경우가 많다.

그 취급방법은 시스템 및 사무처리 등을 경찰로부터 지도를 받아 철저하게 소정의 장소(안내소, 유실물 관리센터 등)에서 접수업무를 한다. 또 각 전시지역 등에서의 유실물과 습득물 취급에 대해서도 분실물과 습득물에 관한 업무위탁을 받아 주최자가 취급하면 일원적으로 관리할 수 있다.

주최자측 스텝, 운영 스텝은 물론 철저한 지도를 받지만 출전자, 영업 참가자 등 이벤트 관계자 전원도 분실물과 습득물 취급 방법을 알아야 한다.

가) 분실물 · 습득물 취급업무 항목

- 습득물의 처리
- 습득물 보관서 교부
- 습득물 등록
- 폐장 후의 조치
- 유실물의 신고서 수리
- 유실물 등록
- 기타
- 권리의 확인
- 관계자가 습득한 습득물 취급
- 습득물의 보관
- 유실물의 신고
- 유실물의 조회
- 유실물의 반환
- 경찰서에 신고

나) 분실물 · 습득물 처리 운영지침 사례

관람객이 회장 내에서 분실 · 습득한 물건을 관리하여 본인에게 반환해 줄 수 있는 서비스이며 정확한 정보기능을 갖기 위하여 1개의 습득물 보관소를 운영한다.

(가) 주요 업무내용

- 습득물의 접수
- 습득물 보관서의 기입
- 습득물 보관 및 인도
- 습득물의 인도 및 인도물품의 체크
- 회장 내 습득물 보관소에 인도

(나) 대응방법

- 분실한 사람이 혼돈을 일으키지 않도록 1개의 보관소를 설치하여 운영한다.
- 습득물은 종합관리사무소 내 분실물센터로 신고한다.
- 회장안내도 및 사인물 등에 정확한 위치, 연락처 등을 명기하여 분실객이 원활하게 이용할 수 있도록 유도한다.
- 각 카드회사 분실 신고 전화번호 리스트 구비

(다) 특수한 물건이 신고 되었을 때

다음과 같은 물건이 신고 되었을 때는 경찰관 또는 회장 내 파출소에 연락하고 그 지시에 따른다.

- 법령에 의하여 소지 또는 소유가 금지된 물건(예 총포, 도검류, 마약, 독극물 등)
- 범죄자가 놓고 갔다고 생각되는 물건(예 폭발물)
- 멸실 또는 훼손될 우려가 있는 물건
- 보관에 과다한 비용이나 불편이 따르는 물건

(라) 절도 · 도난자 발견시

- 현장에서 절도범을 발견하게 되면 눈치 채지 않도록 말을 붙여 시간을 끌되 절대로 소란을 피우거나 인지 사실을 표시하지 않아야 한다.
- 다른 운영요원에게 즉시 경비원 사무실에 연락을 취하도록 한다.

- 범인이 현장을 빠져나갈 경우에는 눈치 채지 않도록 미행하고 경비요원이 도착을 기다려 인계한다.

(8) 미아의 처리

이벤트행사장은 혼잡이 예상되므로 경우에 따라서는 많은 미아가 발생한다. 발견된 미아 및 보호자로부터 신고가 접수된 미아에 대해서 취급소(안내소, 미아센터)에서 보호 등을 하는 업무다. 미아를 보호자에게 인도할 때는 실수가 없도록 충분한 주의와 배려가 필요하다.

또 주최자 측 스텝은 물론 영업 참가자 등 이벤트 관계자 전원도 그 보호방법을 알아둘 필요가 있다.

가) 미아의 취급업무 항목

- 미아발견 시 조치
- 미아의 보호
- 취급소에서의 보호자 신고시 조치
- 미아 등록용지 겸 조회용지 기입
- 취급소에서의 미아 신고시 조치
- 보호자에게 안내
- 미아의 인도
- 기타

나) 미아발생시 처리 운영지침 사례

미아 찾기 업무를 관장하는 운영센터가 회장 내에서는 설치되어 있으므로 미아발생시 신속하게 대처하여 미아발생이 잦지 않도록 해야 한다.

(가) 주요업무 내용

- 미아의 적부 선별
- 미아의 일시 보호 및 회장 내 미아보호센터에 인계
- 해당 보호자 검색 및 인도
- 미아 식별표 부착

(나) 대응방법

미아 발견 시 발견 장소에서 5분정도 머무른 후 보호자를 발견하도록 노력하며 발견하지 못했을 결루 미아보호소로 인도하고, 미아보호소 내 운영요원은 미아기록 카드에 기록 후 안내방송을 한다. 보호자가 나타나지 않을 경우엔 경찰서 등에 인계한다.

(9) 부상자의 대응

행사장 계획은 안전하고 쾌적하게 관람할 수 있도록 충분히 배려되어 있어도 개인의 컨디션 및 부주의로 사고가 발생하여 부상자가 생길 수 있다. 구호체제(구호센터)를 만들고 응급사태 시 필요한 조치를 취하는 것 외에 구급차를 배치하여 적절하고 신속하게 대응할 수 있어야 한다.

가) 부상자 대응 업무항목

- 구호센터의 관리
- 의약품 등의 사용관리
- 구급의료 연락망 구축
- 기타
- 진료수속
- 구급대의 배치
- 사고 등 비상시 대응

나) 부상자 대응 운영지침 사례

응급환자의 발생이나 발견 시 즉시 대응할 수 있는 서비스체제를 갖추어야 하며, 간단한 응급조치 외에는 회장 내 의료센터로 환자를 이송하며 회장 내 사고 발생이 일어나지 않도록 각별히 주의를 기울인다.

(가) 주요업무내용
- 찰과상 환자 응급조치
- 환자 부축 및 보호자 인도

- 응급환자 발견 시 의무실에 긴급연락
- 환자 이송 보조

(나) 응급진료소

- 응급진료소 설치
- 인근 종합병원의 인적 · 물적 자원을 얻어 운영
- 의사 1인, 간호사 2인 상시 대기

- 의료지원 장비
- 구급약 및 간단한 응급처치 장비
- 앰뷸런스 차량(1대) 상시 대기

(10) 시설보수

방문객이 안전하고 쾌적하게 이벤트를 즐기도록 하고, 시설과 설비의 사고를 미연에 방지하기 위해서는 신속하고 정밀한 보수와 수리를 진행해야 한다. 이를 위해서 수시로 시설점검을 매뉴얼에 의해 정해진 항목별로 실시할 필요가 있다.

가) 시설보수의 업무항목

- 전기시설의 보수
- 상하수도의 보수
- 행사장 시설의 보수
- 기타

표 3-9 이벤트 안전관리 계획 사례

■ 비상 상황시 관리 - 강풍

체계		행동요령
준비 체계	주의보 발령 시	• 안내방송을 통한 안전피해 대비 안내 • 강풍으로 날아갈 수 있는 시서물 점검 • 해변 지역 부근 관람객, 내륙 방향으로 유도
경계 체계	경보 발령 시	• 안내방송 등을 통해 관람객 대피 안내 • 해변지역 관람객 통제 • 관람객 전시관 내부로 유도 • 회장 내 차량 운행 중지
비상 체계		

■ 비상 상황시 관리 - 우천

체계		행동요령
준비 체계	주의보 발령 시	• 안내 방송 등을 통한 안전피해 대비 안내 • 해변지역 부근 관람객 내륙 방향으로 유도 • 물에 떠내려갈 수 있는 시설물 고정장치 점검 • 박람회장 배수구 점검

경계
체계
	경보
	발령 시
		• 안내방송 등을 통해 관람객 대피 안내
		• 해변지역 관람객 통제
		• 관람객 전시관 내부 및 피우시설로 유도
		• 가로등, 조명시설 등 고압전선 근처 접근
		  통제
		• 물에 떠내려갈 수 있는 시설물 아전한 장
		  소로 이동

비상 체계		

■ 풍속량 판단기준

단계	풍속량 (m/s)	상태	프로그램 진행 여부	비고
1	4~7 미만	얼굴에 바람이 느껴짐/ 나뭇 잎이 흔들리고 풍향계 정상 측정	안전사고 발생 가능성 확인	정상 공연
2	7~11 미만	나뭇잎이나 작은 가지가 끊 임없이 움직이고, 깃발이 가 볍게 날림	〈체험행사〉	일부 축소
3	11~17 미만	먼지가 일어나고, 종이조각 이 날리며 가지가 움직임	〈공연〉, 〈전시〉 〈체험행사〉	대폭 축소
4	17~22 미만	잎이 무성한 작은 나무 전체 가 흔들리고, 연못, 호수 표면 에 물결이 생김	〈공연〉, 〈기획행사〉 〈전시〉	대폭 축소
5	22 이상	큰 나무가 흔들리고 전선이 소리를 내며, 우산을 받기가 곤란함	전 부문	공연 불가

■ 강수량 판단기준

단계	풍속량 (m/s)	상태	프로그램 진행 여부	비고
1	2 이하	지면은 거의 젖지 않음 - 물기 로 인한 미끄럼 사고 우려	전 스텝 현장 투입 및 관리	정상 공연
2	2.1~5 이하	지면은 젖으나 물이 고이지 않 음 / 우산을 쓰는 사람이 10명 중 5명 이하 - 출연진의 안전사 고 발생 우려에 따라 현장 우선 판단 조치	〈전시〉 전시 물 덮개 처리 및 일부 철수 일부 체험행 사 철수	일부 축소
3	5.1~7 이하	땅에 물웅덩이가 생김 / 우산을 쓰는 사람이 10명 중 6명 이상	〈공연〉, 〈전시〉 〈체험행사〉	대폭 축소
4	7~20 미만	거세진 빗줄기가 확실히 보이 며, 비 오는 소리가 들림		공연 불가 체험 불가
5	22 이상	모래가 씻겨 내려감 창문을 열면 실내에서 말소리 가 듣기 어려움	전 부문	전체 불가
6	호우 주의보 이상	70 이상 6시간, 110 이상 12시 간(호우 주의보) 100 이상 6시간, 80 이상 12시 간(호우 경보)	관람객 입장 여부까 지 지도 조직위 검토	전체 불가

담당부서 및 업무 구분		행동 요령	비고
의료 센터	의료업무 총괄	박람회장 내 환자 진료 총괄업무 ● 진료 및 간이의료실 의료지원 등 환자발생 시 응급처치 및 환자의 후송여부 결정, 외부 의료기관 의뢰 응급환자 비상 대기 및 구급차 관리 지원 ● 응급후송차량과 회장 내 응급카트 관리 · 운영 ● 약 조제 및 배포 ● 의료행정업무	해안가임을 고려하여 갑자기 심장이 멎은 환자에게 전기충격을 가해 심장 리듬을 되찾게 하는 응급 처치 기구 마련
	운영	의료센터, 간이의료실 운영총괄지도 윌담당 인력의 행정 교육 및 관리	
	관리	의료물자(전문, 일반) 수급 · 관리 간이 의료실에 전문물자(의약품) 공급	

4. 이벤트 행사장 운영 스텝

박람회 및 대형 이벤트인 경우에 행사장 운영과 관리 스텝은 전문회사에 위탁하는 경우가 많이 있지만 이것은 그 이벤트의 목적에 따라서 다르지만 운영의 기본방침에 따라서 운영 스텝의 성격을 부여한 후에 전문회사에 업무를 위탁해야 한다.

운영의 근간은 어디까지나 이벤트 주최자로 결정하는 것이 좋다. 기업 이벤트에서도 이벤트 운영으로 배양된 능력은 뒤에 인적 재산이 되어 다면적으로 파급해 갈 수 있는 특성이 있기 때문이다.

여러 사람들과의 교류 지식 향상은 물론 각 지방자치단체 및 행정기관에서는 일반 관람객들을 이벤트 현장에서 직접 만나서 소비자 의식 및 요구를 이해하는 것이 매우 중요하다. 업무 범위 외에 일을 하는 것에 의해 지식 및 시야, 인적 네트워크의 확대, 본래 업무의 폭 확대 등 이벤트 실시 후의 효과는 아주 크고 여러 가지로 파급될 수 있다.

(1) 운영 스텝의 기능

요즘 이벤트의 기능과 역할 인식 등의 질적인 변화와 특징은 특히 현저하게 행사장의 운영과 관리에서 나타나고 있다. 지금까지도 하나의 운영방법의 형태로 남아 있지만, 이벤트에서 여성 컴패니언이나 행사 도우미에 전적으로 의존하는 단순한 운영방법으로는 효과적인 대응이 어렵게 되었다.

행사장의 형태면에서도 이전부터 해온 정형적인 매뉴얼에 의한 관리적 운영을 하는 것만으로 대응할 수 없게 되었다.

이러한 현상은 이벤트의 질적 진화와 함께 변화하고 있고, 관람객의 폭이 확대된 것 등에 그 원인이 있다. 이벤트 운영은 관람객 자체의 변화에 민감하게 대응해야 하는 영역이다. 따라서 단지 예쁘고 눈에 띄는 유니폼의 행사 도우미가 매뉴얼대로 단순히 대응하는 것이 아니라, 엔터테인먼트 성 및 친근감 등의 연출요소가 요구되기 시작하였고, 또 상품에 대한 전문적인 질문에 대해 체계적인 데몬스트레이션 방법이나 적절히 응대, 대답할 수 있는 운영 방법이 필요하다.

어떤 이벤트는 남성 스텝의 적극적인 활용이 필요하기도 하고 타깃이 가족일 경우에는 엔터테인먼트가 가미된 분위기 연출이나 친근감 넘치는 대응이 효과적일 수 있으므로 운영요소도 여러 가지로 연구해야 한다. 기본적으로는 어느 이벤트에서나 안전성 요소는 필수적이지만 그 외에도 '쾌적성', '기능성', '엔터테인먼트', '친근성', '우아함', '자연스러움', '유연성' 등 많은 키워드가 있다. 이들 중에서 이벤트의 타깃 및 목적에 맞는 운영의 기본방침을 만들고 운영 스텝의 성격 부여를 설정하는 것이 중요하다.

(2) 운영 스텝의 조직구성

이벤트의 성격과 운영방침에 의해 운영 스텝의 성격과 조직체계가 결정된다. 기본방침에 따라서 여러 가지 체제를 생각할 수 있지만, 여기서는 운영 스텝의 조직 예를 두 가지 들어 보고자 한다. 먼저 이벤트에서 사례 A와 같이 일방적 · 수직적인 조직이다.

이 경우는 업무별로 각자의 역할이 분리되어 일의 전문화의 추진되고 각 스태프가 조직적으로 업무를 수행함으로써 보다 체계적인 운영과 관리가 가능하다. 이 방법은 이벤트 및 특별한 안전관리 체제가 필요한 이벤트에서 주로 사용되고 있다.

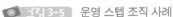 그림 3-5 운영 스텝 조직 사례

운영 스텝의 조직 사례 (A)

행사서비스	컴패니언 (안내, 설명 등)
행사장 관리	경비스텝, 청소스텝(쓰레기 회수,순회청소 등)
교통 수송	주차장 정리스텝(주차장내에서의 차의 정리 등)
총무	아르바이트 스텝(정리유도, 각종 보조, 순회 등)

운영 스텝의 조직 사례 (B)

운영팀

총괄디렉터 ─ 운영 디렉터 ─ A team

운영 디렉터 ─ B team

운영 디렉터 ─ C team

운영 디렉터 ─ D team

사례 B는 사례 A와 같이 업무별 스텝이 아니고, 운영에 관련된 전원이 하나의 팀에 의한 운영 스텝으로 위치를 부여해서 일체감을 갖게 하는 조직이다. 이 조직의 특징은 운영 스텝에게 친숙함과 상쾌한 이미지를 갖게 하여 직무영역에 상관없이 관람객들에게 서비스를 제공할 수 있는 이점이 있다. 이 방법은 장기간의 이벤트 및 스텝 채용을 좁은 지역에서 할 경우에 적합하다.

A의 경우는 행사장 서비스에서 컴패니언에게 지위가 있는 형태이지만, B의 경우는 그러한 계급적인 분위기를 불식시키고 전원이 함께 즐겁고 권태감 없이 의욕을 갖고 일을 할 수 있는 장점이 있다.

또 전문지식이 필요한 업무에 대해서는 특정 스텝이 담당하는 것으로 구성하여 스텝 전체를 크게 로테이션 팀과 고정 팀으로 나누는 등 적절한 대응이 가능하도록 해두는 것이 좋다.

(3) 운영 스텝관리

이벤트의 좋은 이미지를 전달하고 각종 서비스 업무를 담당하는 운영 스텝은 정신적으로나 육체적으로나 최적의 상태를 유지해야 원활한 운영업무에 임할 수 있다.

운영의 효율성은 실제 운영을 담당하는 운영요원에 의해 결정되어지며 운영 요원들이 통일된 목적의식을 가지고 충실한 관람객 서비스 업무에 주력할 때 그 이벤트가 성공할 수 있다.

(4) 운영 스텝 교육

운영요원과 이벤트의 이미지는 상관관계가 있으므로 각 업무에 대한 사명을 갖고 최고의 서비스를 담당할 수 있는 전문교육을 실시해야 하며, 또한 업무수행을 위한 정신력과 체력을 유지할 수 있는 자기관리 교육을 실시해야 한다.

교육은 단계적으로 소양교육 ➡ 직무교육 ➡ 현장적응 교육 순으로 진행한다. 특히 그 이벤트에 대한 정확한 인식과 이해를 할 수 있도록 해야 하므로 이벤트의 개요, 전체일정, 목적을 정확히 주지하도록 한다. 또한 현지 실무교육을 통해 사전에 적응하도록 해야 하는 것도 중요하며, 교육이 끝나면 각자 담당업무를 수행할 수 있도록 배치한다.

(5) 운영 스텝 유니폼

운영요원은 방문객과 구별되고 해당 이벤트에 대한 호감도를 높이고 긍정적 분위기를 조성할 수 있도록 디자인 된 유니폼을 디자인해서 착용하게 하는 것이 운영을 보다 효과적으로 할 수 있다.[9]

---

9) 장영렬, 「세일즈이벤트 전략실무」, 월간이벤트, 2003.

4 홍보계획

홍보계획은 이벤트기획의 네 번째 단계이다. 때때로 이벤트에 있어서 홍보의 중요성이 부각됨에 따라 홍보계획을 운영계획의 앞에 두는 기획서도 눈에 많이 띠지만 전체적인 기획의 흐름 상, 행사계획과 운영계획은 같은 맥락에 있으므로 연계시키는 방법이 올바를 것 같다.

최근 들어 문화·공연이벤트영역의 기획에서 가장 부각되고 있는 단계 중의 하나는 홍보계획이다. 21세기에 들어오면서 홍보는 각 분야에서 관심의 대상이 되고 있다. 홍보는 광고와는 달리 매체 접촉이 자연스럽고 신뢰감이 높다는 장점 때문에 그 비중이 날로 높아지고 있다. 기업이나 제품도 홍보가 잘 되어야 본래의 목적을 달성할 수 있듯이 이벤트의 관점에서도 효과적인 홍보를 통해 얻을 수 있는 기대효과는 매우 높다.

도비오카 켄은 이벤트를 '동원의 마술'로 표현하고 있다. 이것이 의미하는 것은 이벤트는 성공의 조건으로 무엇보다 관객 동원(집객력)이 필요함을 나타내고 있다. 공연산업이나 영화, 연극과 마찬가지로 이벤트는 관객을 대상으로 성패가 좌우된다. 이벤트는 현장·체험매체의 특징을 갖고 있는데 축제 현장을 방문한 사람을 대상으로 하여 다양한 특색 있는 볼거리를 제공하고 만족을 평가받게 된다. 한마디로 오지 않는 방문객에게 만족을 줄 수는 없는 것이다.

관광학의 관점에서 보면 축제는 관광자원이 되기도 하지만 마케팅 커뮤니케이션 입장에서는 홍보자원이기도 한다. 이것은 홍보의 중요성을 강조하는 말로 자기 고장의 축제를 잘 개발하여 홍보에 힘쓰면 지역 이미지가 대외적으로 알려져 수많은 방문객들이 자발적으로 찾게 되는 계기가 된다는 의미이다.

이벤트를 효과적으로 홍보하게 되면 집객력의 원동력이 될 수 있다. 대부분의 지역축제나 문화이벤트가 군민 행사나 동네잔치로 끝나는 이유는 외부로 잘 홍보되지 않기 때문이다. 이벤트는 체험 매체로서의 특성을 가지고 있기 때문에 참가자가 현장을 방문하지 않으면 존재의 의미가 없어진다. 따라서 성공하기 위한 가장 중요한 전제 조건은 효율적인 홍보계획에 있다. 성공했다고 평가되는 이벤트도 내막을 자세히 살펴보면 참가자의 대부분이 그 지역 출신에 한정되어 있어 그다지 실속이 없는 지역행사로 머무는 경우가 많이 있다.

우리가 지역 축제나 문화이벤트를 개최하는 목적은 가능한 한 널리 홍보하여 지역의 이미지를 향상시키고 외부 방문객을 많이 참가시켜 경제적인 파급효과를 극대화하려는데 있다. 내실이 있는 이벤트라는 것은 외부지역에 잘 홍보하고 많은 사람을 불러 모을 수 있게 하여 지역의 한계를 벗어날 수 있는 역량을 강화하는 것이다.

홍보는 마케팅영역과 마찬가지로 행사 전에 집중되는 것이 보통이며 몇 가지 방법에 의해 진행된다. 온라인(on line), 오프라인(off line)의 홍보나 매스미디어(mass media)와 쌍방향매체(two-way media)에 의한 홍보, 그리고 인적매체(personal media)와 비인적 매체(non-personal media)에 의해 홍보계획이 종합적으로 수립된다.

홍보계획이 시너지 효과를 얻기 위해서는 통합적 마케팅 커뮤니케이션(IMC)이 수립되어 하나의 목표와 콘셉트에 의해 일관성 있게 유지, 관리되는 것이 필요하다. 또한 각 매체별 특성을 잘 이해하여 매체의 장점을 충분히 살린 미디어 믹스(media mix) 전략이 함께 실시되어야 한다. 실패한 이벤트 사례를 보면 매체의 특성을 제대로 파악하지 못한 채 여러 매체를 예산 범위 내에서 적당히 섞는 방식을 취하거나 각 매체 운영계획이 따로 수립되어 통합적으로 관리되지 못하는 경우가 많다. 뿐만 아니라 비현실적인 홍보 예산 설정 때문에 어느 정도의 예산이 투입되어야 가장 적합한 홍보계획이 수립될 수 있는지 제시되지 않고 있다.

문화·공연이벤트영역의 이벤트 플래너는 일반적으로 다른 영역의 기획자보다 홍보계획에 대한 개념이 부족한 편이다. 그 이유는 이벤트 계획의 중심을 예술성, 문화성에 두어 경제성, 합리성이 결여되기 쉽기 때문이다.

홍보계획은 사실상 매체계획, 마케팅 커뮤니케이션 계획, 프로모션 계획이란 표현이 더 적합하다. 홍보는 본래 대중 매체를 활용하여 무료로 실시되는 프로모션 믹스 매체의 하나로서 유료로 매체 비용을 지불하게 되는 광고와는 크게 다르다.

또한 이벤트의 홍보매체로 자주 이용되는 현수막, 광고탑, 광고사인 등의 옥외광고, 버스나 지하철에 부착되는 교통광고, 포스터나 안내 카탈로그(catalog) 등과 같은 인쇄광고 제작물, 그리고 이벤트 현장을 방문한 참가자에게 인센티브(incentive)로 제공되는 쿠폰, 경품 등의 SP매체, 쌍방향으로 직접적 소구가 가능한 인터넷 광고, 각종 로컬매체(local media) 등, 홍보매체에 활용될 수 있는 매체는 해를 거듭하면서 더욱 다양화되고 복잡화 되고 있다.

 표 3-10 매체별 홍보전략 사례(Media Matrix) - 대관령 눈 축제

	사전홍보	행사중 홍보	사후 홍보
방송 매체 (KBS/EVENT TV)	• TV Spot • 주요 시점 News Release	• TV Spot • 행사 중 화제 News Release • 기획 프로그램	• News Release
인쇄 매체	• 신문/ 잡지 광고 • Publicity 배포 • 포스터 / 리플렛	• 신문 / 잡지광고 • Publicity 배포 • 포스터 / 리플렛	• Publicity 배포
옥외 광고	• 빌보드 / 육교 / 현판/ 홍보탑 • 주요 도로 야립	• 빌보드, 육교, 현판, 홍보탑 • 주요 도로 야립	
인터넷	• Web Site 개설 / 운영	• Web Site 개설 / 운영 • 여행 정보, 행사 정보등 관련 Site에 참관기 개제	• 결과 보고 기재
인적 Network	• 도청/군청 • 눈꽃 축제 유관 단체	• 도청, 군청 • 눈꽃 축제 유관 단체	
홍보 이벤트	• 홍보 사절단 선발 • D-50일 기념 • 전야제		• Thank you call
현장 홍보	• 강원도 주요 도시 홍보 • 서울, 수도권 홍보 • 평창군 홍보	• 회장 내외 홍보	
해외 홍보	• 항공기 기내지 • 주한 외국인 대상 Publicity 배포 • 영문 Web Site 개설, 운영	• 항공기 기내지 • 주한 외국인 대상 Publicity 배포 • 영문 Web Site 개설, 운영	

자료 : CMG KOREA 제공

1. 홍보 기본방향

홍보와 광고 그리고 선전의 의미는 전혀 다르다. 프로모션과 세일즈 프로모션도 전혀 다른 개념이다. 이벤트 기획서를 읽다 보면 이러한 개념이 처음부터 잘 못 인용되어 제시되는 경우가 자주 발견된다. 전략과 전술의 실행에 앞서서 이벤트와 관련된 용어에 대한 정확한 이해와 주어진 홍보예산을 효율적으로 집행하기 위하여 앞으로 매체의 특성, 기능에 관한 노력과 연구가 더 많이 요구된다.

프로모션믹스에서 홍보의 역할은 마케팅활동을 실시하기 전에 퍼블리시티를 전개하여 충분한 인지도를 유도하려는 데 목적이 있다. 여론에 영향을 주기 위한 계획된 노력과 소비자의 입소문을 유도하는 구전광고를 통하여 퍼블리시티는 그 효과를 극대화시킬 수 있다. 이벤트 또한 행사 직전에 적극적인 퍼블리시티를 실시하여 의도한대로 집객력을 확보할 수 있다.[10]

이벤트의 홍보활동의 형태는 매우 다양하다. 기자회견이나 신제품 발표회, 홍보성 이벤트 등을 통하여 이벤트에 대한 고객의 관심과 흥미를 높이고 이미지를 향상시킬 수 있다. 대규모 이벤트의 경우에는 이벤트개최를 결정한 단계에서 이벤트가 곧 있을 것이라는 점을 언론에 발표하는 것이 필요하다.

기자실에서 실시하는 발표를 비롯해, 기자실 등록사 이외의 매체를 대상으로 하는 기자발표회, 개별 접촉, 우편 송부에 의한 보도 자료전달 등 다양한 방식을 모두 활용한다. 장기간에 걸쳐서 대규모로 이벤트를 진행하는 경우에는 이벤트를 시작하기 전에 언론사 기자들과 관계자들만 초대하여 시사회를 할 수도 있다. 언론사를 대상으로 한 시사회는 곧바로 기사화되는 경우가 많기 때문에 상당히 효과적이다. 이 경우에는 당연히 이벤트 자체에 의한 취재가 중심이 되는 퍼블리시티다.

캡션 릴리스(caption Release)라는 것은 이벤트 당일에 바빠서 또는 다른 일정 때문에 취재하지 못한 언론사에 대해 이벤트 주최측이 사진과 관련 자료를 뉴스 보도 자료로 만들어 제공함으로써 퍼블리시티로 활용하는 것을 말한다.[11]

이벤트의 종류나 특성에 따라 홍보의 대상과 매체는 매우 다양하다.

홍보계획의 첫째는 홍보의 테마와 전개 방법을 타깃별로 검토하는 것인데 주최자가 실시하는 일반적인 방문객 외에도, 홍보의 최대 타깃이 되는 잠재적인 방문자, 즉 방문이나 예매권 구입을 기대하는 층뿐만 아니라 이벤트 참가자(출전 참가자, 영업 참가자, 행사 참가자, 자원 봉사 등), '개최 지역의 시민이나 행정', '여행업계나 관광업계 등의 관련 산업군', '매스컴이나 미디어 관계자', '협찬이나 시설 참가와 타깃 기업' 등 주최자가 그 이벤트를 홍보해야 할 대상은 수없이 많다.

10) 시노자키 료이치(장상인 역), 『홍보, 머리로 뛰어라』, 월간조선사, 2004, p89
11) 시노자키 료이치(장상인 역), 『홍보, 머리로 뛰어라』, 월간조선사, 2004, p89

즉, 이벤트는 일반 방문자 이외에도 다양한 대상의 방문에 대해서 홍보나 여러 매체 수단을 이용한 마케팅 커뮤니케이션이 필요하고, 이에 따른 적당한 홍보 활동을 전개해야 한다.

따라서 홍보 계획의 책정에 있어서는 대상으로 해야 할 타깃을 빠짐없이 리스트업한 후에 각각의 소구 포인트나 관점을 명확하게 평가해 그것을 달성하기 위한 효율적인 수단·매체나 전개 방법을 개별적으로 검토해 나가야 한다.

게다가 개최의 결정으로부터 폐막까지의 기간별 홍보 전략을 입안하는 것도 중요한데 특히 개최까지의 준비 기간이 장기간에 걸치는 대형 이벤트의 경우에는 더욱 중요한 포인트이다.

홍보 계획은 이벤트의 인지도를 확산시키기 위한 기능으로서 이벤트의 속성을 포함하는 여러 가지 정보를 수요자들에게 적극적으로 알려 그 매력을 증대시킴으로써 보다 많은 관객을 끌어내기 위한 단계이다.

최근에는 홍보의 중요성이 날로 증대해짐에 따라 홍보기획이 행사기획 다음으로 수립되는 경우가 많다. 이것은 이벤트를 성공시키기 위해서 이벤트의 내용도 중요하지만, 아무리 좋은 프로그램으로 구성된 이벤트라 하더라도 관객이 방문하지 않으면 성공한 이벤트라 할 수 없기 때문이다. 따라서 해당 지역에 국한하지 않고, 대외적으로 많은 사람의 방문객을 참여시키기 위해서는 다양한 매체를 활용하여 사전에 충분한 고지 활동이 필요하다.

고지 시 중요하게 고려되어야 할 사항으로는 다음과 같다.

첫째, 무엇을, 언제, 누구에게, 어떤 방법으로 전달할 것인가를 확실하게 해야 한다.

정확한 대상에게 정확하게 소구하기 위해 메시지 내용의 검토, 팸플릿 및 리플릿 등의 방법 검토, TV·신문·옥외광고·인터넷 등의 전달방법 검토를 충분히 해야 한다.

둘째, 모든 기회가 주어지면 PR의 장으로 활용해야 하며 계속적이고 전향적으로 PR을 실시해야 한다.

셋째, PR의 대상은 외부인 뿐만이 아니다. 내부 관계자 전원의 의식통일이 중요하므로 내부 PR 활동도 잊어서는 안 된다.

넷째, 구전을 중요시해야 한다. 전달하고 싶은 것을 직접 그 정보를 접한 사람을 통해 몇 배의 사람들에게 입에서 입으로 전달될 수 있도록 하는 방법을 연구해야 한다.

다섯째, 매스컴의 영향력은 아주 크기 때문에 보도기관에 대한 대응을 아주 적극적이고 체계적으로 해야 한다. 메시지의 상세한 부분까지 정보를 제공해야 하며, 취재에도 적극적으로 협력하는 것이 중요하다.

여섯째, 사전고지는 광고뿐만 아니라 퍼블리시티 활동도 중요하므로 양쪽을 다 신경 써야 한다.

즉, 이벤트에 있어서의 홍보 전략이라는 것은 수직축에 소구 대상을, 수평축에 시간 축을 둔 매트릭스를 구성하여 각각에 대해 '테마와 목적', '수단과 내용'을 선택하는 것이라고 말할 수 있을 것이다.

2. 매체별 홍보전략

(1) 포스터에 의한 고지

지하철 등의 역내, 지하철의 차내, 관공서, 기업체의 내부 장소에서 시작하여 예매권 발매, 도우미 모집 등이 시작되면 외부장소로 적극 활용해 나갈 필요가 있다.

(2) 팸플릿, 리플릿 등의 인쇄물 활용

이벤트의 테마 해설, 특징, 개요 등을 안내받고 알 수 있는 매체가 팸플릿 등의 인쇄 홍보물이다. 이벤트 참가를 권유하는데 사용되기도 하고, 주변 사람들의 이해촉진 및 협력을 얻기 위한 가장 일반적인 매체 수단이 된다.

(3) 노벨티 및 기프트의 활용

각종 설명회, 사전 미니 이벤트 행사장 등에서 배포한다. 노벨티에 기재할 수 있는 내용은 명칭 등 아주 한정된 것이며 가격도 싸야 하기 때문에 그 디자인, 색상, 소재 등에 아이디어가 요구된다.

(4) 신문, 잡지 등의 광고 게재

광고 게재는 어느 정도의 광고예산을 사용해서 어떤 사람들에게 소구할 것인가에 따라 다르다. 각 매체의 특성을 잘 분석하여 그 특성에 맞게 운영해야 한다.

신문광고는 지면에 많은 양의 정보를 실을 수 있고, 매체의 신뢰성과 객관성을 바탕으로 짧은 기간 내에 인지도를 향상시킬 수 있는 매체다. 또 독자의 이성이나 지성에 소구하며, 이벤트의 테마 및 내용 등에 대한 이해를 높여 매체 만족도를 증가시킬 수 있는 미디어이기도 하다. 같은 전파매체인 TV만큼의 속보성은 없지만 시간을 맞추어 광고를 할 수 있는 장점이 있다.

한편, 잡지의 경우는 잡지의 내용에 따라 독자층이 결정되어 있어 소구타깃에 맞는 광고를 전개할 수 있다.

(5) TV와 라디오 등의 광고

활자에 의한 광고 외에 시청각에 소구한 TV와 라디오를 이용한 광고를 할 수 있다.

TV 광고는 색채를 지닌 영상과 음성으로 이미지를 창출하기 용이하며 강한 소구력을 지니고 있지만 15~30초 정도의 짧은 시간에 요점만 표현해야 한다. 회기와 장소, 내용은 짧은 메시지로 요령 있게 강한 임팩트를 지니면서도 즐겁게 연출해야 한다.

또한 다른 미디어에 비해 내용을 단 시간 내에 알리기 위해서는 최적이다. 라디오광고는 AM, FM의 프로그램 내용에 따라 타깃이 정해져 있고, 소구대상에 적합한 매체 운영 운영이 가능하다. 또 동시 매체로서의 특징을 잘 활용하면 다양한 효과가 기대되며, 매체 비용이 저렴하다.

(6) 인터넷광고

인터넷 사용인구의 급증으로 효과가 높은 미디어로 부상했다. 웹 사이트에 홈페이지를 만들어 홍보할 뿐 아니라 배너광고를 활용하는 등 다각적인 방법을 연구해야 한다.

조지 워싱턴 대학교 이벤트 관리 인증 프로그램 과정인 "이벤트 정보 시스템 입문"에 따르면 오늘날 이벤트담당자가 인터넷을 활용하는 데는 몇 가지 장점이 있다고 한다.

① 의사소통 : 다양한 소비층과의 쌍방향적인 커뮤니케이션에 의하여 유익한 정보교환이 가능하다.

② 비용절감 : 인터넷은 마케팅을 위한 실로 다양한 비용절감 방법들을 제공할 수 있다. 우편요금도 들지 않고, 전화통화 요금도 저렴하기 때문에 이벤트담당자들은 자신들이 맡은 이벤트를 위한 예산절감방법을 스스로가 산정할 수 있다. 광고비 또한 웹에서 더 많은 사람에게 도달하기 위하여 더 많이 지출할 수 있다.

③ 조사 : 웹은 가치 있는 정보자원들로 가득하며 거의 모든 질문에 대답해 줄 수 있다. 여러분은 사무실에서 이동하지 않고도 특정 장소, 상거래인, 그리고 표적시장 대상으로 조사할 수 있다.

④ 관심 끌기 : 여러분의 이벤트를 촉진시키기 위해 웹 정보를 활용함으로써 여러분은 지금 맡고 있는 이벤트에 사람들의 관심을 끌어 모을 수 있다. 웹 광고는 여러분의 웹 사이트로 직접적인 관심을 불러일으킨다. 직접 보내는 이메일 캠페인은 여러분의 표적시장에 적중시킬 수 있다. 참고로 여러분의 이벤트를 해당 산업 온라인 행사일정에 게재하라.

⑤ 앞선 서비스 : 이벤트 관리 소프트웨어는 회의를 준비하는 것과 관련된 많은 업무들을 관리하는데 도움이 된다. 온라인 등록은 참석자와 등록비 지불을 지속적으로 추적하는 것을 가능하게 한다. 세계 도처에 있는 이해관계자들은 온라인 미팅을 가짐으로써 유대관계를 지속할 수 있다.

⑥ 편의성 : 이벤트 관리의 중요한 측면은 여러분의 책상에서부터 즉시 실행될 수 있다는 것이다. 여러분은 사무실을 떠나지 않고도 세계 전역에서 오는 정보에 접속할 수 있다.[12]

가) 인터넷 이벤트

홈페이지를 오픈하고 다양한 방문자들을 유치하기 위한 웹 프로모션전략은 인터넷 마케팅의 핵심이라고 볼 수 있다. 웹 프로모션은 단순히 자신의 사이트를 알리고 고객을 모집한다는 차원을 넘어서 상품이나 서비스의 판매증대와 연계될 수 있도록 방문자들의 다양한 성향을 분석해 고객과 지속적인 커뮤니케이션을 가져야 한다.

---

12) 레오나드 호일, 『이벤트마케팅』, 경문사, 2005, pp71~73

인터넷 이벤트는 이러한 웹 프로모션의 전략을 가장 잘 지원해 주는 최적의 마케팅 도구이다. 인터넷시장이 활성화되면서 초기 인터넷 검색엔진과 뉴스그룹, 배너교환 등의 비교적 저렴한 비용의 웹 프로모션의 전개에서 인터넷 사용자들의 폭발적인 증가와 기업의 마케팅 비용 상승 등에 의해 차별적 경쟁우위를 차지하기 위한 대규모 이벤트가 현재 웹 프로모션에서 일반화되어 가고 있다.

그러나 우후죽순으로 인터넷 이벤트가 늘어나면서 인터넷 이벤트에 관한 고객관심도가 점차 떨어져 가고 있으며, 인터넷의 기술적 변화속도와 인터넷 시장 환경의 변화에 따른 효율적인 마케팅 전개를 위한 전략적 관점에서 통합 마케팅전략이 대두되고 있으며, 이벤트 기획 또한 이러한 전략과 맞물려 기획되어져야 한다.

기업들이 인터넷 이벤트를 전개하는 목적은 크게 회원확보와 고객유지 및 브랜드 이미지 개선 등으로 나눌 수 있다. 회원확보의 이벤트전개는 대부분이 사이트를 오픈한 후 사이트 도메인을 알리거나 회원 DB를 확보하기 위한 런칭 이벤트가 많으며, 다양한 경품제공 형태가 주류를 이루고 있다.

고객유지를 위한 이벤트는 기존에 확보된 고객을 충성고객으로 전환하기 위한 전략으로 전개되는 이벤트로 꾸준하게 고객들이 사이트를 방문하고 사이트를 인지하도록 다양한 업체와 협력하여 전개하는 협력 이벤트나 매월 진행되는 행사에 맞춰 전개하는 시즌별 이벤트들이다.

브랜드 이미지 개선은 기업의 브랜드를 끊임없이 고객에게 전달하여 시장의 경쟁 우위 확보를 통한 경쟁력 강화나 브랜드 신뢰도를 바탕으로 다양한 이벤트와 연계하여 자연스럽게 상품구매를 유도할 수 있도록 전개하는 경우를 들 수 있다.

이벤트를 통한 기업의 목적을 달성하기 위하여 인터넷 이벤트를 기획하기 전에 철저한 사전준비가 수행되어야 한다.[13]

나) 이벤트 배너 광고[14]

배너광고는 다른 사람들에 의해 사용될 목적으로 누군가의 웹 사이트에서 판매되는 일

13) 임의택, 『이벤트론』, 대왕사, 2004, pp343~346
14) 레오나드 호일, 『이벤트마케팅』, 경문사, 2005, pp86~89

정부분의 공간을 뜻한다. 수년 전 배너광고는 웹 사이트의 상단부에 자리 잡는 매우 정적인 광고였다. 이제는 새로운 기술을 활용하여 애니메이션, 비디오 그리고 사운드 클립 등이 가미된 쌍방향의 광고물이 되었다. 몇 년 전까지만 하더라도 배너광고는 불과 약 2%의 반응률을 보였으며 그 반응률은 배너광고가 더욱 널리 보급된 지금에 와서는 0.5% 더 가량 떨어졌다.

마이크로 소프트의 비센트랄(Bcentral)은 배너광고를 만들 때 다음과 같은 점을 고려한다고 한다.

① 짧고 단순하게 구성하라.
② 관련된 혜택을 주어라.
③ 관심을 끌게 하고 호기심을 불러일으켜라.
④ 촉진 및 경품제공과 같은 경쟁을 활용하라.
⑤ 사람들에게 클릭하는 이유를 제공하여 행동하게 하라.
⑥ 목표에 부합하는 메시지를 담아라.

표 3-11 단계별 홍보 전략 사례(5단계)

단계	기본 개념	홍보 방향	전개 내용
1단계	홍보 준비 및 사전 홍보	• 지지 기반 조성 • 축제의 인식 제고	• 주제/휘장, 마스코트, 슬로건 등 identity 부각 상징물 개발, 보급 • 사업 목표, 효과에 대한인식 재고 • 홍보 사절단 선발
2단계	사전 홍보	• 지지 기반 확보 • 외국인대상 홍보 • 시도/단체별 참가 유도	• 옥내/외에 개최 고지 Sign 설치 • 참자 유치 활동 전개 • D-50 특별 행사 개최
3단계	집중 홍보	• 기대감 확보 • 행사 내용 소개	• 구체적 행사 계획 소개 • 유치/ 참가자 확정 • 기자 간담회
4단계	회장 홍보	• 회장 Sketch • 집객 유도	• 행사 상황 및 회장 Sketch • 기자 간담회 • 기획 프로그램 방영
5단계	사후 홍보	• 운영 성과 홍보 • 감사 매세지	• 박람회 결과 평가/ 효과 홍보 • 성공적결과에 대한 공감대 형성 유도

자료 : CMG KOREA 제공

(7) 기타매체

4대 매체 이외에도 SP(sales promotion) 활동이 함께 진행되는 경우가 많다.
SP의 분류에는 옥외광고와 교통광고, 기능형SP, 쿠폰광고, POP광고가 있다.

3. 단계별 홍보전략

체계적이고 효과적인 이벤트가 되기 위해서는 다음과 같은 단계별 홍보 전략수립이 중요하다.

제 1 단계 : **홍보계획의 수립 및 준비 단계**(런칭 홍보전략)
전체 홍보계획의 수립, 매체별 홍보, 홍보 인쇄물 제작 및 계획의 수립, 단계별 매체 계획 수립, 홈페이지 제작 및 On-line 관련 시스템과 데이터 구축, 1차 사전 설명회 준비 및 개최(보도자료 작성 및 배포)

제 2 단계 : **홍보 집행 및 전개 단계**(인지, 고지 홍보전략)
TV, 라디오, 신문 등 매체 집행계획 수립 및 부문별 집행, SP매체 및 옥외광고 제작 및 설치, 홍보이벤트 전개, 방송매체 활용홍보, 해외 홍보활동 전개, 주요 공항, 역, 터미널, 고속도로 휴게소, 주요 집객력이 높은 장소 등에 홍보물 비치

제 3 단계 : **홍보 확산 및 참여 확대 단계**(집중 홍보전략)
본격적인 집객을 위한 총력적인 홍보전이 이루어지는 단계로서 언론매체를 활용한 광고 집행, 개막식과 개최 직전 일반방문객을 대상으로 하는 대중적인 홍보전략 실시, 옥외 광고물 미 집행분 집행, 각종관련단체, 대상별 DM/ TM/ EM 발송 및 실시

제 4 단계 : **사후관리 및 평가 단계**(피드백을 위한 홍보전략)
각종 방송, 신문광고 보존 및 수집, 종합 결과 보고서 제출(결과보고서, 영상자료, 사진자료 등), 행사에 대한 결과 보도자료 배포, 행사 진행 후 구축된 인프라의 지속적인 관리 및 유지

외국인 유치전략

외국인 유치전략 : 언론매체 활용–외국인 대상 언론매체에 보도자료 발송, 기사화

- 집객력 장소활용 : 외국인 밀집장소에 홍보물비치(공공기관, 공항, 외국인 안내소, 음식점, 여행사, 호텔 등)
- 프로그램 활용 : 행사기간 중, 외국인 참여 프로그램 활성화
- CRM 프로모션 제공 : 외국인 통역 가이드 상주
- 노벨티 제공 : 기념품 제공 등

표 3-12 2005 여수 국제 청소년축제 홍보계획 사례

■ A. 기본방향

다양한 네트워크 구축을 통한 입체적 홍보활동 전개
각 단계별 효과적 홍보활동 전개를 통한 관람객 유치목표 달성
다양한 언론매체를 활용한 광역적 COVERAGE 확보
사전 서포터즈 선발 운영을 통한 지속적 Boom-up 유지
사전 예선전을 적극 활용한 청소년층 적극 유치
청소년 단체 적극 활용을 통한 국·내외 단체 관람객 적극 유치
인 바운드 여행사 및 각국 대사관 연계를 통한 외국관광객 유치 확대
홈페이지 기능 및 역할 강화를 통한 네티즌 참여 강화

■ B. 단계별 홍보전략

1 단계 (5월)	준비단계	• 홍보 계획수립 • On-off line 홍보 Tool 개발 • 신진대사인 서포터즈 선발(사전 온라인 홍보활동 전개	• 인쇄,판촉물 제작 및 계획 수립 • 보도자료 작성 배포
2 단계 (6~7월)	내국인	• 옥외광고 및 on-off line 홍보활동 전개 • 인쇄 홍보물 배포	
	외국인	• on-off line 홍보활동 전개 • 항공사 연계 홍보활동 전개(관광공사 연계) • 방송매체 활용 홍보	
3 단계 (7월~8월)	내국인	• 간담회 및 설명회 개최 • 주요도시 및 대규모 집객지역 거점 홍보 전개 • 주요매체 SPOT광고 및 인쇄광고 집중	
	외국인	• 해외 각종 축제 사절단 방문 홍보활동 전개 • 주한 대사관 등 매체 집중 홍보 • 집중적 홍보 프로모션 및 체류 중 외국인 집중접촉	

■ C. 매체별 홍보 Tool

4. 통합적인 홍보활동 전략

(1) 효과적인 관객유치 활동의 포인트는 무엇인가?

① 즐거움, 재미있음을 소구

사람들이 이벤트를 필요로 하는 것은 '즐거움'과 '재미'다. 박람회와 같은 이벤트는 아무리 테마를 가지고 소구해도 많은 사람을 동원할 수 없기 때문에 즐거움과 재미의 기대를 가질 수 있도록 소구할 필요가 있다.

② 비일상성의 세계를 소구

TV 및 라디오, 잡지, 기타 대중매체로 인한 정보의 발달과 범람으로 사람들은 웬만한 것에는 흥미와 감동을 느끼지 못하고 있는 시대가 되었다.

이러한 때에 일상생활 속에서 경험할 수 없는 것에 대한 욕구를 충족시킬 수 있다면 많은 대중들로부터 공감을 얻을 수 잇을 것이다. 이러한 비일상성의 세계를 소구하면 매스컴도 기사화 할 것이고 사람들에게의 구전 파급효과도 클 것이다.

③ '다른 사람들로부터 뒤떨어지고 싶지 않다'는 심리를 이용한 소구

친구들과의 대화라든지, 혹은 가족 및 회사 동료들과의 대화 중에서 '그거 보았어?', '아주 재미 있었어' 등의 화제에 오를 수 있는 자료를 준비해서 홍보자료로 활용하고 다른 사람들에게 뒤떨어지거나 시대에 뒤떨어지고 싶지 않고 유행을 모방하고 싶은 사람들의 심리를 소구할 필요가 있다. 또한 구전효과도 극대화한다.

④ 개막에서 1주일간에 구축된 이미지가 관객유치의 키포인트

1~2주일간의 전시회의 경우에는 첫날에, 박람회와 같이 1개월 이상의 장기간에 걸친 이벤트의 경우에는 최초의 일주일에 그 이벤트의 평가가 결정된다. 매스컴의 보도가 가장 집중되는 시점이어서 그 이벤트의 이미지가 확정되기 때문이다. 만약 부정적인 이미지가 만들어진다면 그것을 바꾸기 위해서는 지금까지의 몇 배의 노력이 필요하다. 홍보 담당자는 단지 취재에 대응하고 뉴스 소재를 준비하는 것만이 임무는 아니다. 보도 관계자를 비롯하여 추천자, 영업 참가자, 기타 관계자의 목소리를 모아 그것을 내부 관계부서에 피드백하고 보다 좋은 이미지 구축을 위해 노력하는 것이 중요하다. 개막 시점의 초기 단계에서 철저하게 좋은 이미지를 구축하는 것이 관객을 유치하는 것과 직접적으로 연결된다.

(2) 이벤트의 기록

이벤트는 종합적인 평가나 효과를 측정하기 위해 피드백 과정이 중요한데, 이를 위해 행사의 진행 과정에서 나타난 다양한 자료에 대한 기록이 뒤따라야 한다. 또한 기록도 넓은 의미에서 홍보의 중요한 일 중의 하나이므로 기록담당 부서나 책임자를 선정해서 계획적으로 기록을 하는 것이 중요하다.

기록의 종류로는 문자기록, 인쇄물 기록, 사진, 영상, 음성, 현물 자료가 있지만 이들 기록을 한 사람이 다 하기는 어렵다. 물론 이벤트의 규모에 따라 다르지만 신문, 잡지 기사를 비롯해 뉴스, 방송 프로그램 등 보도기록은 가능한 한 외부의 전문가에게 위탁하는 것이 바람직하다.

또 각종 회의록 및 여러 규정 등 총무관련 기록은 총무담당에게 재무와 정리 자료의 기록은 수집관이나 경리담당에게 의뢰하는 등의 분업체제도 필요하다.

가) 문자기록

문서로서 남겨야 하는 것은 다음과 같은 것이 있다.

① 이벤트의 계획시점에서 개막 후의 각종 행사를 시계열적으로 기록한 것(업무일지)
② 기본구상, 기본계획, 기본설계, 실시설계 등의 도서
③ 회장 입장객 수, 개별 파블리온 입장객 수, 이벤트 입장객 수, 유명인사의 내장기록, 장내 수송기관의 이용 상황 등 각종 데이터
④ 각종 회의 기록, 협찬기업 일람, 각종 조직과 위원회 구성원 일람 등
⑤ 계약서 등 재무 경리 관련 자료

나) 인쇄기록

이벤트 개최와 관련해서 만들어진 인쇄물은 모두 기록으로 남겨 두어야 하는데 이벤트 인쇄물은 다음과 같은 것이 있다.

① 포스터, 팸플릿, 리플릿 등의 각종 인쇄물
② 신문·잡지 등의 보도기록, 각종 사무규정, 이벤트 프로그램, 프레스 키트, 신문잡지 광고, 심포지엄 등의 보고서

다) 사진기록

이벤트에는 여러 가지 행사가 있는데 그 행사의 모습, 출연자, 이벤트에 관련된 사람 등을 사진으로 기록해 두는 것이 중요하다.

기록으로 남기는 사진은 다음과 같은 것이 있다.

① 기공식, 개막식, 미니 이벤트 등 각종 이벤트의 기록사진
② 사무국 관계자, 컴패니언 등의 사진, 홍보물 기록사진, 회장 내에서 스냅 사진, 기념품, 노벨티, 유니폼 등

라) 영상기록

이벤트의 여러 모습을 사진뿐만 아니라 영상으로 기록해 두는 것이 중요하다.

영상으로 기록해 두어야 하는 것은 다음과 같다.

① TV 뉴스, 프로그램 등의 VTR TAPE, PR용 데모 테이프, CF 등
② 이벤트 풍경, 회장 스텝 등의 VTR TAPE 기록

마) 음성기록

문서 및 인쇄물로서 남길 수 없는 것은 음성으로 남겨 둘 필요가 있는데 음성으로 남길 것은 다음과 같다.
① 라디오 뉴스 및 프로그램 등의 음성 테이프, 공식행사의 인사말 테이프
② CM테이프

바) 현물자료

그 밖의 다음과 같은 이벤트에 사용한 것도 기록으로 남겨두어야 한다.
① 기념품, 노벨티
② 유니폼 등[15]
공식기록 및 각종 성과 보고서 작성을 위한 피드백 업무는 행사의 올바른 평가와 관리 운영을 위해 각종 보고서와 공식 기록 작성 업무를 진행하는 업무이다.

(3) 홍보활동의 유의점

홍보활동에 있어서 가장 중요한 것은 얼마나 호의적인 기사가 자주 매스컴에 등장하는 가인데 그러기 위해서는 보도관계자와 밀접한 관계를 유지할 필요가 있다.
홍보활동에서 주의해야 할 포인트는 다음과 같다.

- 개막에서 폐막까지 홍보테마를 기간 중에 가능한 한 시의적절하게 제공하여 기자 활동을 돕는다.
- 보도기관에 따라서 취재방향이 다르기 때문에 일방적인 정보제공만 해서는 안 되고 개별대응에도 신속하게 응할 필요가 있다.

15) 장영렬 · 최규홍 · 김은정, 「이벤트 운영실무」, 커뮤니케이션북스, 2002 참고

- 주요매체 기자와는 초기단계에서부터 간담회 개최 등을 통해서 상호간의 성격 등에 따라 대응하는 것이 중요하다.
- 퍼블리시티 기사는 프레스 릴리스에 의해 써진 것만으로는 불충분하기 때문에 실제의 담당자 취재에 의해 부가해서 쓰는 경우가 있다. 특히 문제에 대한 현장취재, 담당자 취재가 있을 때는 홍보담당자가 입회하에 정보관리를 해야 한다.
- 정보에 대한 오해로 상호불신이 일어나지 않도록 주의해야 하며 모든 정보를 정확하게 파악해서 통일된 정보를 전달하여야 한다.
- 매체별로 취재 형태가 다르기 때문에 각각의 매체의 특성을 충분히 이해하고 각각의 요구에 바로 대응할 수 있는 자료를 준비해야 한다.

가) 신문·잡지 등 인쇄매체에의 대응책

신문·잡지 등 인쇄매체에서의 기사는 전문분야의 시각에서 취재하는 경우가 많기 때문에 분야별 자료의 정리라든가 특징 해설 등도 필요하다.

예를 들면, 건축, 패션, 영상, 지역문화, 전시방법, 전시내용, 경비, 사업비 등의 경제면의 접근 등 다방면의 취재에 응할 필요가 있다.

나) TV·라디오 등 전파매체에의 대응책

TV·라디오 등의 전파매체의 경우에는 뉴스프로그램 등에서 다루는 경우가 많기 때문에 재료로서는 인쇄매체의 경우와 같이 전문성이 높은 정보보다도 뉴스성이 높고 화제성이 있는 것이 요구된다. 또 인터뷰 형식의 직접 취재이므로 간결하고 요령 있게 대답할 필요가 있다.

사전에 인터뷰에 맞게 질문에 대한 답을 준비해 두는 것도 중요하다.

기간 중의 이벤트를 TV에서 방영하기도 하고 특정 프로그램을 생방송으로 하기도 하기 때문에 매체에 대해 적극적으로 지원할 필요가 있다.

다) 프레스(press)대응 지침

이벤트 기간 중에는 각종 매체사로부터 다양한 현장 취재, 혹은 취재요청을 받게 된다.

보도관계자의 취재 내용은 짧은 시간대에 대량 전달이 이루어짐에 따라 회장의 이미지 제고는 물론 집객에도 직접적인 영향을 미치게 되므로 세심히 협조를 한다.

현장 취재나 취재 요청의 신청접수, 보도일자 조정, 자료협조 등 취재의 직접 대응은 운영본부가 담당한다. 취재진의 에스코트, 전시물 안내, 취재진의 요청에 따른 인터뷰 등은 운영본부와 사전 협의하고 필요에 따라 운영요원이 보조한다.[16]

5 예산계획

마지막으로 제시되는 이벤트 기획 단계는 예산계획이다. 이벤트 예산의 설정은 가장 핵심적인 부분으로 설정된 목표를 달성할 수 있는 최적의 이벤트 예산을 설정하는 것이 중요하다. 이벤트 예산에는 반드시 투자된 비용에 대한 효과를 고려하여 최소의 비용으로 최대의 효과를 얻을 수 있는 경제적 관념이 뒤따라야 한다.

이벤트 예산 비용은 기본적으로 공연계획에서 파생되는 다양한 프로그램의 제작, 연출 비용과 운영계획의 진행에 따른 장비, 시설 비용을 비롯하여 서비스 시설, 안전관리, 주차장시설 투자로 인한 비용투자, 그리고 이벤트를 적당한 수준으로 홍보하기 위하여 소요되는 홍보예산 등이 포함된다.

마케팅 영역의 이벤트 예산을 설정할 때는 시장상황은 물론 제품수명주기(PLC)와 예산편성 주기, 경쟁기업의 동향, 위험부담의 정도 등을 고려하며 종합적인 판단을 세우게 된다. 그러나 문화 · 공연이벤트 영역의 이벤트 예산 집행과정은 객관성, 합리성이 결여된 채 주먹구구식으로 진행되는 경우나 확실한 근거 없이 적당히 예산을 배분하여 짜 맞추는 사례가 많다.

이벤트의 기획의 올바른 접근방식은 설정된 실현 가능한 목표와 이를 달성하기 위한 최적의 세분화된 목표 방문객, 그리고 이들에게 만족감과 감동을 전달, 연출할 수 있는 차별화된 프로그램, 또 합리적인 예산 설정이다.

16) 장영렬 · 최규홍 · 김은정, 「이벤트 운영 실무」, 커뮤니케이션북스, 2002 참고

예산을 효율적으로 관리하고 목적에 알맞게 집행하는 것도 중요하지만 이와 함께 다양한 이벤트 프로그램과 상품 개발에 주력하여 수익성을 높이는데 소홀함이 있어서는 안 될 것이다.

1. 이벤트 예산의 수립

이벤트의 종류가 다양하기 때문에 이벤트 예산의 항목도 천차만별이지만, 이벤트 기획자는 예산을 통해 현재와 미래 각 시점의 재무상태를 예측하고 이벤트계획에 있어서 우선순위를 결정할 수 있으며, 주어진 범위 내에서 비용을 적절히 유지해 나갈 수 있다. 이벤트 예산을 수립하는 방법에는 항목(line item)별로 설정하는 방법과 프로그램별로 설정하는 방법이 있다. 항목별로 설정하는 방법은 인력비용, 홍보비용, 행사장 임대비용, 장비임대비용, 무대장치 비용, 공연자 출연비용 등 이벤트 운영에 필요한 각 항목별로 예산을 설정하는 방법이다.

한편, 프로그램별로 설정하는 방법은 이벤트 개최시 운영되는 모든 프로그램별로 별도의 예산을 설정하는 것으로 일정 규모 이상의 이벤트 개최시 사용하는 방법이라고 할 수 있다.

이벤트 운영에 소요될 필요예산을 추정하기 위해서는 먼저 이벤트 개최목표를 달성하는데 요구되는 재무자원의 규모를 측정해야 하고 이를 위해 각 부문별 하위예산을 집계해야 한다. 예산의 집계과정에는 각 부문의 비용이 모두 포함되며 여기에는 행정, 홍보, 행사장, 장비 및 설비, 인력비용, 보험 인허가, 안전, 회계, 위생, 프로그램 등 이벤트 운영에 필요한 모든 부문을 고려해야 한다.

이를 토대로 필요예산이 추정되면 필요예산에 대한 수입원(revenue sources)을 검토하여 예산을 뒷받침할 수 있는 수입규모가 될 수 있는지 확인한다.

이벤트의 주요 수입원으로는 기금, 지원금, 스폰서 십, 입장권 판매, 영업권 판매 등이 포함된다. 이렇게 해서 가예산(draft budget)이 설정되면 이를 개최조직내의 각 부문과 외부의 재정지원자 또는 스폰서 등 이해관계자의 동의를 얻어 최종 예산을 확정하게 된다.

표 3-13 K사의 이벤트 세부예산

구분	항목	내역	금액	비고
교육비	도우미	50,000 × 1일 × 18인	900,000	
	진행팀장	45,000 × 1일 × 9인	405,000	
	Data 관리요원	25,000 × 1일 × 2인	50,000	
	소계		1,355,000	
인건비	도우미	100,000 × 30일 × 10인	30,000,000	서울북부 및 서울 서부, 부평
		120,000 × 30일 × 8인	28,800,000	지방 운영 도우미
	진행 팀장	90,000 × 30일 × 5인	13,500,000	서울
		90,000 × 30일 × 4인	10,800,000	지방
	발 마사지 사	200,000 ×4일 × 4팀	3,200,000	1팀 1인
	마술사	250,000 × 4일 × 9팀	9,000,000	1팀 1인
	Data 관리요원	50,000 × 36일 × 2인	3,600,000	
	소계		98,900,000	
인쇄 제작물	스탠드형 POP	3,000 × 700개	2,100,000	또는 스티커형 POP로 대체
	판매점 Guide	2,000 × 700개	1,400,000	
	로고첨가 A4	1,000장	500,000	시안 작업후 흑백 프린터
	포스터	4,500 × 700개	3,150,000	
	Dealer 이력카드	1,000장	500,000	시안 작업후 흑백 프린터
	마술용 스크래치	1,800 × 750개	1,350,000	
	권매확인 스티커	50 × 35,000개	1,750,000	
	Thanks Letter	2,500 × 700개	1,750,000	
	소 계		12,500,000	
기타 제작물	볼펜	1,000 × 800개	800,000	로고 삽입
	도우미 의상	250,000 × 12벌	3,000,000	지방 3팀 6벌은 지역대리점 지원
	마술 상자	8,500 × 750개	6,375,000	마술사팀 수작업
	Strike Board	400,000 × 9조	3,600,000	Another Benefit Program용
	추첨 게임기	300,000 × 9조	2,700,000	Another Benefit Program용
	소계		16,475,000	
운영비		10,000 × 34일 × 17인	5,780,000	서울 북부 및 서울 서부, 부평
		15,000 × 36일 × 12인	6,480,000	지방 5개팀, 이동일 포함
		2,000,000 × 7대	14,000,000	9개팀 인력 및 필요 물품 운송
		30,000 × 36일 × 6실	6,480,000	지방 5개팀, 이동일 포함
		- × 2대	-	기획사 1대 + 대리점 1대 지원
		15,000 × 32일 × 6팀	2,880,000	서울 북부 및 서울 서부, 부평
		25,000 × 34일 × 4팀	3,400,000	지방 6개팀
		200,000 × 5일 × 4처	4,000,000	지방 4개 지역 / 물품 배송
	소계		43,020,000	
	합계		172,250,000	
대행 수수료		12%	20,670,000	
총계			192,920,000	

2. 이벤트 기획 예산 편성법

대규모의 이벤트에서 흔히 나타나는 현상으로 예산을 실제보다 과다하게 책정하는 것이다.

이런 현상은 대부분 현장에 있는 이벤트 담당자들이 예산 부족을 우려하여 실제로 소요되는 예산보다 더 많은 액수의 예산을 요구함으로써 비롯된다.

이벤트의 예산 편성은 언제나 현재의 시점에서 예산의 타당성을 거모하는 '제로베이스 예산(ZBB : Zero Base Budget)' 편성에 기준을 두어야 한다. ZBB는 편성기준을 전년 대비 몇 퍼센트를 증가 또는 감소시키는 것이 아니라 현재 기준으로 실제 예산이 얼마나 필요한가를 책정하는 예산 편성방법으로 지금 현재 시점에서 가장 적정한 예산이 얼마인가를 산정하여 편성하는 데 유용하다.

또한 마케팅의 활동에는 언제 발생할지 모르는 돌발사태에 대비하여 이벤트의 경우 약 10% 정도의 예비비를 두는 게 좋다.

그러나 예산이 충분할 정도로 확보되지 않았을 때는 이벤트의 효과를 극대화시키기 위하여 이벤트의 첫 부분과 끝 부분에 투자 배분을 집중해야 한다.

효과적인 예산 집행을 한다고 해서 무조건 예산을 절감하는 것은 좋지 않은데 적정 이하의 예산 편성은 이벤트 자체의 질을 떨어뜨리는 부작용을 낳기도 한다.

이벤트 예산 편성에는 주최자 예산 편성법, 이벤트 기획사(대행사)예산 편성법, 이벤트 제작사 예산 편성법 등 세 가지 예산 설정 방법이 있다.

① 주최자 예산 편성법
   주최자는 실시될 이벤트의 기획 의도, 목적, 비용 대 효과를 고려해서 이벤트 기획사 또는 제작사로부터 견적을 제시받아 예산을 편성한다.

② 이벤트 기획사 예산 편성법
   주최자로부터 기획 의도, 목적, 방향 등에 관하여 오리엔테이션을 받은 후 다시 이벤트 제작사 및 전문 협력 업체로부터 견적을 제시 받은 후 예산을 편성한다.

③ 이벤트 제작사 예산 편성법

이벤트 기획 회사와 협력 관계에 있는 이벤트 제작사는 오리엔테이션을 받은 후 전문 업체로부터 견적을 뽑아서 이익을 포함한 예산을 책정한다.

3. 예산 조달방법

이벤트 예산을 조달하는 방법은 크게 세 가지가 있다. 첫째는 이미 자금이 확보되어 있거나 조달된 상태인 국가나 지방자치 단체, 기업의 행사를 담당하는 방법이다. 둘째는 이벤트 기획사가 스스로 예산을 조달하는 방법이다. 셋째는 기업이나 단체가 공동 주최, 후원 및 협찬 형식의 간접적인 방법으로 이벤트에 참여하는 방법이다.

(1) 정부 지원금 및 기업이벤트 담당

이벤트 기획 회사의 입장에서 볼 때 정부 지원금 또는 기업이 주관하는 이벤트를 추진하는 것이 가장 손쉬운 예산 조달 방법이다. 정부나 지방자치 단체가 추진하는 이벤트를 대행하거나 공동 주관하게 되면 정부 지원금이나 국고 지원을 받게 된다. 이런 때는 대부분 특별법에 의해 자금 조달이 가능하다.

이벤트 기획 회사들이 선호하는 이벤트는 기업이 주최하여 전액 부담하는 이벤트를 담당하는 일이다. 이런 경우 이벤트 기획 회사는 그 기업이 제시한 예산 규모에 맞게 잘 짜기만 하면 되기 때문에 예산 조달이라는 큰 부담을 덜고 행사를 추진할 수 있다.

(2) 이벤트기획사 자체 조달

이벤트 기획 회사가 전시회, 음악 콘서트, 유명 가수 초청 공연 등 각종 이벤트를 100% 자신의 책임 아래 예산을 충당하며 이벤트를 주관하는 경우는 여기에 해당되는데, 이런 때 이벤트 회사는 비용 전체를 안고 행사를 치르는 부담을 갖게 된다.

기획사가 예산을 스스로 조달하는 가장 일반적인 방법으로는 입장권 판매, 전시장 공간 대여, 광고 수입 등이 있다. 또한 텔레비전이나 라디오 중계를 이용한 스폰서십도 주요 수입원이 될 수 있으며 공연물 저작권 판매와 캐릭터, 기념품 판매도 수입원이 된다.

(3) 공동 주최, 후원, 협찬, 특별 협력

기업이나 조직체가 이벤트 기획 회사를 간접 지원하는 방법에는 크게 공동 주최, 후원, 협찬, 특별 협력 등 네 가지 방법이 있다. 이 중에서 가장 일반적인 방법이 후원이다.

첫째, 공동 주최는 이벤트 기획 단계에서부터 이벤트 기획사 이외의 다른 조직체가 참여하는 방식을 가리킨다. 주로 매체사와의 공동 주최 형식이 가장 많은데, 공동 주최의 문제점으로는 공동 주최의 양쪽 모두에게 이벤트 전 과정에 대한 책임이 발생한다는 점이다. 따라서 공동 주최자는 대개 이벤트 예산 책정 과정부터 마지막 과정까지 전체 과정에 공동으로 참여한다.

둘째, 후원은 대부분 공공 기관이나 기업이 맡는 경우가 많다. 후원을 받는다는 것은 기관이나 업계가 그 이벤트를 전면적으로 밀어 주고 있는 것을 뜻한다. 또한 중앙 행정부의 후원을 받으면 기업의 다양한 협조를 얻는 데 매우 유리하다.

셋째, 협찬에는 협찬 단체와 협찬 언론사라는 두 가지 형식이 있다. 협찬 단체로는 업계 단체가 여기에 해당되며 후원과 비슷한 형식을 갖는다. 그러나 협찬 방식은 후원보다 이벤트에 대한 협찬 단체의 통제성이 약하다. 협찬 단체는 어떤 형태로든 협찬을 제공하고 주최 측에서도 협찬 단체를 위한 서비스를 제공한다.

주최자의 서비스는 대개 인쇄물에 협찬 단체의 브랜드나 상호가 게재될 정도로 미약하다. 언론 매체사와의 협찬 관계는 주로 언론사가 퍼블리시티 활동에 협력하여 이벤트 고지와 홍보 활동에 도움을 주고 주최자는 입장권 제공 및 프로그램 안내 팸플릿이나 각종 판촉물을 통하여 협찬 언론사의 명의를 싣는 형식이다. 이러한 방식은 쌍방의 이익이 함께 보장됨으로 자주 이용되고 있다.

넷째, 특별 협력 관계는 당사자 간의 계약 조건이나 이벤트의 성격에 따라 그 의미는 상당히 달라진다. 예를 들어 공동 주최와 같이 특별 협력 업체가 기획 단계에서부터 참여하는 경우도 있고 순전히 명의만을 빌리는 경우도 있다.

대부분 주최자의 입장에서 공동 주최나 후원, 협찬 등 그 어느 것에도 해당되지 않는 형태의 협력을 얻을 경우가 발생하였을 때 특별 협력을 받는다.[17]

---

17) 최재완, 『이벤트의 이론과 실제』, 커뮤니케이션북스, 2001, 156~164쪽

MEMO

04 chapter

전시이벤트의 기획과정

축제·이벤트의
전략과 기획실무

일본 아리타축제

뮌헨 맥주축제 맥주마차

지역이벤트 강진청자축제

chapter 04

전시이벤트의 기획과정

전시이벤트 기획방법 중, 가장 보편화되고 일반화된 것은 5단계로 설정된 기획 순서에 의해 기획서를 작성해나가는 방법이다. 이러한 유형의 기획서 작성 방법은 문화이벤트나 지역축제에서 흔히 볼 수 있으며 가장 대중화된 기획 방식이기도 하다.

문화이벤트나 축제의 기획방법과 동일선상에서 출발하고 있는 이 방법은 기획과정이 크게 5단계 19항목으로 구분되어 있는 것이 특징이다. 5단계는 기본계획에서 출발하여 행사계획, 운영계획, 홍보계획 그리고 예산계획으로 구성되고 있다.

이에 따르면 전시이벤트 기획 순서는 먼저 「기본계획」과 이를 바탕으로 하여 전술적으로 프로그램을 실행하는 과정에서 공식행사와 부대행사와 같은 「행사계획」이 수립된다. 또한 공식행사, 부대행사 외에도 필요에 따라서는 체험행사나 경연행사, 공연행사, 그리고 특별행사 등의 행사계획이 추가될 수 있다. 한편 행사장의 프로그램을 연출, 진행하기 위해 시설, 장비계획과 효율적인 진행과정을 위해 조직구성과 실무 집행체계를 세우게 된다. 그 밖의 행사장의 서비스, 경비, 소방, 안전관리, 주차장·교통관리, 운영 매뉴얼에 이르기까지 효과적인 행사진행이 가능하도록 다양한 「운영계획」이 뒤따르게 된다.

이벤트 마케팅영역과 마찬가지로 행사를 널리 알리기 위해서는 사전에 온라인, 오프라인의 홍보나 매스미디어와 쌍방향매체에 의한 「홍보계획」이 종합적으로 수립되며 설정된 예산에 대하여 기대효과를 충족시키기 위한 「예산계획」이 기본적인 항목으로 수립된다.

표 4-1　금산 세계엑스포의 행사개요

행사개요	
행　사　명	2011 금산세계인삼엑스포 (2011 World Ginseng Expo, Geumsan, Korea)
주　　　제	생명의 뿌리
기　　　간	2011년 9월 2일(금) ~10월 3일(월) / 32일간 휴일 : 9월11일~13일(추석 3일), 10월 3일(개천절), 주말 9일 / 13일간
행　사　장	금산군 금산읍 신대리 국제인삼유통센터 일원
면　　　적	505,757m²(153,157평) 주행사장 107,108m²(32,457평) / 부행사장 142,149m² / 주차장 256,500m²
예　산　액	135억 원(국비 30억, 도비 52.5억, 군비 52.5억)
목표관람객	229만 명(주행사장 81만명, 부행사장 148만명)
주최 / 주관	충청남도, 금산군 / (재)금산세계인삼엑스포조직위원회

　한편, 전시이벤트의 전통적인 기획방법은 업무 진행 스케줄과 기획 안이 복합적으로 구성된 기획방법을 채택하는 것이 효과적이다[1]. 이것은 『5단계 17항목』으로 구성된 것으로 앞에서 언급된 문화이벤트나 축제의 기획방법의 『5단계 19항목』의 구성 기법과는 달리, 업무 진행 스케줄과 기획안이 복합적으로 구성된 것이 특징이다.

　이 기획 방법은 전시이벤트를 유치하기 전부터 유치하여 실행에 이르기까지를 크게 기본(계획)단계를 비롯한 준비단계, 유치단계, 개최(및 실행)단계, 종료단계와 같은 5단계로 구분하고 행사의 운영·관리계획과 홍보계획, 예산계획을 시간의 흐름에 맞춰 진행해 나가는 방법이다.

　여기서 설정된 기간은 임의적인 것으로 특정 전시회의 성격과 특징에 따라 기간이 변화할 수 있다. 국제 규모의 전시이벤트는 계획의 시작을 3년으로 둘 수 있으며, 지방에서 개최되는 소규모의 전시회는 6개월부터 기본계획을 설정할 수도 있다.

---

1) (주) 문영수, 『전시학개론』, 한국국제전시회, 2003 참고

전시이벤트의 기획 사고는 전시이벤트 운영의 기본적 사고와 관련이 있다. 전시이벤트 운영은 전시장 전체에 표정과 움직임을 주고 관람객을 직접 접촉하는 영역으로 전시이벤트 자체를 크게 좌우하는 중요한 분야이다. 각각의 기본적인 업무수행은 기본구상과 계획 단계에서 수립된 운영방침을 충분히 검토하여야 한다.

전시 운영은 회장 운영을 직접 담당하는 주최자 측의 총괄운영 업무담당자와 세부 업무담당별 운영요원으로 구분하는데, 중요한 점은 전시이벤트에 관련된 운영요원 모두가 하나가 되는「공통적인 사고」를 갖는 것이다. 하나의 가치관과 판단기준이 되는 이러한 공통적인 사고는 전시이벤트 목적과 성격에서 도출된 방침에 기초를 둔 주최자의 관리와 정보의 일원화가 주안점이다.

그러므로 전시이벤트에 관련해 직접 관계되는 운영요원들의 행동원리를 통일하는 것이 운영과 관리의 기본이다. 결국 전시이벤트 전체운영조직의 책임체제, 통일성, 정보의 일원화 등의 시스템을 확립하는 것에 의해 운영이 확실해지고 전시이벤트 참가자의 정확한 판단기준에 의해 행동이 이루어지므로 순간적 대응으로서가 아닌 기본계획을 거쳐 실행계획 단계에서 구체화된 운영방침으로서 조직적이고 통일적으로 수행할 수 있도록 하는 기본사고가 정립되어야 한다.[2]

한편 여기서 제시되는 전시이벤트의 기획 사고의 유형은 이벤트의 단계별로 업무를 관리, 운영하며 기획을 진행, 추진해 나가는 특징이 있다. 이와 같이 전시이벤트를 단계별로 추진하는 방법은 앞에서 제시한 5단계 설정 방법도 있지만, 행사의 규모나 특성을 감안하여 다음과 같이 3단계로 진행하는 사례도 있다.[3]

단계별 기획방법의 구체적인 업무관리는 〈표 4-2〉와 같이 실시될 업무를 크게 개최 전, 개최 중, 개최 후로 분류하고 한 눈에 전체적인 계획의 방향과 흐름을 파악할 수 있도록 일목요연하게 정리하여 세부적인 사항과 내용을 파악하는 것이 중요하다.

2) (주) 이미혜, 「전시이벤트의 운영전략에 관한 연구」, 문화관광연구 제4권 제4호 (통권14호)
3) (주) 장영렬 외, 『이벤트계획실무』, 커뮤니케이션북스, 2003, P203

표 4-2 단계별 기획방법의 업무항목

실시단계	주요 실시 항목	주관 담당 스텝
개최 전 (개최 직전)	• 행사명, 이벤트프로그램 등의 개최 고지 개시 • 동원활동 개시(예매권의 배포 및 판매활동 포함) • 행사 전 홍보 개시 등 각종 홍보활동 실시 • 각 운영조직 창단, 발대식 • 홍보 이벤트(프레스 프리뷰) • 전야제	홍보업무 관할 하에서 전개시키는 각종 실시업무 (개최 중 단계에는 운영업무 속에 포함)
개최 중	• 개회식 • 부대행사 • 개최 중 홍보활동 실시 • 폐회식	운영업무 관할 하에 필요한 스텝을 편성하여 업무를 진행 (개최 운영 본부체제)
개최 후	• 해산식(~ 해산 수속) • 철수업무(~ 종료수속) • 피드백 업무(공식기록 및 각종 성과 보고서 작성)	• 운영 스텝 주도의 실시업무 • 개별 담당 스텝별 실시업무 • 홍보 스텝 주도의 실시업무 • 이벤트 관리자 주도의 실시업무

1 기본계획 단계

첫 번째의 기본계획 단계는 전시이벤트의 기획단계의 시작으로 이에는 기본계획, 시장환경분석, 행사 프로그램 등의 항목으로 구성되어 있다. 본 단계에서는 기획과정의 개요와 기본 방향을 설정하고 시장 환경의 분석을 통하여 공식행사나 부대행사 등의 전체적인 프로그램에 대한 계획을 수립하고 있다.

기본계획 단계의 소속 항목에 대한 설명은 다음과 같다.

첫째, 기본계획에서는 가장 먼저 전시회 일정을 대략적으로 확정시키고 이를 바탕으로 전시회의 명칭과 전시장소, 협력기관 및 후원단체 등을 선정하고 대회의 로고 및 심벌, 캐릭터 제작에 착수한다.

전시회의 명칭을 선정할 때에는 자체적으로 차별화된 명칭을 발굴하여 적당한 명칭을 확정시키는 방법도 있지만 대회의 홍보를 극대화시키기 위하여 콘테스트와 일반인의 응모를 통하여 참신한 아이디어를 개발하는 방법도 병행하고 있다.

둘째 시장환경분석은 매우 중요한 항목으로 여기에는 크게 환경분석, 시장분석, 참가업체 및 방문객 분석 등이 있다.

환경분석은 시장 및 마케팅환경에 관한 기초적인 자료를 확립하기 위하여 시행되는데 여기에는 조직체의 목표 달성에 영향을 미치는 조직의 내부와 외부의 모든 시장 환경의 요인이 포함된다. 이러한 마케팅 환경의 현상과 변화는 마케팅 활동을 전개함에 있어서 기회적 요인으로 작용함과 동시에 위협적 요인이 되기도 한다.

환경분석은 크게 거시적 환경과 미시적 환경으로 구분된다. 거시적 환경 요소에는 인구통계학적 요인, 사회·문화적 환경 요인, 경제적 환경 요인, 기술적·자연적 환경 요인, 정치적·법적 환경 요인 등이 있다. 또한 미시적 환경 요인인 과업 환경이나 개별 조직체의 내부 환경 요인도 마케팅 활동을 지원하거나 제약하는 등의 영향을 미치게 된다.

시장분석에는 시장의 외형적 요인분석, 자사분석이 있다. 외형적 요인 분석은 시장규모, 시장성장률이 주요항목이며 시장규모 분석 항목 중에서는 전체 국내외 시장규모, 계절별 시장규모, 지역별 시장규모가 가장 필수적인 항목이다. 이들의 데이터는 최소한 3년 이상의 자료를 시계열로 나열하며 그 결과는 이벤트기획 담당자의 공격적, 방어적 계획에 반영된다.

시장성장률은 시장규모와 관련하여 기업의 장기 전략에 영향을 주며, 성장률이 높은 시장은 높은 이윤 획득의 잠재력을 가지고 있다. 시장규모와 더불어 시장성장률은 외형적 요인분석의 핵심적인 요소이며 역시 3년 이상의 자료를 분석 자료로 삼는다.

자사분석은 내부적으로 어느 것이 자사의 강점과 약점이 되고 외부적으로는 어떤 환경 요인이 위협이 되거나 오히려 기회가 될 수 있는지를 파악하여 전시이벤트 계획을 세울 때 강점은 크게 강조하거나 부각시키고 위협과 기회 요인을 파악하여 위협을 기회로 전환시키고 기회를 확대시키도록 한다.

자사분석 시에 일반적으로 가장 많이 사용하는 방법은 SWOT 분석이다. SWOT 분석은 시장상황을 분석하여 기업의 장점과 단점을 손쉽게 파악함으로써 기회(경쟁력)가 될 수 있는 요건을 즉시 활용할 수 있다는 이점이 있다.

SWOT 분석에 관련된 항목을 구체적으로 검토하면 〈표 4-3〉과 같다.

SWOT 분석에서는 전략이 주요 환경요인에 대하여 어느 정도 적합한가에 대한 평가와 또한 조직능력의 강·약점의 관점에서 각 주요 환경요인들이 자사조직에 유리하게 작용할 것인지 또는 불리한 제약으로써 영향을 미칠 것인지에 대한 평가를 하게 된다.

이때 평가방법으로는 여러 가지가 있으나 어떤 방법이든 객관적이기보다는 전략 수립가나 분석가의 주관적인 판단에 크게 의존하게 된다. 따라서 소수의 특정개인의 평가와 더불어 전략수립과 관련 있는 집단의 평가가 바람직하다.

이는 주요 환경요인에 대한 기회·위협 여부의 판단에 공동인식을 얻는 작업이 전략안 유도 시, 특히 전략 실행 시에 중요하기 때문이다. 현황분석 및 예측을 통해서 주요 환경요인이 얻어지고 또 내부능력에 대한 평가를 통해서 강점과 약점이 얻어지면 그 다음은 주요 환경요인이 기회로 작용할 것인지 아니면 위협이 될 것인지를 규명해야 한다.

표 4-3 SWOT분석의 고려사항

내부적	
강점(strengths)	약점(weaknesses)
<ul><li>탁월한 능력</li><li>적절한 재무적 자원</li><li>좋은 경쟁적 기술수준</li><li>구매자들이 자사에 대하여 가지고 있는 호의적인 생각</li><li>인정받고 있는 시장선도자</li><li>잘 수행되고 있는 기능별 전략</li><li>규모의 경제 활용</li><li>비밀기술</li><li>원가상의 유리점</li><li>경쟁상의 유리점</li><li>제품혁신능력</li><li>입증된 경영능력</li></ul>	<ul><li>불분명한 전략적 방향</li><li>쇠퇴해 가고 있는 경쟁적 지위</li><li>낙후된 시설</li><li>평균 이하의 수익성</li><li>관리적 깊이와 재질의 결여</li><li>주요기술이나 능력의 결여</li><li>빈약한 전략수행</li><li>미해결중인 내부운영상의 문제</li><li>R&D 투자에서의 열등</li><li>너무 좁은 제품계열</li><li>경쟁상 불리한 점</li><li>평균 이하의 마케팅기술</li><li>전략변경에 필요한 자금동원력의 부족</li></ul>
외부적	
기회(opportunities)	위협(threats)
<ul><li>새로운 시장과 세분시장에의 진입</li><li>제품계열의 추가</li><li>관련제품으로서의 다각화</li><li>보완제품의 추가</li><li>수직적 통합</li><li>좀 더 좋은 전략적 집단으로서 이행력</li><li>경쟁시간의 화목</li><li>빠른 시장성장</li></ul>	<ul><li>새로운 경쟁사의 진입가능성</li><li>대체제품의 판매량 증가</li><li>느린 시장성장</li><li>역행하는 정부의 방침</li><li>증대되는 경쟁적 압력</li><li>경기후퇴와 경기변동에의 가변성</li><li>증대되는 고객이나 공급자의 교섭력</li><li>역으로 바뀌고 있는 인구통계</li><li>기타</li></ul>

자료 : Derek F. Abell, Defining the Business : The Starting point of Strategic Planning, Englewood Cliffs, NJ: Prentice-Hall, 1980.

마케팅 커뮤니케이션에서 가장 핵심적인 사항이 바로 참가업체 및 방문객 분석이다. 전시이벤트가 성공하기 위해서는 주체라 할 수 있는 참가업체 및 방문객을 제대로 파악하고 그들이 전시 대상물에 대하여 어떻게 반응하며 어떤 동기로 방문하였으며 어떤 요소들이 영향을 미치는가를 분석하여 전략 수립의 기초로 하는 것이 중요하다.

이벤트전략을 제대로 수립하기 위해서는 전시 참가자인 방문객과 조직에 대한 이해와 분석이 올바르게 이루어져야 한다. 그 이유는 모든 마케팅활동의 원점은 인간과 조직이며 이벤트 활동 역시 그들에게 보내는 설득 커뮤니케이션이기 때문이다.

전시이벤트의 마케팅 커뮤니케이션 전략을 수립하기 위해서는 그들이 전시 장소에서 무엇을 원하며 왜, 어디서, 언제, 어떻게 행동하며 반응하는지 꾸준한 관심을 가지고 분석하여야 한다. 이러한 분석 결과는 목표소비자층을 명확하게 설정할 수 있도록 하는데 마케팅 커뮤니케이션에서 가장 핵심적인 사항이 바로 목표소비자의 설정이다.

전시회에 참가하는 대상을 명확히 한다는 것은 매우 중요한 일이다. 마케팅이나 이벤트를 기획하면서 그 대상이 되는 목표소비자를 정확히 알지 못하는 것은 큰 문제점이라 할 수 있다. 목표소비자의 근원은 마케팅계획의 시장세분화와 관련이 깊으며 이벤트전략에서 이벤트목표소비자의 분석은 이벤트목표의 설정을 비롯한 이벤트 콘셉트와 이벤트예산 설정과 직접적인 관련을 가진다. 구체적으로는 마케팅 커뮤니케이션 전략과 전시이벤트전략에 직접적으로 활용한다.

이벤트목표소비자는 이벤트행사에 가장 강한 반응을 일으키는 집단이나 사람을 뜻한다. 또 다른 정의로는 시장세분화를 통해 주어진 마케팅 자극에 대해서 유사한 반응을 보이는 소비자들의 집단이 이벤트의 목표소비자이다.

이벤트목표소비자를 분석하는 것에는 인구통계학적 분석과 심리 분석 방법이 있다. 방문객이나 참가업체, 주요 구성원의 나이, 학력, 직업, 소득, 성별과 지리적인 특성을 주요 항목으로 하는 인구통계학적 분석을 바탕으로 조사를 진행하며 그 밖의 라이프스타일, 태도, 개성 등과 같은 심리 분석을 함께 실시한다.

셋째, 행사 프로그램은 공식행사와 부대행사로 구분하여 세부적인 계획을 수립한다. 공식행사인 개·폐회식과 같은 대규모 행사를 중심으로 집객력을 높일 수 있는 프로그램을 기획하고, 부대행사는 공식행사와의 통일된 콘셉트를 구현하기 위한 다양한 볼거리를 제공하기 위하여 노력한다. 또한 방문객의 적극적인 참여를 유도하기 위한 체험행사나 경연행사, 공연행사, 그리고 특별행사 등이 추가될 수 있지만 전시이벤트의 특성 상, 전시행사에 많은 노력을 기울여 차별화된 프로그램을 연출, 기획한다.

표 4-4 전시이벤트의 기획단계

업무 진행 스케줄과 기획 안의 복합 구성 (5단계 17항목)				
1	기본 (계획) 단계	1년 전 ~ 9개월 전	1) 기본계획	(1) 전시회 일정 확정 (2) 전시회 명칭 선정 (3) 전시장소 선정 (4) 협력기관, 후원단체 선정 (5) 로고 및 심벌, 캐릭터 제작
			2) 시장환경분석	(1) 환경분석 (2) 시장분석 (3) 참가업체 및 방문객 분석
			3) 행사 프로그램	(1) 공식행사 (2) 부대행사 계획
2	준비 단계	9개월 전 ~ 6개월 전	1) 예산계획	(1) 예산 수립 (2) 예산편성방법 (3) 예산조달방법
			2) 데이터베이스 구축 및 리스트 작성	(1) 참가업계 및 방문객 리스트 작성 (2) 데이터베이스 활용과 DM(Direct Mail)
			3) 조직 및 운영위원회 구성	(1) 스텝 및 운영위원 편성 (2) 조직 구성과 관리 (3) 운영 조직의 업무 진행 및 체크 포인트 (4) 어텐던트(Attendant)의 운영과 관리
			4) 제1차 홍보계획-홍보계획의 수립 및 준비 단계(런칭 홍보전략)	(1) 홍보 기본방향 설정 (2) 단계별 홍보계획 수립 (3) 매체별 홍보전략 수립 (4) (1차)사전 설명회 개최
			5) 집객력(관객동원) 계획	(1) 집객력의 프로모션 계획 (2) 집객력(관객동원) 계획 수립
3	유치 단계	6개월 전 ~ 3개월 전	1) 행사장배치 계획	(1) 행사장 배치의 기본 개념 (2) 행사장 배치의 유의점 (3) 부스 배정 (4) 부스 배정시 고려사항
			2) 동선계획	(1) 동선계획의 기본개념 (2) 유형별 동선계획의 수립
			3) 제2차 홍보계획-홍보 집행 및 전개 단계(인지, 고지 홍보전략)	(1) 매체별 홍보활동 집행 (2) SP 및 옥외광고 제작 및 집행 (3) 대상별 DM/ TM/ EM 실시 (4) 해외홍보 전략 수립
4	개최 및 실행 단계	3개월 전 ~ 철거완료	1) 개최 전 준비 업무	(1) 준비물 발주 (2) (2차)사전 설명회 개최
			2) 제3차 홍보계획-홍보 확산 및 참여 확대 단계(집중 홍보전략)	(1) 일반방문객 유치를 위한 대중 홍보 (2) 개막식 홍보
			3) 전시회 개최	(1) 설치 공사 (2) 행사장 연출 (3) 개관준비 및 전시회 개최 (4) 이벤트 개최 중의 리스크 업무관리
			4) 폐단식 및 철수 업무	(1) 철거 설명회 개최 (2) 철거 일정 계획 수립 및 고려사항
5	종료 단계	철거 후~ 철거 2개 월 후	1) 결산 및 정산 업무	(1) 결산 업무 (2) 정산 업무
			2) 제4차 홍보계획-사후관리 및 평가 단계(피드백을 위한 홍보)	(1) 홍보자료 수집 및 보존 (2) 결과보고서 제출

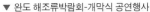
▼ 완도 해조류박람회-개막식 공연행사

2 준비단계

두 번째의 단계인 준비단계에서는 목표로 하고 있는 해당 전시이벤트가 유치될 수 있도록 구체적인 노력을 시도한다. 준비단계에는 예산계획을 비롯한 데이터베이스 구축 및 업체리스트 작성, 조직 및 운영위원회 구성, 제1차 홍보계획-홍보계획의 수립 및 준비 단계, 집객력(관객동원계획) 등과 같은 5항목이 구성되어 있다.

1. 예산계획

이벤트의 기획의 핵심은 설정된 실현 가능한 목표와 이를 달성하기 위한 최적의 세분화된 목표 방문객, 그리고 이들에게 만족감과 감동을 전달할 수 있는 다양한 프로그램, 또 합리적인 예산 설정이다. 이벤트 예산을 효율적으로 관리하고 목적에 맞게 집행하는 것도 중요하지만, 무엇보다 차별화된 이벤트 프로그램이나 콘텐츠 개발에 주력하여 수익성을 향상시키려는 노력도 매우 중요하다.

예산계획의 준비단계에 있어 가장 주요한 부분으로는 먼저 이벤트 예산을 포괄적으로 수립하고, 이에 따른 이벤트 예산 편성과 다양한 예산 조달 방법 등이 검토된다. 또 이벤트 예산계획에서는 설정된 목표를 달성할 수 있는 최적의 이벤트 예산을 설정하는 것이 중요하다. 다시 말해서 이벤트 예산에는 반드시 투자된 비용에 대한 효과를 고려하여 최소의 비용으로 최대의 효과를 얻을 수 있는 경제적 관념이 수반되어야 한다.

이벤트 예산 비용은 기본적으로 행사 계획에서 수반되는 다양한 공연 프로그램의 제작과 연출 비용, 운영계획의 진행에 따른 장비, 시설비용을 비롯하여 편의시설, 안전관리, 주차장시설 등으로 인한 비용투자, 그리고 이벤트를 적당한 수준으로 홍보하기 위하여 소요되는 홍보예산 등이 포함된다.

전시이벤트의 예산을 설정할 때는 시장상황을 비롯한 소비자 트렌트, 경쟁기업의 동향, 위험부담의 정도 등을 고려하며 종합적인 판단을 세우게 된다. 그러나 문화·공연이벤트영역의 이벤트 예산 집행과정은 특히 다른 이벤트에 비해 객관성, 합리성이 결여된 경우가 많고, 추상적인 주제에 의해 확실한 근거 없이 예산을 적당히 배분하여 짜 맞추는 사례가 많다.

한편, 이벤트 예산의 수립은 이벤트의 종류에 따라 해당 항목도 천차만별이지만, 이벤트 기획자는 예산을 통해 현재와 미래 각 시점의 재무 상태를 예측하고 이벤트계획에 있어서 우선순위를 결정할 수 있으며, 주어진 범위 내에서 비용을 적절히 유지해 나갈 수 있다.

효과적인 예산 집행을 한다고 해서 무조건 예산을 절감하는 것은 좋지 않은데 적정 이하의 예산 편성은 이벤트 자체의 질을 떨어뜨리는 부작용을 낳기도 한다. 또한 예산은 적정한가, 누가 관리할 것인가 등의 각각의 프로그램별 예산방식을 결정한다. 변경이 생길 경우 및 긴급 시에 대한 예비예산도 포함하여 예산을 명확하게 한다.

이벤트 운영에 소요될 필요예산을 추정하기 위해서는 먼저 이벤트 개최목표를 설정하게 되는데, 여기에는 요구되는 재무자원의 규모를 측정해야 하고 이를 위해 각 부문별 하위예산을 포함시켜야 한다. 예산의 집행 과정에는 각 부문의 비용이 모두 포함되며, 여기에는 홍보, 행사장 연출, 장비 및 설비, 인력 비용, 보험료, 안전, 위생, 프로그램 개발 등 이벤트 운영에 필요한 모든 항목이 고려되어야 한다.

이를 토대로 필요예산이 추정되면 필요예산에 대한 수입원을 검토하여 예산을 뒷받침할 수 있는 수입규모가 확보될 수 있는지 확인한다. 이벤트의 주요 수입원으로는 스폰서십, 입장권 판매, 영업권 판매, 기금이나 지원금 등이 포함된다.

표 4-5 예산계획의 사례 - 대한민국 뷰티박람회

06 운영계획 620. 산출내역서(안)

분야	세부내역	금액	비고
전시장 구축	장치비용 : 안내데스크, 등록데스크, 등록작성대, 입구 현황판, 전시부스(300부스)	120,000,000	
	부대시설 : 인터넷회선, 전화기 임대, 전기 간선, 바닥 파이텍스(부스-신품, 주요 통로)	30,000,000	
	기타장치구성 : 개막식무대, 이벤트무대, 휴게공간, 비즈니스라운지, 서치존	20,000,000	
	사인물 : 내부배너, 외부배너 일체	15,000,000	
	장비 및 임대 사용료	120,000,000	킨텍스 임대
	비품임대 : 등록데스크, 공용공간, 개막식무대, 현장사무국	10,000,000	
	소계합	(1)315,000,000	
인쇄/ 제작비	인쇄홍보물	20,000,000	
	소계합	(2) 20,000,000	
홍보비	매체 홍보 및 광고	50,000,000	
	온라인홍보	10,000,000	
	홍보물 발송 및 배포	8,000,000	
	교통광고, 옥외광고, 기타광고	25,000,000	
	소계합	(3) 93,000,000	
부대행사 및 이벤 트 운영	부대행사 및 이벤트	20,000,000	
	개막행사	25,000,000	
	인력 운영비 및 기타	25,000,000	
	소계합	(4) 70,000,000	
	합계	498,000,000	
	일반관리비 및 대행수수료	72,000,000	
	누계	570,000,000	
	부가가치세	57,000,000	
	총계	627,000,000	
	수익료(부스판매, 광고료, 경연대회)	200,000,000	
	총 제안 금액	427,000,000	

전시이벤트의 예산은 주로 제로베이스 예산 편성에 기준을 두는 경우가 일반적이며, 언제 발생할지 모르는 비상사태에 대비하여 적정의 예비비를 설정해 두는 것이 바람직하다. 그러나 예산이 충분하게 확보되지 않았을 때는 이벤트의 효과를 극대화시키기 위하여 이벤트의 첫 부분과 끝 부분에 투자 배분을 집중해야 한다.

일반적으로 예산 조달 방법은 크게 세 가지가 있다. ① 이미 자금이 확보되어 있거나 조달된 상태인 국가나 지방자치 단체, 기업의 행사를 담당하는 방법과 ② 이벤트 기획사가 스스로 예산을 조달하는 방법, 그리고 ③ 기업이나 단체가 공동 주최, 후원 및 협찬 형식의 간접적인 방법으로 이벤트에 참여하는 방법이다.

이벤트예산 조달 방법의 중심이 되는 것은 공동 주최, 후원, 협찬, 특별 협력 등의 방법이다. 이 중에서 가장 일반적인 방법이 후원이다. [4]

2. 데이터베이스 구축 및 리스트 작성

여기서는 참가업계 및 방문객 리스트 작성과 데이터베이스 활용과 DM(Direct Mail) 등의 항목에 관한 검토가 필요하다.

전시이벤트를 성공적으로 개최하기 위해서는 시장에 대한 사전조사와 함께 준비할 수 있는 충분한 일정을 확보하는 것이 중요하다. 참가업체의 입장에서는 전시회에 참가함으로서 수익성을 확보하고 기업의 이미지를 향상시키려는 의도가 강하고 방문객은 여가선용과 함께 정보교류라는 목적을 실현하기 위해 전시장을 찾게 된다.

따라서 모든 전시회는 전시 주최자를 비롯한 참가업체, 방문객 등의 입장과 이익이 상충되지 않도록 노력해야 하며 서로 상호보완적인 관계가 되도록 기획단계에서부터 다양한 노력과 아이디어가 동원되어야 할 것이다.

(1) 참가업계 및 방문객 리스트 작성

전시이벤트는 단순한 외관상의 연출이나 전시 대상물의 홍보 및 안내뿐만 아니라 합리성에 근거를 둔 수익성과 경제성을 창출하는 것이 중요하다. 특히 전시이벤트는 방문객의 만족에 머물지 않고 참가업체를 가능한 한 많이 참여시켜 전시내용의 질적 향상과 방문객에 대한 정보 제공 능력을 향상시키고 다양한 볼거리를 제공함으로써 전시 효과를 극대화할 수 있는 차별화된 특징을 가지고 있다.

다시 말해서 전시이벤트는 참여업체가 중요한 구성요소의 하나로 참여하는 구조적 특성을 나타내며 이로 인해 다른 축제나 이벤트처럼 방문객의 만족을 추구하는 것뿐 만 아니라 참가업체의 이익과 경제성을 확보하여 주최자를 비롯한 참가업체, 방문객 모두가 상호보완적이고 공통된 이익과 혜택을 보장할 수 있는 구조를 갖추고 있다.

한편 제대로 된 데이터베이스 구축과 리스트 작성은 다이렉트 마케팅(Direct Marketing)의 성공률을 향상시킬 수 있다. 정확성이 높은 업계 및 방문객에 관한 리스트는 이벤트의 참여율을 증가시키며 이것은 성공적인 대회의 밑거름이 될 수 있다.

전시이벤트에 자주 이용되는 다이렉트 마케팅의 수단으로는 DM(Direct Mail)과 TM(Tele Marketing) 등이 있으며 최근에는 온라인을 활용한 EM(Electronic Mail) 방식도 동원되고 있다.

일반적으로 DM에 자주 이용되는 제작형태로는 소구대상, 목적, 상품의 종류, 실시 시기 등에 따라 여러 종류가 있으며 보통엽서, 투서, 전단, 소책자, 트릭 피이스(Trick Piece)방식 등이 대표적이다. DM 종류별로 나타나는 내용과 특징은 〈표 4-6〉과 같다.

표 4-6 DM의 종류 및 특징[5]

형식	내용 및 특징
엽서	일본의 경우 DM의 26%가 엽서형식을 취하고 있으며 그 이용도는 대단히 높다고 할 수가 있다. 엽서 DM은 고객유지 및 각종행사고지 등에 손쉽게 이용할 수 있을 뿐만 아니라 메이커가 잠재고객을 선별하여 직접적인 커뮤니케이션을 실시할 때 무료반송엽서형식으로 간단히 이용할 수 있다는 이점이 있다.
투서	정중한 안내 및 편지를 동봉하여 발송하는 DM이다. 일반적으로 팜플렛, 카탈로그, 사내보(House Organ) 등을 첨부하는 경우도 있다. 특히 고객을 위한 전시회나 전람회 또는 각종 행사안내 등에 쓰여진다.
전단	한 장의 소형인쇄물을 반으로 접어 발송하는 DM이다. 이러한 형식은 복잡한 설명이 필요 없는 경우에 쓰여진다.
소책자	팜플렛이나 카탈로그, 사내보만을 동봉하여 발송하는 DM이다. 그러나 비교적 제작 코스트가 높다는 단점이 있다. 보편적으로 고가품 직매 단체나 점두연합회안내 또는 백화점의 정기 세일 때에 이용되기도 한다.
트릭 피이스 (Trick Piece)	동봉된 카드 팜플렛을 열면 입체적인 그림이나 사진이 펼쳐지는 DM을 말한다. 다채로운 아이디어 연출에 의한 고객관심도 및 주목도가 높다는 장점을 지니고 있는 반면, 제작 코스트가 가장 높다는 단점이 있다.

5) 김희진, 『세일즈 프로모션』, 커뮤니케이션북스, 2004, p378.

▼ 데이터베이스 활용(수집) 예 - 서울 국제모토쇼 - 입장권

(2) 데이터베이스 활용과 DM(Direct Mail)

또한 이와 함께 중요시 되고 있는 것은 전시장의 부스에 참가할 참가업체나 방문객의 집 객력을 최대한 확보하는 것인데 이를 위해 시장조사 자료를 잘 활용하여 데이터베이스 구축 및 참가업체 및 방문객 리스트를 작성해야만 소기의 목적을 달성할 수 있다.

관련 산업의 해외 유명전시회의 정보를 수집하고 참가 유망업체의 리스트를 분석하여 이로 인해 수집된 데이터와 리스트에 의해 주소록을 작성한다. 특히 주요 인사와 VIP 고객, 참가업체에 대해서는 초청장을 제작하여 배포하며 후에 구체적인 참가 여부를 TM과 EM 을 통해 확인한다.

표 4-7 데이터베이스 활용과 DM(Direct Mail)

데이터베이스와 초청업무 계획	장소 및 일시, 초청 업무진행 계획, 준비물 점검 등
	주소록 작성
	초청장 제작
	초청장 발송 및 배포(DM)
	TM과 EM에 의한 확인
	준비상황 점검

3. 조직 및 운영위원회 구성

조직 및 운영위원회 구성은 전시이벤트의 효율적인 운영체계를 구축하고 각 담당 부서의 책임소재를 명확히 하며, 비상사태에 신속히 대응하기 위하여 반드시 필요하다.

이러한 조직 및 운영위원회가 의도한대로 진행되고 효율성을 발휘하기 위해서는 먼저 책임소재를 분명히 해야 할뿐만 아니라 정보를 일원화하고 업무 및 체제의 통일성과 일체화 등의 시스템을 확립한 후에 조직의 기동성과 민첩성이 유지, 발휘되어야 한다.

아무리 훌륭한 프로그램이 다채롭고 흥미롭게 기획, 연출되었다 하더라도 실제로 관리와 운영이 원활하지 못하면 그 이벤트는 성공적이라 할 수 없다. 이러한 이유로 이벤트는 전략 수립 시부터 미세한 항목까지도 체크하고 이벤트 운영에 만전을 기해야 한다.

이벤트 전체의 운영조직은 계획단계에서부터 실시단계에 이르기까지 생각하지 못한 것이 많이 발생하기 때문에 사고발생 시의 절차 및 긴급연락망 확보, 팀별 역할 분담 등을 미리 정해놓고 평상시 교육 및 훈련을 통해 숙지, 숙달할 수 있도록 해두어야 한다. 또한 운영을 원활하게 하기 위해서는 기본 매뉴얼을 준비하는 것은 물론이고, 조직 시스템을 구축하여 철저하게 주지시키는 것이 중요하다.

(1) 스텝 및 운영위원 편성

전시이벤트를 관리 운영할 스텝이나 운영위원은 연출 및 진행뿐만 아니라 전시장 안내 및 유도, 경비, 청소, 기타 서비스 제공 업무 등 역할과 프로그램의 내용에 따라 매우 다양하다. 또 전문적인 내용의 전시회나 프로그램의 수가 많은 이벤트, 장기간에 걸쳐 진행되는 이벤트는 합리적이면서도 대처 능력이 강하고 전문적인 지식을 갖춘 운영위원이나 스텝으로 편성해야 한다.

한편 스텝을 운영하는 방법에는 독자적으로 운영, 관리하는 경우도 있고 전문회사나 인력 파견회사를 활용하는 경우도 있다. 또는 이 양자를 조합시켜서 일부는 독자적으로 교육, 편성하여 직접 운영하거나 필요에 따라서는 스텝의 일부를 파견회사로부터 의뢰받아 활용할 수도 있다.

프로그램별로 편성하여 어떤 프로그램은 독자적인 인력을 활용하고 어떤 프로그램은 파견인력 및 공통 스텝을 활용하는 것이 좋은가 등에 대해서는 항상 전체와 각 프로그램의 특징을 고려하여 통합적으로 검토해야 한다.

이벤트 현장의 운영 요원 중에는 방문객에 대한 안내와 VIP 영접 및 접대를 담당하는 전문 스텝으로 '어텐던트(Attendant)'가 있다. 전시이벤트는 특성상 전시 물에 대한 정보 안내와 효율적인 전달, 소통뿐 만아니라 보다 다양한 서비스를 제공하기 위해 어텐던트의 역할이 중요한 것이 특징이다. 이들은 행사장 내에서 방문자와 직접 접하면서 주로 안내나 유도, 설명, 프레젠테이션, 데몬스트레이션 등을 진행하고 방문객에 대한 안내를 담당하고 있다.

어텐던트는 전시회뿐만 아니라 다양한 이벤트 현장에서 활약하는 행사 도우미를 비롯한 여성 컴패니언(companion), 내레이터 컴패니언(narrator companion), 기타 안내요원 등 여러 형태의 진행요원으로 구분되고 있다.

혼잡한 행사 장소에서의 방문객 정리 및 안내, 대기 행렬의 안전 유도, 그리고 여러 가지 행사장 서비스 업무에 종사하는 운영 스태프도 일종의 어텐던트의 범주에 포함된다고 볼 수 있다. 그 밖의 전시회의 출전부스에서 활동하는 상담 및 데몬스트레이션, 내레이터 담당자나 출품 상품에 대한 비즈니스에 종사하는 영업 담당자, 연출 기술자 등도 어텐던트의 한 형태로 간주 할 수 있다.

(2) 조직 구성과 관리

이벤트의 원활한 운영을 위해서는 일반적으로 각계각층의 인사로 구성된 조직위원회가 구성되며, 이 가운데서 리더십과 식견을 갖춘 사람이 조직위원장으로 선임된다. 이사회는 조직위원회의 또 다른 명칭으로 사용되는 것이 일반적이며, 행사를 실질적으로 이끌어나갈 운영본부, 집행본부가 결성된다.

조직위원장은 유력 인사나 기업 대표, 지역사회의 주요 인사가 담당하게 되며, 이벤트에 관한 목표와 기본 방향, 전략적인 운영 계획 및 효율적인 예산 정책의 수립 등을 결정한다. 대규모로 개최되는 이벤트가 아닐 경우에는 조직위원회의 구성보다는 이를 사국이 대신하는 것이 보통이며, 이를 대표하는 사무국장이나 총장을 선임하게 된다.

운영본부나 분과위원회는 실무중심의 검증된 인력으로 구성하는 것이 바람직하다. 특히 행사를 총괄하는 총감독격인 운영본부장은 각 팀의 역할과 기능을 충분히 이해하고 이를 관리 할 수 있는 능력의 소유자를 선임해야 한다. 또한 각 팀장급의 인력은 실무경험의 소유자를 기용하여 예산의 누수를 방지하고 돌발적인 위험에 대처할 수 있어야 한다.

각 분과위원회의 명칭은 해당 이벤트의 특징이나 역할에 따라 다르게 나타나며 크게 기획 · 연출, 운영 · 관리, 재정 · 재무, 홍보 · 마케팅, 서비스, 의전, 시설, 기술 등으로 구분된다.

표 4-8 순천만정원박람회의 부서별 담당 업무의 분담 계획

부서별	담당분야
시민소통과	● 자원봉사자 모집 및 관리
총무과	● 개막식 의전행사 추진(좌석배치, 행사당일 좌석 안내)
안전총괄과	● 안전관리종합대책 심의반 편성 및 운영 ● 순천소방서 협조요청 - 119구급대, 소방차 배치
세무과	● 박람회장 오천택지 주차장 주차 관리 및 교통통제
회계과	● 시청주차장 사용 협조
홍보전산과	● 시 홈페이지 및 타 지자체 홈페이지 홍보 ● 홍보 계획 총괄 및 추진 - 방송사, 신문, 시내 전관판, 시정소식지 등 ● 시내 전광판 실시간 방송 협조 ● 프레스센터 설치 및 운영 ● 기자단 개막식 참석 안내 및 지원
경제통상과	● 아랫장 주요 진입로 주차 관리 및 교통통제 ● 풍덕교 셔틀버스 승하차 관리(풍덕교~박람회장 노선)
환경보호과	● 순천만 주차 관리 및 교통통제(셔틀버스 승하차 포함) ※ 순천만운영과 연계
관광진흥과	● 행사 추진 총괄 및 종합상황실 운영 ● 개막식 주요인사 초청장 발송 ● 행사장 및 부스, 임시화장실 등 인프라 구축 총괄 ● 각종 홍보물 제작, 설치 ● 출연진 안내, 행사집기 조달 및 배치 등 운영 총괄 ● 무대설치 점검
자원순환과	● 행사장 마무리 청소 지원 및 폐기물 매립장 무상반입 협조 ● 박람회 오천택지주차장 셔틀버스 승하차 관리
순천만운영과	● 순천만 기반시설 정비 ● 순천만내 주차관리 및 교통통제 ● 해설사와 함계하는 새벽투어 운영에 따른 해설사 지원 및 선상투어 협조 ● 흑두루미 포토존 조성에 따른 잔디관장(매표소 입구)사용 협조 ● 순천문학관행사 추진에 따른 사용 협조(무진기행 백일장, 작가와 함께하는 문학기행)

전시이벤트의 운영 과정에는 각 프로그램별로 실시되는 다양한 업무를 진행하기 위하여 이를 지원, 관리하는 형태를 취하게 된다. 개최 중 단계에서는 지금까지 각각의 구성요소별로 분담해 왔던 부문업무를 운영 담당책임자 밑에 편성하고 이것을 다시 해당 사무국에 할당시켜서 그 사무국을 정점으로 하는 '운영 본부체제'를 조직하기도 한다. 또한 전시이벤트의 대표적인 사례인 서울 모터쇼의 운영 조직 체계는 〈그림 4-1〉과 같다.

한편 이벤트 기획자, 이벤트 프로듀서(Event PD)로 표현되는 이벤트 관리자(event manager)는 행사 진행에 있어서 모든 개최 관계자를 리드하고, 전체적인 계획이 본래의 의도대로 진행되어 충분한 성과를 기대할 수 있는지를 관리, 감수하는 역할을 담당한다. 계획에 없는 이변이나 돌발 상황이 발생할 경우에는 대응책이나 전체적인 방향에 대해 조언만 하고 직접적인 운영에는 관여하지 않는 것이 보통이다.

또한 이벤트 관리자는 이벤트의 진행과 관련하여 이벤트 개최측의 주요 담당자나 조직위원회와의 연락을 담당하거나 업무를 대행한다. 상시적으로 각 운영 담당 책임자와 연락을 취하면서 감수 상황을 정기적으로 보고, 수정하거나 이를 조정하는 일을 수행한다.

그림 4-1 서울 모터쇼의 운영 조직 체계

사무국장

사무차장

총괄진행

사무국 조직도

진행관리
- 본관1층 관리팀
- 본관3층 관리팀
- 별관전시장 관리팀
- 옥외전시장 관리팀
- 본관로비 관리팀

운영
- 운영 1팀
- 운영 2팀
- 홍보팀
- VIP 관리팀
- 종합안내센터 관리팀

행사
- 프리 이벤트 및 전야제 관리팀
- 개막식 관리팀
- 리셉션 관리팀
- 프레스데이 진행관리팀
- 자동차무료점검 관리팀
- 전시운영(경품, 그림관리 및 휴게공간 운영

운영 2팀 조직도

사무국장
사무차장
총괄진행
운영담당
운영 2팀

컴패니언	정비	청소	행사
• 종합안테나 • VIP실 • 1층 • 3층 • 별관 • 외국관 • 사무국 • 프레스센터	• 종합안테나 • VIP실 • 1층 • 3층 • 별관 • 외국관 • 사무국 • 사무국	• 외국관 • 1층 • 3층 • 별관 • 사무국	• 전시운영 • 3층 • 프리이벤트 • 별관 • 세미나계획 • 사무국

자료 : 서울 모터쇼 홈페이지 참고

(3) 운영 조직의 업무 진행 및 체크 포인트

전시이벤트가 원활히 운영되기 위해서는 각 조직 구성원간의 인격이 존중되고 의견이 제대로 수렴되어야 하지만, 의사결정이 효율적으로 진행되도록 하기 위해 특성상 수직적 라인을 중심으로 구축되어야 한다. 그러나 수직적 라인은 너무 길거나 복잡해서는 안 되며 의사전달 시스템이 원활하도록 간단히 구성되고 조직구성원이 자발적이고 능동적으로 참여할 수 있도록 운영조직이 효과적으로 가동되어야 한다.

이벤트는 현장에서는 여러 가지 돌발 상황이 많이 발생하게 되며 사안별로 이에 신속히 대응하는 순발력이 요구된다. 따라서 각 분과별로 전문성과 독립성이 유지되는 것이 필요하며 특정한 한 사람에게 의사 결정이 집중되게 하는 조직 구성은 피해야 한다. 한편 이벤트는 짧은 일정기간 내에 특정 목표를 달성해야 하기 때문에 가능한 한 조직체계를 단순화하여 일 처리를 신속하게 대처하는 것이 중요하다.

가) 스케줄 관리와 업무 진행

전시이벤트의 운영책임자는 사전에 업무 매뉴얼이나 진행 스케줄표를 구체적으로 작성하여 업무를 진행한다. 각 업무 조직분과별로 타임 스케줄을 관리하며 현장의 스텝에게 각자 맡은 역할이 잘 수행될 수 있도록 교육되고 훈련되어야 한다.

그러나 전시이벤트의 경우는 전시회장을 찾은 방문객이나 참가업체에 있어서 혼잡한 상황이 발생하기 쉽기 때문에 때로는 예측이 불허한 돌발적인 상황이 발생하게 되고 또한 반드시 정해진 스케줄대로 진행되지 않는 경우도 많다.

예를 들어 연출 장비 및 시설물의 고장이나 스텝과 연출자의 부재 상태 및 부상, 그리고 방문객의 방해나 사고 등 여러 가지 경우가 발생할 수 있다. 따라서 운영 책임자나 현장 스텝들은 평소에 이러한 사고에 최선의 대처를 할 수 있는 능력과 자질을 배양해야 하고, 가능한 업무 매뉴얼과 정해진 타임스케줄에 맞춰 진행할 수 있도록 업무를 숙지하고 있어야 한다.

나) 스텝과 업무 진행 요원 관리의 체크포인트

이벤트 업무가 효율적으로 진행되려면 운영책임자는 각 스텝 및 출연자의 건강 상태 및 업무 진행 상황을 잘 파악하고 관리하여 특별한 변화나 이상이 있는 사람을 조기에 발견하는 것이 중요하다. 만약 현장 스텝의 이상 유무가 확인되면 근무 스케줄에서 제외시켜 휴식을 취하게 하거나 휴가를 배정하여 근무에 지장을 주지 않도록 하는 배려가 필요하다.

또한 항상 스텝의 관리 운영에 충분한 여유를 두고 스케줄을 진행하는 것이 중요하며, 현장 관리 요원의 피로가 누적되지 않도록 포지션 선정과 업무 교대를 편성해 나가야 한다.

스텝과 업무 진행 요원 관리의 주요한 체크포인트로는 진행 요원의 인원수를 비롯해 스텝의 포지션과 업무 교대는 적절성, 스텝의 건강상태 등이 포함된다.

다) 어텐던트(Attendant)의 역할과 업무

어텐던트 및 행사 도우미는 이벤트 행사장의 안내와 서비스를 관장하며, 전시회장의 안과 밖에서 근무하게 된다. 이들은 방문객이 항상 쾌적한 상태에서 안전하게 행사장을 관람

전시 이벤트의
어텐던트

▼ 서울모터쇼 - 어텐던트

▲ 지역혁신박람회 - 어텐던트

하고 다양한 프로그램을 체험할 수 있도록 전문지식과 능력을 갖고 여러 가지 서비스를 제공하고 있다.

또한 전시 주최측과 참가 기업의 입장에서 방문객과 소통하거나 정보를 제공하며 이미지를 향상시키는데 공헌하기도 한다. 어텐던트 및 행사 도우미의 주요 업무로는 안내나 프레젠테이션, VIP 접대 업무, 정리 및 홍보 업무 등이 있다.

라) 디렉터(director)의 업무

디렉터는 스텝, 출연자나 어텐던트를 지휘하고 관리하는 전시 업무의 리더이다. 각각의 디렉터의 본연의 업무도 중요하지만 무엇보다 중요한 것은 각 스텝이나 행사 진행자 간의 원활한 소통과 파트너십이다. 스텝 간의 인간관계에 신뢰감이 깨어지면 해당 이벤트는 주어진 목표를 달성하지 못하고 실패로 끝날 가능성이 많기 때문에 디렉터는 항상 스텝과의 커뮤니케이션을 중요시하고 좋은 파트너십을 유지할 수 있도록 노력해야 한다.[6]

전시이벤트의 디렉터는 각각의 업무 특성에 따라 다양한 역할과 기능이 주어지지만, 일반적으로는 전시 디렉터를 비롯해 운영 디렉터, 음향 · 조명 · 영상 디렉터, 연출 디렉터 등으로 분류할 수 있다. 구체적인 내용과 지침은 앞의 축제나 이벤트의 사례를 참조하여 실행한다.

6) 이각규, 「이벤트 성공의 노하우」, 월간이벤트, 2001 참고.

(4) 어텐던트(Attendant)의 운영과 관리[7]

이벤트 현장의 운영 요원 중에는 '어텐던트(Attendant)'가 있다. 다른 영역의 이벤트와 비교하여 전시이벤트에서의 행사를 안내하고 여러 서비스를 제공하는 어텐던트의 역할은 매우 크다. 전시이벤트에서는 다른 이벤트보다 전시장 내에서 진행되는 어텐던트의 서비스 마인드와 전문적인 지식, 세련된 매너 등과 같이 차별화된 능력이 대회의 성공을 좌우할 뿐만 아니라 주최자의 이미지를 제고하는데 많은 영향을 줄 수 있기 때문이다.

잘 알려진 이벤트 업무와 관련된 직종으로 이벤트 관리자(event manager), 이벤트 기획자(event planner), 이벤트 프로듀서(event producer), 이벤트 PD(event program director) 등이 있으며 다소 개념적 차이는 존재하지만 이들은 모두 이벤트 전체를 계획하고 운영하는 데 있어서 주도적인 역할을 수행하는 관리자나 책임자를 가리키고 있다.

한편 어텐던트는 일반 방문자에 대한 안내와 VIP 영접 및 접대를 담당하는 전문 스태프에 대한 호칭으로서 행사장 내에서 방문자와 직접 접하면서 주로 안내나 유도, 설명, 프레젠테이션, 데몬스트레이션 등을 진행하고, 방문객에 대한 어텐드(attend : 안내와 접대)를 담당하는 운영요원을 총칭하고 있다

어텐던트는 전시회뿐만 아니라 다양한 이벤트 현장에서 활약하는 행사 도우미를 비롯한 여성 컴패니언(companion), 내레이터 컴패니언(narrator companion), 기타 안내요원 등 여러 형태의 진행요원으로 구분되고 있다.

어텐던트하면 화려하게 디자인 된 유니폼과 의상(costume)을 입은 여성 컴패니언만을 연상하기 쉬운데 그렇지 않다. 혼잡한 행사 장소에서의 방문객 정리 및 안내, 대기 행렬의 안전 유도, 그리고 여러 가지 행사장 서비스 업무에 종사하는 운영 스태프도 일종의 어텐던트의 범주에 포함된다고 볼 수 있다. 뿐만 아니라 영역을 확대하면 전시회의 출전부스에서 활동하는 상담 및 데몬스트레이션 및 내레이터 담당자나 출품 상품에 대한 비즈니스에 종사하는 영업 담당자, 연출 기술자 등도 어텐던트의 한 형태로 간주 할 수 있다.

극단적으로 말해서, 안내자나 운영요원이 전혀 없이 방문자를 맞이하는 이벤트가 없는 이상은 이벤트에는 어텐던트 업무가 불가결하지만 문제는 각각의 이벤트마다 어떠한 서비스나 직무를 준비해야 하고 이에 맞는 어텐던트 교육을 어떻게 해야 하는가는 서로 다르기

---

7) 『이벤트 플래닝 핸드북』, pp200~204 참고

때문에 '그 이벤트에 필요한 어텐던트 업무는 무엇인가'를 충분한 시간을 갖고 사전에 검토하는 것에서부터 이벤트의 운영과 관리는 출발한다.

어텐던트 업무의 개념에 포함되는 직무에는 일반적으로 '안내 및 설명', '접대', '운영 서비스', '운영 보조', '안전 관리', '비상시 대응' 등이 있으며, 이 밖에도 이벤트의 성격에 따라서는 특정의 직무가 포함되기도 한다.

어텐던트 업무가 효율적으로 운영, 관리되기 위해서는 계획 단계에서부터 이벤트의 특징별로 필요한 직무를 선택하여 그 우선순위를 정한 후, 배치할 요원의 업무 분장과 역할을 결정한다.

즉 '특정 이벤트에 있어 합리적인 어텐던트 기능과 그 역할은 무엇인가'를 생각하고, 또한 '어텐던트의 기능과 역할'을 전제로 하여 '업무 구분과 소요 요원 수', '해당 어텐던트에게 요구되는 자질과 고용형태', '업무 집행조직과 관리 체제' 등 어텐던트 업무에 대한 기본적인 개념과 업무 수행상의 기본수칙을 명확하게 설정해 나간다.

한편, 능력과 자질을 갖춘 인적 자원을 어떻게 확보할지, 직무를 수행하는 데 요구되는 정보를 어떻게 교육하고 습득시킬 것인지 등 어텐던트의 고용이나 직무 교육 방법에 대해서도 충분한 검토가 필요하다.

최근 들어 시장 경쟁이 심화되면서 마케팅전략의 핵심이 기업이나 제품의 이미지 창출에 중심을 두고 있듯이, 전시이벤트에서 성패를 좌우하고 있는 것은 방문객이 전시장에 들어섰을 때 전시 제품이나 현장 안내 스태프들에게서 느끼는 첫인상과 이미지는 무엇보다 중요시되고 있다.

오늘날 전시이벤트에서의 전반적인 시장의 패러다임은 서서히 변화를 맞고 있다. 경쟁력의 원천이 되고 있는 것은 전시 대상물과 같은 하드웨어적인 것이 아니라 오히려 현장 안내요원과 도우미 등의 어텐던트의 전문성과 친절도, 그리고 이들에서 풍겨 나오는 종합적인 이미지와 같은 소프트웨어적인 요소로 중요성이 바뀌고 있으며, 기업의 경쟁적인 우위를 가름하고 있다.

21세기를 맞이하여 디지털문화의 확산과 보편화로 정보와 기술력에 차이를 발견할 수 없는 기업은 과거와 같은 제품 중심의 경쟁체제에서 탈피하여 이미지를 전면으로 내세워 소비자에게 소구하는 경쟁관계로 전환되고 있다.

중요한 광고 전략 중에 기술적 수준이 동일하여 제품으로 경쟁회사와 차별화가 어려울 때는 이미지로 우월성을 나타내는 이미지 중심 소구 방식이 있다. 이것은 인간의 이성적인 것보다는 감성적인 측면을 자극하기 위한 것으로 데이비드 오길비(David Oglivy)에 의해 주장되었다.

광고의 브랜드 이미지 전략의 핵심은 각 기업의 브랜드도 사람처럼 개성을 가지고 있으며, 이러한 개성은 상표나 포장, 광고, 이벤트, 마케팅활동에 의해 복합적으로 형성되는 것으로 보는 데 있다. 이벤트 또한 최근 들어 이미지 창출이 매우 중요한 경쟁 요소의 하나로 인식되기 시작하면서 방문객에게 좋은 기업이나 상품의 이미지를 형성하려는 목적으로 실시되어 많은 기대효과를 창출하고 있다.

특히 전시이벤트는 지역축제나 스포츠이벤트 등의 다른 이벤트보다 이미지 전략이 중시되고 있다. 오늘날 기업은 과거와 같이 단순히 제품을 진열하고 소개하는 것으로 끝나지 않고 숙련되고 전문화된 어텐던트를 이용하여 다양한 정보와 서비스를 방문객에게 제공함으로써 고도의 차별화된 이미지를 내세우기 위해 다양한 노력을 기울이고 있다.

어텐던트는 이벤트 현장에서 직접적으로 방문자와 접하면서 이벤트에 대한 느낌과 이미지를 결정하는 중요한 역할을 담당하게 되며, 또한 어텐던트 개개인은 이벤트나 주최자를 대변하게 되므로 그들의 대응 방법이나 말씨, 자세 하나하나가 이벤트의 전체적인 인상을 크게 좌우하게 된다.

결국 어텐던트는 전시장을 찾은 방문객과 가장 가까운 곳에서 직접적인 영향을 주게 되는 핵심적인 존재이기 때문에 어텐던트에 관한 운영, 관리 계획을 어떻게 세우는가에 따라 이벤트의 성과는 크게 달라진다. 따라서 계획 단계에서 그 이벤트에 필요한 합리적이고 효과적인 어텐던트 업무와 그 수행 방법을 충분히 검토하는 것은 효과적인 이벤트 관리를 위해 매우 중요하다.

가) 업무 분장과 조직 편성

어텐던트는 행사장에서 진행되는 방문자에 대한 안내와 서비스, 기타 운영과 관리에 참여하는 현장 운영 요원이라 할 수 있다.

어텐던트는 이벤트의 종류와 특성에 따라 담당하는 업무에 차이가 발생한다. 전시이벤트에서는 기본적인 업무로 '안내 서비스'(안내, 응대, 설명 등)가 있고, 보다 구체적인 업무로는 '전문적인 내용의 소구 및 전달'(해설과 내레이션, 데몬스트레이션, 프레젠테이션 등), '안전 관리'(주변정리와 유도, 주의와 권고, 의심스런 물건과 수상한 사람을 발견하거나 이를 통보하는 업무 등), '비상시의 대응'(초기 소방 진화, 긴급 피난 유도, 구급 구호 등), '운영 서비스'(미아나 분실물 등에 대한 대응, 신체장애자 등에 대한 서비스 등), '운영 보조'(청소 협력, 보수 관리 협력 등) 등 광범위한 영역에 걸쳐 부가된 업무가 세분화되어 있다.

따라서 어텐던트의 효율적인 운영과 관리를 위해서는 먼저 특정 이벤트에 있어서 필요한 업무내용을 열거하고 그것들의 우선순위를 파악한 후, 해당 업무에 대해 어떻게 임해야 할 것인지를 선별, 분장하고 이에 맞는 조직적인 시스템을 갖추어야 한다.

어텐던트는 이벤트의 특성에 따라 소요 업무를 몇 개의 직무로 분할하거나 통합하기도 하고, 때로는 다양한 직제(職制)를 하나의 체계로서 정리하여 조직 관리를 쉽게 하거나 의사결정단계를 간소화하는 것이 상례이다.

어텐던트 업무의 분장과 조직 편성의 기본적인 사고방식을 정리하면 다음과 같은데 상시적으로 이와 같은 항목을 매뉴얼화하여 운영, 관리가 원활히 진행될 수 있도록 한다.

- 구체적으로는 각각의 직무에 필요한 기능이나 자질을 어떻게 규정할 것인가.
- 특별한 대응이나 조직적인 체계를 필요로 하는 업무는 있는가.
- 업무의 특정을 살린 인력 배치는 합리적으로 진행되고 있는가.
- 협력 가능한 업무와 이로 인한 효율성은 어느 정도인가 등

이벤트의 특징별로 업무 분장과 조직편제의 형태는 다르게 나타난다.

예를 들어 지방 박람회의 경우는 안내나 서비스와 관련된 표준 업무를 담당하는 여성 어텐던트를 중심으로 하여 주로 전시장 외부의 정리, 유도를 담당하는 남성 어텐던트와 행사 진행시의 안전 관리나 관객 정리나 유도를 담당하는 남성 스태프 등으로 직제가 구성되는 사례가 일반적이다.

조직체계의 핵심이 되는 여성 어텐던트는 일반인 중에서 공모를 통해 선발한 경우가 대

부분이고, 동일한 조건으로 일괄 고용한 아마추어를 일정한 교육과 훈련 과정을 거쳐서 다양한 형태의 부서와 직무를 수행할 수 있도록 한다. 이것은 한마디로 「넓게 얇은 조직 형태」라 할 수 있으며, 어텐던트 업무를 효과적으로 수행하도록 하는 조직 시스템으로서 대부분의 이벤트 현장에서 많이 채택되고 있다.

또한 견본시나 교역전, 상품 전시회에서는 전시 무대나 스테이지 위에서 프레젠테이션과 데몬스트레이션만을 담당하는 내레이터 컴패니언, 또는 전문적인 해설과 현장 시연을 통해 전시물을 알기 쉽게 설명하는 기술 담당 컴패니언 등 담당하는 직무의 특성과 형태에 따라 이를 몇 가지로 구분하여 각기 적당한 인력을 충당하는 사례를 자주 발견할 수 있다.

중요한 것은 해당 이벤트가 목표로 하는 효과를 향상시키기 위하여 어떻게 인력을 선발하고 배치하는 것이 합리적인가라는 관점에서 검토하는 일이다. 예를 들어 전시회 부스에서의 방문자를 위한 어텐던트의 직무 내용을 보더라도 위에서 언급한 것과 같이 이벤트의 목적이나 내용에 따라 직무의 내용은 다양하게 나타난다.

동일한 방문객 접객 서비스 업무라도 전문적이고 매력적인 내레이션과 세련되고 안정된 접객 태도, 그리고 복잡한 기기 조작을 수반하는 전문적인 프레젠테이션을 기대한다면 많은 경험과 능력, 현장 경험이 풍부한 어텐던트가 필요하지만 전시장 부근에서 지나가는 방문객에게 단순히 안내책자나 팸플릿을 배부하는 정도라면 아르바이트 학생만으로도 충분할 것이다.

국제 박람회나 국제 견본시와 같이 경우에 따라서는 외국어 능력이 최우선시 되는 어텐던트가 필요한 상황도 있고, 때로는 전문품을 주제로 하는 전시회에서 전문적인 기술 해설이나 질의응답이 요구되는 경우, 자사의 전문가를 배치하게 된다.

이와 같이 어텐던트 업무의 추진방식이나 인력 관리에 대한 접근방법은 전시회의 특성마다 각기 다르기 때문에 해당 이벤트의 조건이나 성격 등을 잘 감안하여 합리적이고 효율적인 업무 체계와 조직 관리를 유지하는 것이 필요하다.

한편 어텐던트 업무의 관리 운영에 있어서 가장 중요한 것은 무엇을 위해서 어떠한 인력을 어떻게 활용해야 할 것인지를 사전에 충분히 검토해야 하는 것이다. 또한 요구되는 능력이나 기술 수준에 따라 인건비에도 커다란 차이가 있다는 점을 염두에 두고 예산 설정에 반영해야 할 것이다.

나) 포스트의 구성과 행사 진행자의 수

여기서 포스트란 「어텐던트의 고유한 직무 배치 포지션」의 뜻으로 어텐던트가 전시장에서 방문객에 대한 서비스 수준을 확보하기 위하여 담당하게 될 직무 내용과 함께 언제 어디에 어떠한 직책을 가지고 있는 어텐던트를 효과적으로 배치해야 할 것인가 등을 통합적으로 계획, 관리하는 업무를 가리키고 있다. 또한 대부분의 경우, 계획과정에서 설정한 포스트의 수와 실제로 충당해야 할 행사 진행자의 인원수는 다르게 나타나므로 이를 감안하여 사전에 예비의 소요 인원수를 산정해 두어야 한다.

필요한 포스트의 수는 행사 중에 항상 일정하다고 말할 수 없다. 때때로 전시회의 전개에 따라 방문자 수에 변동이 있거나 행사 당일의 상황에 의해 프로그램의 전개에 변화가 발생할 때 실제로 배치해야 할 포스트의 수와 구성은 달라진다.

따라서 이벤트 플래너는 행사의 진행 상황과 수반되는 조건의 변화에 항상 주시하며 이에 대한 합리적인 포스트 배치 계획을 제대로 입안해야 한다. 또한 어텐던트 포스트 운영의 효율화와 경제성을 생각하여 한정된 인원을 효과적으로 배치함은 물론, 유연한 로테이션 방식을 채택하는 것도 중요하다.

4. 제1차 홍보계획–홍보계획의 수립 및 준비 단계(런칭 홍보전략)

다음은 홍보계획이다. 홍보계획은 준비단계, 유치단계, 개최(및 실행)단계에 맞춰 3단계로 진행한다. 홍보계획을 입안할 때 많은 사람이 혼동하기 쉬운 것이 있는데 그것은 홍보의 영역과 범위이다. 사실은 여기서 말하는 홍보는 정확한 표현이 아니며 본래는 프로모션과 커뮤니케이션 계획이 정확할 것이다.

일반적으로 홍보(Publicity)는 매체 비용을 지불하지 않고 시간과 지면을 이용하는 것으로 비 인적 매체를 통하여 제품이나 서비스 또는 자기기업의 수요를 촉진시키는 한 방법으로써 상업적 의의가 높은 뉴스, 출판물 또는 라디오, TV 등의 매체에 게재하여 주는 비 인적 수요환기 활동이다. 예를 들면 협찬, 신차발표회, 사업설명회, 이벤트 형식 등이 여기에 속하며, 미디어의 이용료가 직접적으로 지불되지 않으면서 공식적인 스폰서가 없이 기사화된 제반 활동을 말한다. 일반적으로는 홍보는 광고활동이 시작되기 전에 실시하는 것이 바람직하다.

따라서 전시이벤트를 널리 알리고 설득하며 상업적으로 이용하기 위한 수단으로는 협의의 홍보뿐만 아니라 광고, 인적판매, 세일즈 프로모션 등이 함께 통합적으로 동원되어야 하는데 이것이 프로모션 믹스이다.

프로모션활동 가운데 중요한 것은 광고와 세일즈 프로모션이다. 광고(Advertising)는 불특정 다수를 대상으로 해서 광범위하게 소구하는 방법으로 매스미디어의 신뢰도를 활용하여 제품이나 서비스에 대한 폭넓은 인지도를 얻을 수 있다는 것이 장점이다.

광고에 사용되는 것으로는 '4대 매체'로 전파매체와 인쇄 매체가 있는데 전파매체에는 TV, RADIO 가 있고 인쇄매체에는 신문, 잡지 등이 있다. 이런 4대 매체를 통해 광고는 유료로 진행되는데 광고주가 직접 소유하거나 마음대로 통제할 수 없는 매체와 시간을 돈을 주고 이용하게 되는 것이다. 고비용에 비해 효율은 적다는 것과 효과측정이 어렵다는 단점이 있어 'new media' 발견이 요구되고 있다. 또한, 광고는 마케팅 커뮤니케이션의 한 수단으로서 소비자를 제품 쪽으로 끌어당기는 구실(pull marketing)을 한다.

세일즈 프로모션(Sales Promotion)은 비교적 특정(세분화)한 소수를 대상으로 제품 또는 서비스의 구매나 판매를 촉진시키기 위해 단기적인 유인 내지 자극책으로써의 프로모션 수단이다. 4대 매체에 한정되지 않고 SP미디어를 활발하게 개발·이용하고 있으며 판매에 직결된 광고로서 DM이나 잡지광고, 지역이 한정된 옥외광고, 교통광고, 영화광고와 소매점의 점포 내부에서 행하는 POP광고, 텔레마케팅, 쿠폰광고, 프리미엄, 할인가격, 견본제공, 인터넷광고, 각종 이벤트 등이 이에 포함된다.

(1) 홍보 기본방향 설정

홍보와 광고 그리고 선전의 의미는 전혀 다르다. 프로모션과 세일즈 프로모션도 전혀 다른 개념이다. 이벤트 기획서를 작성하기 위한 필수적인 개념을 잘 못 이해하여 제시되는 경우가 자주 발견되는데, 이벤트 플래너는 전략과 전술의 실행에 앞서서 이벤트와 관련된 용어에 대한 정확한 이해와 함께 주어진 홍보예산을 효율적으로 집행하기 위한 노력이 요구된다.

프로모션믹스에서 홍보의 역할은 마케팅활동을 실시하기 전에 퍼블리시티를 전개하여 충분한 인지도를 유도하려는 데 목적이 있다. 여론에 영향을 주기 위한 계획된 노력과 소비자의 입소문을 유도하는 구전광고를 통하여 퍼블리시티는 그 효과를 극대화시킬 수 있다. 이벤트 또한 행사 직전에 적극적인 퍼블리시티를 실시하여 의도한대로 집객력을 확보할 수 있다.[8]

이벤트의 홍보활동의 형태는 매우 다양하다. 기자회견이나 신제품 발표회, 홍보성 이벤트 등을 통하여 이벤트에 대한 고객의 관심과 흥미를 높이고 이미지를 향상시킬 수 있다. 대규모 이벤트의 경우에는 이벤트 개최를 결정한 단계에서 이벤트가 곧 있을 것이라는 점을 언론에 발표하는 것이 필요하다.

홍보 계획은 이벤트의 인지도를 확산시키기 위한 기능으로서 이벤트의 속성을 포함하는 여러 가지 정보를 수요자들에게 적극적으로 알려 그 매력을 증대시킴으로써 보다 많은 관객을 끌어내기 위한 단계이다.

그림 4-2 홍보계획의 사례 - 순천만 갈대축제

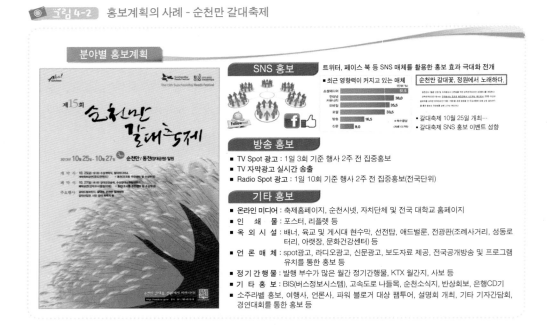

8) 시노자키 료이치(장상인 역), 『홍보, 머리로 뛰어라』, 월간조선사, 2004, p89

최근에는 홍보의 중요성이 날로 증대해짐에 따라 홍보기획이 행사기획 다음으로 이벤트를 성공시키기 위해서는 이벤트 내용이 중요하지만 아무리 좋은 이벤트도 관객이 들어오지 않으면 성공한 이벤트라 할 수 없다. 따라서 대외적으로 이러한 이벤트를 실시할 예정이라는 사전 고지 활동이 필요하다.

(2) 단계별 홍보계획 수립

홍보계획은 단계별로 각각의 특성에 맞춰서 진행하는 것이 보통이며 본서에서는 4단계로 설정하고 진행하고 있다.

일반적인 이벤트, 행사에 있어서 홍보계획을 단계별로 살펴보면 크게 4단계로 구분할 수 있다. 제1단계는 「홍보계획의 수립 · 준비 단계」로서 전반적인 홍보계획의 진행 방법과 매체별 홍보, 광고물 제작 및 계획이 수립되며, 관련 보도 자료가 작성, 배포된다. 제2단계는 「홍보 집행 및 전개 단계」로서 수립된 홍보계획이 실질적으로 집행되고 매체별로 홍보 및 프로모션 활동이 구체적으로 실시된다.

또한 제3단계는 「홍보 확산 및 참여 확대 단계」로서 본격적인 집객을 위한 총력적인 홍보전이 이루어지고 언론매체를 활용한 적극적인 홍보활동과 방문객을 유치하기 위한 직접적인 프로모션 활동이 진행된다. 제4단계는 「마무리 및 사후관리 · 평가 단계」로서 각종 방송, 신문광고의 해당 기사를 기록, 보존하고 이벤트 주최자에게 제시하기 위한 종합 결과 보고서 제출한다.

이벤트는 현장매체라는 매체적 특성뿐만 아니라 쌍방향 커뮤니케이션의 장점 때문에 홍보활동에 자주 이용되고 있다. 그러나 이벤트 현장에서 다양한 체험과 볼거리를 통해 직접적으로 영향을 미치는 매체 특징은 항상 많은 위험성을 내포하고 있다.

이벤트는 축의(祝意)적이거나 호의(好意)적인 목적으로 개최되기도 하고 일상생활의 활기를 제공하고 변화를 유도하기 위해 실시되기 때문에 언론 매체의 퍼블리시티 대상으로 자주 취급되어 오고 있다. 또한 이벤트가 가지고 있는 화제 유발적인 특성은 홍보활동에 적극적으로 이용되기도 한다.

그러나 주의해야 할 것은 긍정적인 것보다는 부정적인 내용이 화제로 다루어지기 쉬운 경향이 많다. 여러 조사에 의하면 긍정적인 것에 비해 부정적인 내용이 사람의 입에서 입으로 옮겨지는 구전효과에 훨씬 강력한 결과를 보이고 있다.

이벤트 현장에서 뜻하지 않는 사고나 예상하지 못한 사건이 발생하여 언론의 집중적인 표적이 되는 사례도 자주 발견할 수 있다. 따라서 홍보 업무는 가능한 선의의 내용을 부각시키고 의외성이 있는 내용을 강조하여 화제를 유발하는 것도 중요하지만 무엇보다 부정적인 내용이 언론기관에 보도되고 소개되는 일이 가급적 억제될 수 있도록 주의를 기울여야 한다.

프레스 룸(press room)이나 이 보다 규모가 큰 프레스 센터(press center)를 설치하여 적극적으로 홍보활동에 대응하는 것도 좋은 방법 중의 하나이다. 언론기관에 효율적으로 대응하기 위한 중요한 대책은 다음과 같다.

최근 들어 다양한 이벤트영역의 기획에서 가장 부각되고 있는 단계 중의 하나는 홍보계획이다. 21세기에 들어오면서 홍보는 각 분야에서 관심의 대상이 되고 있다. 홍보는 광고와는 달리 매체 접촉이 자연스럽고 신뢰감이 높다는 장점 때문에 그 비중이 날로 높아지고 있다. 기업이나 제품도 잘 홍보해야 본래의 목적을 달성할 수 있듯이 전시이벤트에 있어서도 잘 홍보함으로써 얻을 수 있는 기대효과는 매우 높다.

한편 이벤트를 효과적으로 홍보하게 되면 집객력의 원동력이 될 수 있다. 대부분의 지역축제나 문화이벤트가 군민 행사나 동네잔치로 끝나는 이유는 외부로 잘 홍보되지 않기 때문이다. 이벤트는 체험 매체로서의 특성을 가지고 있기 때문에 참가자가 현장을 방문하지 않으면 존재의 의미가 없어진다. 따라서 성공하기 위한 가장 중요한 전제 조건은 효율적인 홍보계획에 있다. 성공했다고 평가되는 이벤트도 내막을 자세히 살펴보면 참가자가 대부분이 그 지역 출신에 한정되어 있어 그다지 실속이 없는 지역행사로 머무는 경우가 많이 있다.

홍보계획이 시너지 효과를 얻기 위해서는 통합적 마케팅 커뮤니케이션(IMC)이 수립되어 하나의 목표와 콘셉트에 의해 일관성 있게 유지, 관리되는 것이 필요하다. 또한 각 매체별 특성을 잘 이해하여 매체의 장점을 충분히 살린 미디어 믹스(media mix) 전략이 함께 실시되어야 한다. 실패한 이벤트 사례를 보면 매체의 특성을 제대로 파악하지 못한 채 여러 매체를 예산 범위 내에서 적당히 섞는 방식을 취하거나 각 매체 운영계획이 따로 수립되어 통합적으로 관리되지 못하는 경우가 많다. 뿐만 아니라 비현실적인 홍보 예산 설정 때문에 어느 정도의 예산이 투입되어야 가장 적합한 홍보계획이 수립될 수 있는지에 관해 제시되지 않고 있다.

(3) 매체별 홍보전략 수립

홍보계획은 사실상 매체계획, 마케팅 커뮤니케이션 계획, 프로모션 계획이란 표현이 더 적합하다. 홍보는 본래 대중 매체를 활용하여 무료로 실시되는 프로모션 믹스 매체의 하나로서 유료로 매체 비용을 지불하게 되는 광고와는 크게 다르다.

일반적으로 이벤트의 홍보매체로 자주 이용되는 현수막, 광고탑, 광고사인 등의 옥외광고, 버스나 지하철에 부착되는 교통광고, 포스터나 안내 카탈로그(catalog) 등과 같은 인쇄광고 제작물을 판촉물이 있다.

그리고 이벤트 현장을 방문한 참가자에게 인센티브(incentive)로 제공되는 쿠폰, 경품 등의 SP매체, 쌍방향으로 직접적 소구가 가능한 인터넷 광고, 이와 함께 블로그나 SNS를 활용한 구전광고, 위젯광고 등, 홍보매체에 활용될 수 있는 매체는 해를 거듭하면서 더욱 다양화되고 복잡화 되고 있다.

매체별 홍보계획은 마케킹 커뮤니케이션, 즉 프로모션 믹스를 중심으로 하는 매체별 특성을 고려하여 계획을 수립하는 것이 중요하다.

먼저 프로모션 믹스 중 첫 번째, 인적판매(Personal Selling)는 한 사람 또는 두 사람 이상의 잠재고객과 직접 대면하면서 대화를 통해 이루어지는 구두(口頭)에 의해 판매를 실현시키고 개인적 접촉에 의해 구매를 유도하기 때문에 가장 강한 판매방법이다. 판매원은 상대방의 욕구와 상황을 면밀히 직접 관찰할 수 있고, 또 즉각적으로 대응조치를 취할 수 있기 때문에 매출액을 증가시킬 수 있다.

또한 쌍방향 커뮤니케이션으로 고객과의 깊은 인간적 관계로서 소비자에 대한 소구효과를 높일 수 있는 장점이 있다. 인적판매는 대화과정에서 잠재적 구매자의 명확한 반응을 얻을 수 있으나 접촉할 수 있는 고객수의 제한과 많은 비용이 드는 것이 단점이다.

두 번째로 광고(Advertising)는 불특정 다수를 대상으로 해서 광범위하게 소구하는 방법이다. 특정 광고주가 자신의 아이디어나 제품 또는 서비스를 대가를 지불하면서 비 인적 매체를 통해 전달하고 촉진시키는 수단이다. 대다수 사람들에게는 매스미디어에 자체적인 신뢰도가 형성되어있기 때문에 제품이나 서비스에 대한 폭넓은 인지도를 얻을 수 있다는 것이 장점이다.

광고에 사용되는 것으로는 '4대 매체'로 전파매체와 인쇄 매체가 있는데 전파매체에는 TV, RADIO가 있고 인쇄매체에는 신문, 잡지 등이 있다. 이런 4대 매체를 통해 광고는 유료로 진행되는데 광고주가 직접 소유하거나 마음대로 통제할 수 없는 매체와 시간을 돈을 주고 이용하게 되는 것이다. 고비용에 비해 효율은 적다는 것과 효과측정이 어렵다는 단점이 있어 'new media' 발견이 요구되고 있다. 또한, 광고는 마케팅 커뮤니케이션의 한 수단으로서 소비자를 제품 쪽으로 끌어당기는 구실(pull marketing)을 한다.

세 번째로 판매촉진(Sales Promotion)은 비교적 특정(세분화)한 소수를 대상으로 제품 또는 서비스의 구매나 판매를 촉진시키기 위해 단기적인 유인 내지 자극책으로써의 수단이며, 인적판매, 광고, 퍼블리시티를 제외한 프로모션 활동을 가리킨다.

세일즈 프로모션은 4대 매체에 한정되지 않고 SP미디어를 활발하게 개발·이용하고 있으며 판매에 직결된 광고로서 DM이나 잡지광고 지역이 한정된 옥외광고, 교통광고, 영화광고와 소매점의 점포 내부에서 행하는 POP광고, 텔레마케팅, 쿠폰광고, 프리미엄, 할인가격, 견본제공, 이벤트, 전시회, 박람회 등이 이에 포함된다.

모든 영역의 SP활동이 최근 들어 각광받기 시작하고 있다. 비교적 소수의 매체인 미니미디어 즉, SP 매체에 의해서 판매촉진이 다양하게 이루어지는 한편, 세일즈 프로모션은 협의적 마케팅 커뮤니케이션[9]의 한 수단으로서 나름대로의 전략적 가치를 발휘하여 광고와는 달리 제품을 소비자 쪽으로 밀어주는 구실(push marketing)을 한다. SP활동에서 고려해야 할 점이 있다면 수요의 자극으로 충동구매를 유발시킨다는 것과 또 다른 SP 매체와의 조화나 매스미디어와의 통합이 요구된다는 것이다. 이것을 토털 마케팅(Total marketing) 또는 통합적 마케팅(Integrated marketing), 인터랙티브 마케팅(Interactive marketing)이라고 한다.

SP는 기존고객에 대한 데이터베이스(database) 관리기능으로 세분화된 고객을 대상으로 정확히 소구 할 수 있으며 광고와는 달리 비용이 저렴하다는 점과 효과 측정이 가능하다는 장점들이 있다. 성숙화된 소비시장에 신규고객을 확립한다는 것은 비용도 많이 들고 또한 매우 어렵다는 점으로 볼 때 SP는 1/5비용으로 많은 기대 효과를 얻을 수 있기 때문이다. 이것을 관계 마케팅(Relationship marketing) 또는 데이터베이스 마케팅(database marketing)이라고 한다.

---

9) 일반적으로 마케팅 커뮤니케이션은 협의와 광의의 두 가지 측면으로 구분된다. 협의의 마케팅 커뮤니케이션은 프로모션 믹스, 다시 말해 인적 판매, 광고, 세일즈 프로모션, 퍼블리시티를 종합적으로 지칭하고, 광의의 마케팅 커뮤니케이션이란 기업의 내·외부에서 이윤 추구라는 기업 최대의 목표를 달성하는데 동원되는 모든 촉진활동을 가리킨다.

SP는 직접 마케팅(direct marketing)의 특성을 가지고 있으며 그런 SP특성을 종합하면 직접적(direct), 개인적(personal), 쌍방향적(two-way)으로 표현할 수 있다.

따라서 뉴미디어(new media)와 멀티미디어(multi media)사회의 다양화, 개성화된 소비자의 욕구에 부합될 수 있다는 것과 소비자의 다채로운 매체접촉에 대한 요구를 충족시켜 줄 수 있다는 점에서 SP가 각광받는 이유를 발견해 낼 수 있는 것이다.

마지막으로 홍보(Publicity)는 매체 비용을 지불하지 않고 시간과 지면을 이용하는 것으로 일반적으로는 광고활동이 시작되기 전에 실시하는 것이 바람직하다.

퍼블리시티는 비 인적 매체를 통하여 제품이나 서비스 또는 자기기업의 수요를 촉진시키는 한 방법으로써 상업적 의의가 높은 뉴스, 출판물 또는 라디오, TV 등의 매체에 게재하여 주는 비 인적 수요환기 활동이다. 예를 들면 협찬, 신차발표회, 사업설명회, 이벤트 형식 등이 여기에 속하며, 미디어의 이용료가 직접적으로 지불되지 않으면서 공식적인 스폰서가 없이 기사화된 광고를 말한다.

이는 편집자가 전달하는 방식으로써 객관성을 유지할 수는 있지만 메시지의 양 조절과 게재횟수의 제한, 표현 방법의 어려움 등이 있다.

즉, 뉴스 릴리스(News Release)를 통하여 매스미디어로 하여금 자기회사의 상품이나 서비스에 대한 뉴스와 해설을 기사화시키는 활동을 말한다.

프로모션 믹스 전략인 인적판매, 광고, 판매촉진, 퍼블리시티는 마케팅 커뮤니케이션의 한 형태로 광고와 퍼블리시티는 모두 다 매스미디어를 이용하는 비대인적인 매스 커뮤니케이션인데 반하여 인적판매나 촉진활동은 대인 커뮤니케이션이라 할 수 있다.

이 밖에 이벤트의 매체로 자주 활용되는 지역 매체나 옥외 매체, 그리고 인터넷 매체 등 세부적인 사항은 앞에서 서술한 내용을 참고하여 면밀히 진행해 나간다.

(4) (1차)사전 설명회 개최

사전 설명회는 효율성을 극대화시키기 위해 크게 2단계로 실시된다. 준비 단계에서 참가업체 유치를 위해 1차 설명회를 실시하고, 2차 설명회는 행사 개최 직전 일반 방문객의 참가와 언론기관을 비롯한 사회적 관심을 촉진, 유도하기 위해 실시한다. 사전 설명회는 일반적으로 활보활동의 일환으로 실시되는데, 전시회를 개최하게 된 목적과 테마, 콘셉트 등을 중심으로 하여 전시회의 전반적인 스케줄과 진행 계획을 널리 인지시키거나 고지하기 위해 마련한 행사이다.

사전 설명회의 참가 대상으로는 언론 기관을 중심으로 관련 기관이나 단체 등에 대해 데이터베이스를 활용하여 초청하게 된다. 설명회는 기본적으로 홍보활동을 지원하고 촉진하기 위해 실시되지만, 현장에서 참석한 사람들로부터 질문을 받을 수 있고 반응과 호응을 감지하면서 유연하고 융통성 있는 대응이 가능하다는 장점이 있다.

또한 사전에 많은 자료 및 사진, 안내문 등의 홍보 자료를 준비하여 취재나 기사화에 적극 협조할 수 있을 뿐만 아니라 다과회나 리셉션 방식을 통해 해당 주최자에 대한 이해와 호감도를 향상시킬 수도 있다.

사전 설명회를 위한 준비 및 고려 사항으로는 다음을 참고할 필요가 있다.

첫째, 설명회 자료는 사전에 정확한 참가 인원을 파악하여 준비하고 여유(참가 예상인원의 10~20% 정도)를 두고 참고 자료 및 안내문을 준비하는 것이 좋다.

둘째, 설명회에 배포하는 자료에는 안내문과 사진, 홍보 인쇄물 등이 있고 참가자의 네임카드나 명판을 미리 제작하여 현장에서 배포하고 참석 여부를 확인한다.

셋째, 설명회는 홍보활동을 강력히 지원하는 수단이 될 뿐만 아니라 참가업체의 출품을 유도, 권유할 수 있는 기회의 장소이다. 호의적인 감정과 우호적인 분위기 연출을 위해 다과회나 리셉션을 함께 병행하는 것이 효과적일 수 있다. 소규모 전시 행사에는 간단한 다과나 음료 등을 준비하는 수준에서 실시한다.

넷째, 설명회는 목적을 달성하기 위해 참가자들을 설득할 수 있는 프레젠테이션 수단이 동원된다. 프레젠테이션에는 참가자들이 지루하지 않고 주목을 유도하기 위해 많은 동영상, 사진, 도표 등의 시각적인 요소가 투입되며, 때로는 휴식 시간을 이용하여 이벤트나 프로그램 등이 실시되기도 한다.

5. 집객력(관객동원) 계획

이벤트는 현장에서의 감동을 생명으로 하는 매체이다. 이벤트는 방문객이 현장을 직접 찾아 다양한 체험과 경험을 맛봄으로써 비로소 그 가치가 발휘되는 특징을 갖고 있다. 이벤트를 '동원의 마술'로 표현하듯이 사전에 충분한 동원계획이 수립되지 못해 이벤트 개막식

당일에 예기치 않게 관객이 당초의 목표치에 미치지 못하는 일은 결코 있어서는 안 된다.

이벤트 현장을 직접 방문하지 않는 사람에게 행사의 취지와 목적을 제대로 설명할 수 없을 것이며, 저조한 집객상황에서는 결코 대회의 성공을 언급하지 못하게 된다. 따라서 이벤트의 성공, 그리고 효과를 측정하는 척도의 하나로 집객력이 중요시 되는데 이러한 방문객 동원을 극대화하기 위하여 모든 방법이 동원되고 있다.

(1) 집객력의 프로모션 계획

많은 방문객을 동원하고 집객력을 향상시키기 위해서는 충분한 기간 동안 홍보활동을 전개하는 것은 물론이고, 이벤트에 참가할 수 있는 매력과 가치를 목표 대상자에게 제공해야 한다. 방문 동기를 명확히 하고 그 만한 가치를 제공하기 위해 활용될 수 있는 것이 강력한 세일즈 프로모션 수단이다.

집객력을 향상시키기 위해 자주 이용되는 세일즈 프로모션 수단으로는 샘플링 방식과 프라이스, 프리미엄 등의 여러 방법이 있다. 샘플링은 전시물에 대한 정보와 이해의 폭을 넓히고, 프라이스와 프리미엄 수단은 강력한 충동과 자극을 전달하여 이벤트에 대한 참가 의욕을 강화시킬 수 있다.

또한 전시이벤트의 하이라이트라 할 수 있는 개막식 이후 적극적이고 지속적으로 프로모션활동의 여러 가지 기법을 동원하여 홍보활동을 실행함은 물론이고 방문객의 흥미와 관심을 유도하여, 구전광고 효과 및 프로모션 효과를 높이는 것도 중요하다. 프로모션활동에는 잘 알려진 바와 같이 다양한 방법이 있지만 방문객의 성향과 대회의 특징을 고려하여 경품, 기프트, 퀴즈, 콘테스트, 기타 프리미엄 방법을 적절히 동원한다.

(2) 집객력(관객동원) 계획 수립

집객력이나 관객동원을 위한 계획 업무는 크게 개최 전과 개최 후로 구분된다. 먼저 개최 전 단계에서부터 해당 이벤트의 성공을 가름할 수 있는 철저한 관객동원 예측 계획을 수립한다. 동원 대상 지역 및 목표 방문객을 정한 후 행사에 대한 고지 및 예매활동, 초대권의 배포계획 등 홍보 캠페인 계획을 수립한다.

특히 개최 전 관객동원 계획에는 홍보활동과 잘 연계하여 시너지 효과를 얻는 것이 필요한데 다양하고 차별화된 경품과 프리미엄 대상물을 전면에 부각시켜 방문 의욕을 고취시키고 대회의 개최를 함께 고지시킨다.

또한 방문객의 관심을 자극, 촉진시키기 위해 어떠한 세일즈프로모션 매체가 효율적인지 검토한다. 물론 이 시기에 최소의 경비로 최대의 효과를 얻을 수 있는 합리적인 예산계획도 함께 병행되어야 한다.

만약 개최 후 본래 예상한 바와 같은 수준으로 방문객이 증가하지 않는 경우는 관객동원 계획의 비상사태로 간주하고 이에 긴급히 대응할 수 있는 방법을 강구해야 한다. 먼저 이벤트 매니저를 중심으로 각 부문의 책임자나 팀장들이 한곳에 모여 지혜와 아이디어를 모으고 종합적인 대책 회의를 해야 한다.

개최 중에는 전시 현장에서 직접 제공할 수 있는 프로모션 수단을 동원하는 것이 중요하다. 경품과 프리미엄 등과 같은 SP 수단은 해당 제품을 현장에 직접 전시하여 충동적인 심리 효과가 극대화될 수 있도록 하고 구전효과로 연결될 수 있도록 다양한 방법을 강구한다.

또한 정식적인 홍보예산 외에도 비상사태에 대한 별도의 예산을 책정하여 집객력에 차질이 없도록 사전에 예산계획과 홍보계획과의 원활한 연계를 염두에 두어야 한다.

그림 4-3 동선계획(대한민국 뷰티박람회)

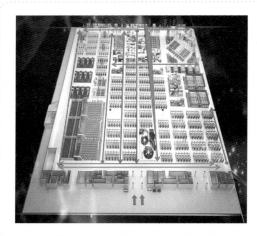

접근동선 Approach

- 행사장 메인동선은 킨텍스 IC로 진입하여 전시장으로 들어오는 동선으로 구성
- 킨텍스 IC, 아산포 IC를 통해 진입 가능
- IC주변 보조동선을 활용하여 동선안내 유도

관람객동선 Experiential footway

- 킨텍스 2전시장 메인입구에서 에스컬레이터 이동
- 1층 출입구를 통해 전시홀 입장
- 구역지정을 통해 동선 유도
- 효율적 컨텐츠구성으로 최단거리 동선 활용

운영자동선 Service line

- 종합상황실을 중심축으로 메인 동선 구축
- 각 존별 원활한 운영을 위한 이동 동선 구축

표 4-9 집객력(관객동원) 계획 업무[10]

	업무내용	체크 리스트
일반 동원	• 총괄 동원계획 수립 • 입장권 판매계획 수립 • 입장권, 예매권 고지 포스터 등 제작 • 예매권 판매 루트 확보 • 대중매체 퍼블리시티 • 방문객 유치 계획	• 입장권 수입 비중 검토 • 입장권 판매 위탁처의 검토 • 홍보 부문과의 연계 • 집객력(관객동원) 계획과의 연계
단체 동원	• 총괄 동원계획 수립 • 관련 단체 공공기관, 학교, 각종 단체 등 • 여행사(패키지여행 계획 등) • 버스, 철도(세트승차권, 특별운행 계획 등)	• 집객력을 위한 이벤트 및 설명회 개최 • 시의적절한 정보 안내 및 제공 • 동원 가능한 단체 수의 확
VIP · 주요인사 동원 - 등록방식의 경우	• 총괄 동원계획 수립 • 참가신청서 작성 및 송부 • 마스터 카드 작성 • 참가자 리스트의 작성 • 개최 중의 등록 및 안내 카운터의 관리 · 운영 • 기타 등록에 관한 일체의 업무	• 등록업무 규정 • 철저한 연락체계의 확립 • 마스터 카드의 관리기준이 필요

3 유치 단계

　제3단계인 유치 단계는 전시이벤트의 특징이 잘 반영된 기획 항목이다. 전시이벤트는 다른 영역의 이벤트와는 달리, 주최자와는 별도로 참가업체나 출품업체, 바이어와 같은 구성요소의 역할이 매우 중요하다. 주최자가 모든 것을 기획, 연출하여 방문객의 평가를 받게 되는 일반적인 이벤트나 행사와는 다르게, 전시이벤트는 행사장이나 부스를 임대, 사용하여 이들 참가업체의 제품과 전시품을 독자적인 형태로 전시, 소개하고 소기의 목적을 달성하게 된다.

　따라서 전시이벤트가 성공하기 위해서는 사전에 충분한 시간을 가지고 본격적인 방문객에 대한 참가를 설득하기에 앞서서 참가업체나 출품업체에 대한 유치활동에 최선의 노력

10) 장영렬 외, 『이벤트계획실무』, 커뮤니케이션북스 2002, P203 참고로 수정 작성

을 기울일 필요가 있다. 참가업체가 국내뿐만 아니라 해외까지 포함되는 대규모 박람회나 전시회의 경우는 개최 1년 전부터 유치활동을 시작하며, 국내의 소규모 전시회의 경우라도 몇 개월 전부터 유치계획에 의해 활동을 전개하여야 한다.

한편 유치 단계는 크게 3항목으로 구성되며 행사장 배치 계획, 동선계획, 제2차 홍보계획-홍보 집행 및 전개 단계 등이 여기에 포함된다.

1. 행사장 배치 계획

행사장 배치와 설계에 있어서 기본적인 개념은 사람과 물건, 정보의 흐름이 서로 조화를 이루며 원활하게 진행되도록 하는 것이며, 그것은 나아가 이벤트의 매력도를 높일 수 있는 환경을 창출하는 일과 관련이 깊다.

이벤트 프로그램 구성과 연출기획이 끝나면 이벤트 행사장에 대한 레이아웃을 효율적으로 진행해 나가는 것이 필요하다. 행사장 배치는 이벤트를 구성, 운영하는 데 필요한 기능을 검토하여 그것들을 하나의 시스템으로 구성하는 것이 중요하다.

이를 위해 세 가지 관점에서의 조화가 중요한데, 먼저 '사람의 흐름'과 '물건(장비, 시설)의 흐름', '정보의 흐름'을 각각 검토하여 요구되는 기능과 그 전개 방법을 정리하는 일은 행사장 배치 계획의 중요한 관건이 된다.

또한 행사장의 위치에 따라, 이에 맞는 규모와 형태를 고려하여 효율적인 방법으로 배치할 것인가를 검토해야 한다. 무대의 설치나 음향, 조명의 장비설치, 관람석의 위치와 크기 등의 검토와 더불어 사용되는 시설에 대한 종합적인 설계가 필요하다.

한편 이벤트 행사장을 구성, 배치할 때 필요한 기본적인 검토 사항을 정리하면 다음과 같다.

(1) 행사장 배치의 기본 개념

① 이벤트의 콘셉트 및 특성을 고려한 행사장 배치 방법을 찾아라.

행사장 배치를 생각할 때는 일반적, 물리적으로 필요한 기능에만 몰두하지 말아야 한다. 해당 이벤트의 콘셉트 및 특성을 제대로 표현하기 위해서는 이벤트 행사장이 어떠한 기능을 수행해야 하며, 또한 방문객의 만족을 위해 어떤 시설이 있어야 하는가를 중점적으로 생각해야만 한다.

기존의 형식과 전례를 답습하는 안이한 생각으로는 독특한 이벤트 행사장을 연출하고 표현할 수 없다. 이벤트의 콘셉트 및 특성을 고려한 행사장의 연출 방법을 찾아서 행사장의 구조와 레이아웃을 결정하는 생각과 개념이 근간이 되어야 하며, 경제력과 차별화된 행사장 배치는 이러한 관점에서의 제안이 바람직하다.

② 관념에 머물지 말고 현장 상황을 고려하여 계획을 진행하라.

행사장 배치 및 연출방법을 모색할 때 아무리 콘셉트가 중요하다고 해도 현실과 동떨어진 아이디어만을 고집하거나, 외관과 시각적인 요소에 너무 치우쳐서는 안 된다. 행사 담당자나 이벤트 기획자는 현장의 주변 환경과 여건을 충분히 고려하여 연출 장비와 시설이 어떻게 운영될 것인가, 또 어떠한 제약적인 요소가 새롭게 등장할 것인가 등을 상시적으로 예측하면서 계획해 나갈 필요가 있다.

③ 호의적인 태도와 이미지를 창출하라.

모든 계획이 그렇듯이 행사의 성공을 위해서는 장기적인 관점에서 올바른 평가가 필요하다. 실행 후의 피드백 과정은 매우 중요한 요소로 행사장 내부에서의 방문객 의 반응과 만족도를 평가하고 분석하여 이를 반영시키려는 노력이 중요하다.

대화 종료 후의 문제점과 개선 방안은 동시에 이루어져야하며 직접적인 효과 외에도 여러 파급효과를 측정하여 본래의 목표 설정이 올바르게 되었는지 평가하는 자세는 이벤트 기획자에게 요구되는 필수 덕목이기도 하다. 행사장의 효율적인 배치와 차별화된 연출 방법을 통하여 좋은 이미지를 형성시키고 방문객의 호의적인 태도를 유도하여 해당 브랜드와 참가기업에 대한 호감도를 향상시켜 나가는 자세는 행사장 배치 계획의 기본 개념이라 할 수 있다.

(2) 행사장 배치의 유의점

행사장 배치에 있어서 주의해야할 것은 공간 구성과 설비, 안전 등의 크게 3가지 측면에서 검토될 수 있다.

① 공간 구성 및 연출 측면

적절한 행사장 배치와 계획적인 설계를 통한 차별화된 공간 구성은 이벤트의 콘셉트 및 특성을 외부로 표현하고 매력적인 환경을 만들어 낼 수 있다. 구체적인 공간 구성 방법은 각각의 이벤트 특성과 조건에 따라 다르기 때문에 해당 이벤트의 특성을 객관적으로 분석한 후 이에 맞게 구성해야 한다.

② 시설 및 설비 측면

행사장 배치 시에는 시각적인 표현과 외형적인 공간연출에 너무 치우치지 말고, 행사장 공급처리 시설이나 정보 통신 시설, 기타 설비 시설 등의 전체적인 효율성을 충분히 고려하여 검토하는 것이 중요하다. 전기 및 배수, 통신 등의 설비 면에서 여러 조건을 고려하지 않고 비효율적인 배치를 하게 되면 행사 진행 중에 예기치 못한 사고가 발생할 수 있고, 공사비의 낭비를 초래하게 된다.

특히 설비 측면의 공급처리 시설 및 정보 통신 시설 계획에 있어서는 필요한 설비가 아무런 문제없이 공급될 수 있는지, 주요 시설이 각각 제 기능을 발휘할 수 있도록 배치가 효율적이고 합리성을 가지고 있는지에 대한 사전 조사와 계획이 전체 공급 처리 시설 계획의 기본이다.

본 시설 계획 단계에서 가장 먼저 해야 할 것은 계획의 기초가 되는 공급 규모를 산정하는 일이다. 각 설치 시설의 수요를 예측하고 이에 맞게 전체 행사에 소요되는 공급량을 추정하는 일이 중요하다.

기존 시설을 이용하는 경우는 해당 시설의 공급 능력(capacity)의 범위 내에서 수요를 충당하는 것이 가능한가를 판단하고, 만약 부족하게 되면 어느 정도인가를 파악하여 이를 충당하는 것이 계획의 중심이 된다. 만약 박람회와 같이 모든 것이 임시적인 시설에 의해 운영되어 가설 공급체계에 의해 행사장이 진행되는 경우는 이를 감안하여 소요 용량을 상정해야 한다.

또한 옥외에서 진행되는 야외 행사나 이벤트의 경우는 공급 계획에 있어서 몇 가지 주의해야할 사항이 있다. 필요한 용수는 어디에서 끌어들여 어떠한 루트로 공급 할 것인가를 비롯하여 전기는 어디에서 끌어들여 행사장에 분배할 것인가 등과 같은 실내 행사와는 다른 측면에서의 검토가 필요하다.

결국 공급처리 시설 및 정보 통신 시설 계획은 계획단계에서부터 공급 설비 면에서의 효율성과 합리성을 항상 생각하면서 다양한 체크 포인트를 검토하는 것이 중요하다.[11]

③ 안전 측면

불특정 다수의 사람들이 방문하게 되는 이벤트 행사장은 안전성 확보가 무엇보다 중요한 과제이다. 축의적인 목적을 가지고 개최하는 이벤트가 사전에 충분한 안전 대책의 미비로 인하여 불의의 사고가 일어나면 한순간에 나쁜 이미지가 형성됨은 물론이고 대회는 실패로 돌아가게 된다.

특히 재해가 발생한 경우에는 방문객의 대피에 지장은 없는가, 또 대피를 위한 동선은 충분히 확보되고 있는가, 소방차 및 구급차 등의 긴급차량이 전시장 내부에 지장 없이 진입할 수 있는가 등의 비상시에 대비한 사전 교육의 실시 및 대응 훈련의 숙달이 최우선 과제이다.

또한 행사장 내의 소방, 방재 설비를 어떻게 할 것인가 등의 행사장 전체를 통괄하는 기술적인 기준 및 방침을 사전에 준비해야 하고 행사 관련 스태프 모두가 숙지 할 수 있도록 매뉴얼을 작성해 두어야 한다.

(3) 부스 배정

일반적으로 부스를 배정하는 방법에는 부스 (Booth) 수를 기준하는 것과 실(室) 또는 면적 기준으로 하는 방법이 있다.[12]

① 부스(Booth) 수 기준방법

이 방법은 가장 효율적이고 신뢰성이 높으며 또한 가장 많이 사용되고 있는 방법이다. 이것은 전시회를 개최할 수 있는 최소한의 부스 수(보통 100부스를 기준으로 한다)를 기준으로 정해 놓고 전시이벤트를 기획하여 종료할 때까지 소요 예상되는 예상 총지출 금액(직접지출 경비+간접지출 경비)을 산출한다. 예상 총지출 금액은 직접지출 경비와 간접

---

11) 히라노 아키오미, 「이벤트 플래닝 핸드북」, 한올아케데미, 2002, 참고
12) 문영수, 『전시학개론』, 한국국제전시회, 2003, pp151~153

지출 경비를 합한 금액이 된다.

그러나 중요한 것은 산출한 예상 총지출 금액에다 기준 부스수를 나누어 나온 1개 부스의 원가가격에 20-30%의 수익을 더해서 출품료로 결정하는 것이다. 왜냐하면 원가가격을 그대로 산정하여 출품료로 결정한다면 제로(0)가 되어 수익성을 창출할 수 없기 때문이다. 이 경우는 주로 정부나 정부 관련기관이나 공공기관, 비영리단체 등에서 사용하고 있다. 영리기업이나 그 밖의 모든 전시회 주최자는 원가격에다 20-30%의 회사 수익을 붙여 출품료를 산정하는 것이 일반적이다.

② 실(室) 또는 면적 기준 방법

두 번째로 생각할 수 있는 방법은 실(室) 또는 면적을 기준으로 결정하는 방법이다. 이것은 우리나라의 코엑스(COEX)와 같이 전시장을 임대할 경우에 주로 사용되는 방법으로 최소한 1개실 이상을 단위로 하여 임대를 하거나 외국의 사례와 같이 전시장의 규모가 너무 커서 몇 개로 분할하여 임대하는 경우에 이용되는 방법이다. 그러나 결국은 임차한 면적에 부스를 만들어서 부스 기준 방법과 같이 계산하여 결정하게 된다.

(4) 부스 배정 시 고려사항

전시 기획자는 부스를 배정할 때 외관상의 미(美)적인 부분과 이를 효율적으로 뒷받침하게 될 시설과 기술적인 부분이 서로 조화를 이룰 수 있도록 세심한 부분까지 노력과 관심을 기울여야 한다.

왜냐하면 주최측의 입장에서 보면, 가능한 최소의 경비나 노력으로 가능한 효율성이 발휘되어야 함은 물론이고 참가업체와 방문객들에게 최대의 만족을 제공하여 개최 목적이 효과적으로 달성되어야 하기 때문이다.

다음은 부스 배정 시 고려해야 할 사항이 정리되어 있다. 이는 부스의 효율성과 성공적인 운영, 관리를 위해 잘 활용할 필요가 있다.

① 정기적인 전시회나 상설 전시관은 매년 전시 콘셉트와 전시 형태, 동선에 변화를 주어야 한다.

전시회는 새로운 시장상황과 방문객의 의식변화에 따라 이를 적극적으로 반영시켜 매년 전시 콘셉트와 전시 형태, 동선에 변화를 주어야 한다. 이러한 개념은 최근 상설 전시관이나 기업 홍보관에도 적용되어 방문객들의 재방문율을 높일 수 있는 방안의 하나로 활용되고 있다.

자주 전시관을 찾는 사람을 비롯하여 매년 전시회에 출품하는 업체나 방문객들에게 항상 새로운 변화와 신선한 느낌을 전달하기 위해서는 차별화된 아이디어에 의해 전시장의 내부 형태나 모양을 바꾸고 동선에 변화를 주어 부스를 연출하는 것도 성공적인 전시장의 운영과 관리를 위해 매우 중요하다.

② 독립 부스와 기본 부스의 적절한 조화와 균형 있는 배정이 필요하다.

규모가 큰 전시회의 경우에 있어서 독립 부스를 맨 앞쪽 출입구 쪽이나 전망이 좋은 곳으로 집중시켜 배치하는 경우가 많다. 이것은 방문객들의 시선을 너무 한 곳으로 편중시키는 부작용이 발생할 수 있으므로 독립 부스를 기본 부스 사이에 배치하여 방문객들의 시선을 골고루 분산시켜서 전체 부스의 조화와 균형을 유지할 수 있도록 한다. 또한 기본 부스를 한쪽으로만 집중시켜 배정하는 것도 너무 복잡한 느낌을 줄 수 있고 상담이나 관람을 저해할 수 있기 때문에 독립 부스와 기본 부스는 배정 시 적절한 조화가 필요하다.

③ 중량품과 부피가 큰 전시품의 업체는 출입구에서 가장 가까운 곳에 배정시킨다.

중량품이나 부피가 큰 전시품은 일반적으로 전시품의 출입과 반출을 용이하게 하고 작업 진행을 원활하게 하기 위해 출입구에 가장 가까운 쪽에 배정한다. 이러한 전시품을 이동시키는 데는 시간이 많이 소요될 뿐만 아니라 작업을 진행할 때 다른 참가업체에 지장을 초래할 수 있기 때문에 반드시 고려해야할 요소이다.

따라서 중량품과 부피가 큰 전시품의 업체는 가장 먼저 반입하고 가장 늦게 반출해야 하는데 대부분의 경우 전시물 출입구가 뒤편에 위치하고 있으므로 출입구에서 충분한 공간을 확보하여 다른 경량품이나 부피가 작은 전시품들을 이동하는데 지장이 없도록 배정하고 있다.

④ 독립 부스 중에서 규모가 큰 업체나 패키지 부스 사용업체라도 규모와 출품물이 많은 업체를 출입구 근처로 배정한다.

중량품이나 부피가 큰 전시물품과 마찬가지로 작업의 원활한 진행과 다른 참가업체에게 이동상의 지장을 주지 않기 위해 출입구가 가까운 곳에 배정한다.

⑤ 국내업체와 해외업체를 구분하여 배정한다.

국내업체와 해외업체로 가능한 구분하여 국내관과 해외관으로 나누고 또한 구분 된 영역을 시각적으로 차별화하기 위해 바닥 카펫(carpet)이나 파이텍스(바닥재:Needle Punched Carpet) 등을 달리하여 양쪽으로 배정하는 것이 좋다. 이러한 구분은 방문객들에게 새로운 감각과 이미지를 줄 수 있을 뿐만 아니라 동선을 단순화시키고 접근성을 용이하게 할 수 있다.

⑥ 전시 목적에 따라 업종별, 품목별로 구분하여 배정한다.

전시 목적에 따라 구역을 품목별 또는 업종별로 나누어 부스를 배정하는 것이 좋다. 이것은 시각적인 차별화를 돕고 부스 위치를 명확히 하여 관람 시 바이어나 방문객들의 시간을 절약시켜 줄 수 있다.

⑦ 부스 배정에는 공간 연출과 효율성도 중요하지만 사람도 중요한 요소가 될 수 있다.

즉 전시품의 장점과 특징을 현장에서 설명하고 시연하는 프레젠터를 잘 활용함으로써 방문객을 강력하게 설득할 수 있다.

방문객이 많이 몰려드는 부스는 반드시 유능한 프레젠테이션 담당자가 역할을 잘 수행하고 있기 때문인데, 전문적인 내레이터 도우미에 의존하는 것도 중요하지만 사내에서 유능한 사람을 선발하여 활용하는 것도 좋은 방법이다.

⑧ 부스의 위치결정은 해당 기업의 참가 목적을 명확히 하고 결정하라.

부스의 위치결정에 중요한 포인트는 입구와 접수대의 위치, 주요 동선의 위치와 방문객의 흐름, 주변 부스의 크기 등이 있는데 어느 위치에 참가하는 것이 효과적인가는 참가 목적이 무엇인가에 의해 결정할 수 있다.

⑨ 부스의 입구는 참가 기업의 얼굴이다.

부스에서 주목율과 집객력이 가장 높은 곳은 입구이다. 따라서 입구에는 가장 주목받는 전시물이나 해당 기업의 대표적인 주력 상품을 전시하는 것이 상례이다. 또한 부스의 전체적인 방향설정에 있어서도 사람의 통행이 가장 잦을 것으로 예상되는 방향으로 입구를 설정하는 것이 바람직하다.

⑩ 부스의 내부는 가능한 개방적이고 심플하게 구성하라.

방문객이 전시장에 머무는 시간은 평균적으로 1시간 30분 정도이고 주로 방문하는 부스는 5~6개 정도이다. 또한 아무리 인기가 있는 부스라도 하나의 부스에서 소비하는 시간은 10분 이내이다. 따라서 많은 전시품을 소개하려 하기 보다는 강조하거나 소개하고 싶은 것을 중심으로 여백의 미를 살리는 공간 구성이 효과적일 수 있다.[13]

⑪ 입구와 출구가 중요하지만, 그 밖의 통행량이 많은 곳도 활용할 필요가 있다.

일반적으로 입구의 오른쪽은 왼쪽보다는 통행량이 많으며, 전시장의 중앙부분도 전시 참가자들에서는 매우 인기 있고 선호되는 위치이다. 또한 식·음료 판매장소 주위나 카페나 카페테리아 주변도 집객력이 뛰어난 장소이다.

⑫ 부스의 유형에 따라 방문객을 유인하는 전략적 선택은 달라진다.

기본적으로 부스는 개방형, 폐쇄형, 혼합형으로 구분된다. 먼저 개방형은 방문객의 대부분이 목표로 하는 고객이고 가능한 한 많은 통행량을 유인하려 할 때 선택하며, 이에 반해서 폐쇄형은 전시주제가 전문적이거나 제한적일 때 관계자 및 미리 약속을 잡고 등록한 방문객에게만 입장을 허용하는 방식이다. 또한 통합형은 부스 형태가 최대한의 통행량의 유인을 가능하게 하지만, 상품의 세부사항을 경쟁자에게 드러내 놓는 것을 통제하거나 자격을 갖춘 방문객들만 일정한 장소에서 세부적인 시연을 볼 수 있도록 통제하는 방식을 취하게 된다.[14]

13) 문영수, 『전시학개론』, 한국국제전시회, 2003, pp221~223 참고
   스즈키 사토시(한상국 외 역), 『전시성공노트』, 유니온미디어, 2010, 제8장 참고
14) Ruth P. Stevens, 윤선영·김정아 역, 『산업 전시 박람회와 이벤트 마케팅』, 한경사, 2008, pp122~130.

2. 동선계획

(1) 동선계획의 기본개념

동선계획은 프로그램의 구성 후, 전시장의 연출 및 배치가 효과적으로 완료되면 방문객이나 참가자들의 원활한 관람과 행사진행을 계획되는 것이다. 전시장의 운영과 관리의 각 업무는 전문적인 지식과 경험을 필요로 하는 부분이 많다. 동선계획과 관련하여 전시장의 운영전략 중 주요내용은 입·퇴장 관리를 비롯하여 청소 및 사고와 재해에 대비한 경비와 화재대책이 포함된다.

전시장 운영전략의 세부내용은 전시장 내부에 설치된 전시시설에 대한 운영 전략, 전시장 내·외부의 운영관리 전략 그리고 전시장에서의 서비스 전략으로 구분된다. 전시장 각 부문마다의 운영업무는 이벤트 성격에 따라 그리고 조직과 체제의 구성여부에 따라 다르므로 이에 대한 적절하고 효과적인 대응전략이 필요하다.

이 가운데 전시장 내·외부의 운영관리 전략 중, 전시회장의 동선에 대한 운영전략은 가장 방문객에게 밀접한 영향을 주는 것으로 이들에 대한 만족과 대회의 성공 여부를 가름하는 주요한 요인이 되고 있다.[15]

전시장에서의 동선처리는 방문객들에게 쾌적한 환경을 제공하고 안전하고 편안하게 제반 전시물들을 관람할 수 있게 하는 환경을 조성해 주는 역할을 수행한다. 따라서 전시회장을 설계하고 배치 계획을 수립할 때는 전시물 설치와 주변 환경과의 조화와 기능을 고려하여 기본 동선과 세부 동선을 설정한다.

전시회장의 접근에서부터 회장내부 관람과 퇴장에 이르기까지 정체되거나 혼잡하지 않도록 동선의 흐름을 연결하고, 특히 진입로와 특정 지역에 오랜 시간동안 운집해있거나 특정한 시간대의 혼잡을 방지하기 위하여 주 관람 동선과 관리 동선을 구분하여 관리한다.

또한 구체적인 동선계획으로 입·퇴장 동선, 관람 동선, 운영상 필요한 관리 동선, 장애자 동선, 비상 동선 등과 같이 전시장 내부에서 관람객과 장비 및 시설물의 흐름과 이동이 원활하고 안전하게 유지, 관리될 수 있도록 각 상황별로 대응이 가능한 동선 전략을 다양하

---

15) 이미혜, 「전시이벤트 운영전략에 관한 연구」, 문화관광연구 제4권 제4호(통권14호), 2003, pp129~132.

게 수립한다. 경우에 따라서는 방문객들의 흐름을 일방 통행화하거나 일정한 사람 수를 정하여 일정 간격을 두고 입·퇴장시키거나 이동시키는 등의 동선 전략도 필요로 한다.

(2) 유형별 동선계획의 수립

차별화된 콘셉트와 목표에 맞춰 전시이벤트를 관람하고 참여하기 위해 방문하는 모든 사람들을 비롯한 장비와 시설물 등의 흐름이 원활하게 진행되도록 수립하고, 이에 따른 전략을 세우는 것이 동선계획이다. 모든 통로의 본질은 선으로서 사람이나 사물이 움직이는 선을 연결하여 이를 동선이라 한다. 이러한 동선은 기본적으로 짧으면 짧을수록 효율적이지만, 때로는 공간의 성격에 따라 의도적으로 길게 하여 더 많은 시간동안 머무를 수 있도록 유도하기도 한다.

동선계획이 제대로 수립되기 위해서는 동선의 방향과 사람, 사물의 통행량을 올바로 분석하는 것은 물론이고 교차, 이동하면서 야기되는 사람들의 행위나 행동이나 사물의 흐름 등도 함께 파악되어야 한다.

전시이벤트에서 동선의 역할은 방문객에게 쾌적한 환경을 제공하고 안전하고 편안하게 제반 전시물들을 돌아보거나 참여할 수 있도록 계획하는 것을 그 목적으로 한다. 이러한 역할이 충실히 수행되도록 하기 위해서는 전시장에서 발생할 수 있는 모든 사항을 고려하여 기본 동선 및 세부 동선을 설정하며, 동선의 흐름에 방해가 되지 않도록 기타 제반 시설물들을 설치한다.

또한 행사장 접근에서부터 행사 참여에 이르기까지 방해나 혼잡이 없도록 동선의 흐름을 연결하고, 진입로 및 특정 지역에서 장시간 운집해 있거나 특정 시간대의 혼잡을 방지하기 위해 효율적으로 동선을 관리해야 한다.

동선계획에 있어서 특히 중요한 것은 관객 동선이나 관리 동선 등 여러 가지 유형의 동선을 상황에 맞추어 개별적으로 검토하는 것이며, 동선 상호간의 관계가 전체적으로 조화를 이루며 합리적으로 관리, 운영되어 시너지효과를 발휘할 수 있도록 조정하는 일이다.

행사장에서 동선 상 발생하는 문제의 대부분은 마치 실이 뒤엉키듯 동선이 서로 중복되어 일어나게 된다. 이러한 현상은 소규모의 행사보다는 박람회나 대형 전시회에서 자주 나타나기 때문에 전시이벤트의 규모가 커질수록 효율적인 동선계획의 수립은 더욱 중요하다.

또 동선계획이 제 기능을 발휘하기 위해서는 관리, 기능적인 측면을 비롯한 안전상의 문제, 그리고 경관이나 주변 환경과의 조화 등 여러 관점에서의 검증과 분석이 요구되고 있다.

3. 제2차 홍보계획-홍보 집행 및 전개 단계_(인지, 고지 홍보전략)

앞의 홍보 제1단계는 전체 홍보계획의 방향이 수립되고 준비되는 단계로서 매체별 홍보 계획과 광고 인쇄물의 제작 및 계획이 수립되고 홈페이지 제작을 위한 On-line 관련 시스템 및 데이터가 구축되는 시기이다. 또한 1차 사전 설명회가 준비되어 홍보활동을 지원하기 위한 보도자료 작성 및 배포 계획이 진행되는 시기이기도 하다.

본 항목의 홍보 제2단계는 제1단계에서 수립된 홍보계획의 진행방향에 의해 일정대로 구체적인 홍보 매체가 집행되는 전개 단계이다. 여기서는 TV, 라디오, 신문 등 매체 집행계획 수립 및 부문 별 집행, 세일즈 프로모션 및 옥외광고가 제작, 설치되며 On-off line 홍보활동이 전개되고 방송매체를 활용하여 홍보활동이 적극적으로 실시되는 시기이다. 이를 위해 주요 공항, 역, 터미널, 고속도로 휴게소, 주요 관광지 등과 같이 집객력이 높은 장소에 홍보 인쇄물이 비치되고 행사 고지를 위한 이벤트가 활발히 전개된다.

(1) 매체별 홍보활동 집행

준비단계에서 계획된 매체의 특성을 살려서 광고 집행을 시작한다. 여기서는 4대매체인 매스미디어를 활용하여 해당 전시이벤트의 취지와 차별화된 행사 내용과 프로그램을 불특정 다수에게 널리 인지, 고지시키는 홍보활동을 전개한다.

매체 일정의 전개방법으로는 연속지출방식을 채택하여 전략적 차원에서 목표 방문객의 기억을 일정 수준 유지시키고, 행사 개최 직전까지 관심과 태도를 점차적으로 증진시켜 나간다.

이때에 계속되는 미디어 접촉과 노출로 주의와 집중력이 감소될 수 있으므로 티저광고 (terser advertising) 방식을 활용하여 개막 시까지 호기심과 관심도가 유지될 수 있도록 매체 전략을 구사한다.

(2) SP 및 옥외광고 제작 및 집행

매스미디어가 아닌 여러 종류의 세일즈 프로모션 매체를 비롯한 인터넷광고, 옥외광고 그리고 영역을 확대시켜 해외 홍보활동을 활발히 전개시킨다.

가) 인터넷광고

기존 대중 매체를 이용하는 광고와는 다르게 소비자가 자신의 선택에 따라 광고 내용에 접근하는 메커니즘을 갖고 있기 때문에 인터넷 매체 상에 표출되는 형태와 이를 선택함으로써 접할 수 있는 광고 내용으로 구성된다.

인터넷상에서는 다양한 유형의 광고들이 집행되고 있으며 가장 일반적이고 많이 쓰이는 유형은 다음의 5가지 형태이다.[16]

(가) 배너(Banner) 광고

배너광고는 인터넷에서 가장 많이 사용되는 광고 유형으로, 웹 페이지 내 특정 위치에 사각형의 띠 모양으로 보이는 것을 말한다.

이를 소비자가 클릭 할 경우 해당 광고 메시지와 연결되는 형식이다.

- 고정형 : 말 그대로 고정되어 있는 것을 의미. 다른 형식에 비해 효과가 낮음
- 애니메이션 : 애니메이션 효과를 의미. 연속적인 그림을 보여주면서 움직이는 화면을 만들어내는 GIF Animation을 활용해 제작된다. 이것은 소비자에게 광고 배너의 선택권이 있는 인터넷 광고의 특징에 따라 주목률을 높일 수 있는 형태로 발전한 것이다.
- 인터랙티브 : Two way(양방향) Banner라고도 한다.

(나) 콘텐츠형 광고

배너광고 자체가 상업성을 가지고 있기에 소비자에게 신뢰를 갖지 못하는 경향이 있다. 또한 광고 옵션에 따라 소비자에게 노출되는 위치나 시점이 고정되기 때문에 인터넷이용

---

16) Jupiter Communications(1997), Banner & Beyond, 인터넷 광고-이론과 전략, 정보통

자를 따라다니며 광고메시지를 전한다는 것은 어려운 일이다.

따라서, 소비자들이 주로 찾고 많은 시간을 보내는 정보나 콘텐츠를 활용하여 브랜드 인지도를 강화하고자 하는 형태의 광고가 특정 사이트에 대해 스폰서(sponsor)를 제공하는 형태로 이루어지는데 기존 협찬광고와 동일한 개념이다.

예를 들어 소비자들이 자주 찾는 특정 사이트, 페이지에 스폰서로 참여해 회사의 로고나 제품 브랜드를 명시함으로써 그 페이지를 이용하는 사용자에게 보다 높은 브랜드 인지도를 얻게 되는 것이다.(코카콜라 : 'coca cola red zone' site)

(다) 틈입형 광고

인터넷에서 정보는 정보 요청자와 제공자의 상호 작용에 의해 교환되는데, 이러한 상호 작용은 순차적으로 이뤄진다. 정보 요청자는 하나의 정보를 요청한 후 그 결과를 확인, 다시 새로운 정보를 요청하는 행위를 반복하게 되며, 이러한 일련의 과정들 속에서 순차적인 정보전달의 틈새를 이용하여 광고 화면을 표출시킴으로써 높은 인지도를 얻고자 실시되는 광고이다.

(라) 푸시(Push)형 광고

Push 기술을 이용하여 PC를 사용하지 않는 시간에 다른 정보와 함께 광고 메시지를 전달하여 보여주는 형태이다.

이미 등록되어 있는 사용자 정보에 의해 정확한 목표고객 선정이 쉽지만 등록된 사용자만을 대상으로 하기에 도달범위에 제한을 받을 수 있다.

(마) 인터넷 액세스(Internet Access)형 광고

소비자에게 인터넷 사용을 무료로 제공하는 대신 특정 광고창을 보게 하는 형태의 광고를 의미하는 것으로 사용자들에게 인터넷 접속 서비스를 무료로 제공하고 이에 대한 비용을 광고주로부터 받는다.

나) 기타매체

4대 매체 이외에도 SP(sales promotion) 활동이 있을 수 있다.
SP의 분류에는 옥외광고와 교통광고, 기능형SP, 쿠폰광고, POP광고가 있다.

(가) 옥외광고와 교통광고

옥외광고는 일정기간에 일정공간을 점유하여 실행되기 때문에 인쇄매체나 전파매체에 의한 광고와는 다른 특징을 가지고 있다.

① 고정ㆍ상징성
   일정공간을 점유하기 때문에 특정 공간에 고정적으로 위치하게 되면 그 지역의 상징성이 강한 심벌(symbol)이 될 가능성을 갖고 있다.

② 인지성, 주목성, 시각 디자인 효과
   특정지역에 고정되어 통행인에게 반복적으로 노출되기 때문에 특정 기업이나 브랜드에 대한 인상을 강하게 하여 좋은 이미지를 형성하는 데 효과적이다. 또한 사람의 시선을 집중시키기 위하여 시각적 효과와 함께 주목을 끌 수 있는 다양한 아이디어가 요구된다.

③ 지역 한정성
   옥외광고를 특정지역에 게시하면 그 지역에 모이거나 통행하는 사람 등 특정지역관계자를 대상으로 소구할 수 있다.

④ 반복 소구성
   일정장소에 고정되어 비교적 장기간 동안 동일한 메시지를 지속적으로 게재하기 때문에 반복 소구에 의한 효과가 크다.

⑤ 장기성
   특정광고 캠페인용으로 단기간을 목적으로 제작된 것도 있지만, 일반적으로 장기간에

걸쳐 지속적으로 게시되는 것이 많다. 반복소구에 의한 인상효과나 거점 표시 역할을 띠는 것이 많다.

교통광고는 옥외광고의 연장선으로 지하철, 기차, 자동차, 버스, 선박, 항공기 등의 차체 및 플랫폼, 정류장, 각종 설비 등을 이용한 조명간판, 포스터, 그리고 교통기관 내에 설치된 간판이나 서비스로 제공되는 시설 등을 매체로 이용한 광고를 말한다.

교통광고는 가정이나 직장을 제외한 모든 생활환경에서 쉽게 발견할 수 있기 때문에 일상적인 공간에서 자연스럽게 접하게 되며 광고에 대한 반응이 빨라서 구매행동으로 직접 연결되는 경우도 많다.

일반적으로 교통광고의 기능은 다음과 같이 크게 세 가지로 나타난다.

① POP광고 기능

주간지나 단행본 등의 예와 같이 시사성이 강한 메시지를 교통광고로 게시함으로써 즉시적인 효과를 얻게 되는 기능을 말하며 직접 구매로 연결된 가능성이 크다.

② 고지 기능

교통광고는 대표적인 지역매체(local media)이기 때문에 전국적 규모의 소비자보다는 지역 주민과 밀접한 관계가 있어서 지역 내의 기업이나 상점 등의 영업소·판매점의 개점 안내 및 다양한 이벤트, 행사 등을 알리는 데에 매우 효과적이다.

③ 메시지 침투기능

대중 매체를 이용하여 일반적인 브랜드나 캠페인(campaign)내용을 알리는 것 외에도 별도로 교통광고가 갖고 있는 표현력, 디자인성을 활용하여 직접적이고 구체적으로 소구할 수 있다.

(나) 기능형 SP

기능형 SP는 크게 프라이스 SP, 샘플링 SP, 프리미엄 SP, CRM SP 등 네 가지로 나눌 수 있으며 SP 실시 대상은 크게 소비자 SP와 유통 SP로 나눌 수 있다.

기능형 SP의 다섯 가지 형태를 살펴보면 먼저, 제품을 접촉, 설명, 사용하도록 함으로써 기업 및 제품에 대한 관심과 이해를 도모하려는 샘플링(sampling) SP와 할인 쿠폰이나 가격할인, 환불로 소비자에게 이익을 주는 프라이스(price) SP, 응모, 추첨이나 콘테스트의 방법으로 경품, 사은품(gift), 각종 프리미엄을 제공하는 프리미엄 SP, 회원제도와 스탬프, 서비스 제도에 의한 장기적·고정적 고객 유지를 목적으로 하는 CRM SP, 마지막으로 유통업자에게 특권을 제시함으로써 자사 상품의 취급을 유도하기 위하여 기능형 SP수단을 유통 기관을 대상으로 실시하는 유통형 SP가 포함되고 있다.

(다) 쿠폰광고

쿠폰은 SP에 있어서 다양한 기능을 발휘하며 그 기능을 요약하면 다음과 같다.

① 신규 사용자를 획득하여 그들을 고정고객으로 전환시킨다.
② 소비자 및 유통경로 등의 판매증대이다. 쿠폰의 효과는 매우 즉각적으로 효과를 나타내므로 단기간에 소비자나 유통경로에 대한 판매증대로 연결된다.
③ 쿠폰은 신제품, 개량상품, 새로운 크기의 상품을 시장에 도입할 때 좋은 인센티브 파워(incentive power)로 작용한다.
④ 쿠폰은 판매증가 뿐만이 아닌 소비자 수요도 동시에 창조한다. 예를 들어, 신규이용자에 대한 상품의 고지, 기존이용자에 대한 상품의 재인식 등의 활동을 통해 수요를 창조시킨다.
⑤ 기존상품의 지명도, 신상품의 지명도와 인지를 높이는 데 기능을 발휘한다.
⑥ 쿠폰 회수율을 통해 특정지역 내에서의 브랜드인지도 및 시장상황의 파악이 용이하다.
⑦ 쿠폰 효과 측정에 의하여 가장 유력한 잠재시장을 재평가하거나 총 예상 판매량, 판매고 등을 결정할 수 있다.

(라) POP 광고

POP 광고는 상품과 소비자를 구매시점(=매장)에서 기업이 의도한 대로 연결시켜주는 것이다. 즉 상품의 주위에서 구매를 자극, 촉진하여 의사 결정을 용이하도록 도와주고 상품구입을 둘러싸고 기업과 소비자 양자 간의 만족을 충족시켜주는 역할을 하는 것이다.

다) 보도 관계자에게의 홍보활동

대중매체를 통한 광고활동과 함께 보도기관에 계획적인 정보를 제공하는 퍼블리시티 활동이 필요하다. 준비기간 중의 정보내용으로는 다음과 같은 것이 있다.

- 이벤트의 목적 · 내용 · 규모 등의 설명
- 준비의 진척상황 설명
- 캐릭터 · 마크 · 컴페니언 등의 모집 및 유니폼 발표, 예매권 발매 등의 화제성 있는 테마의 개요 설명
- 사전 이벤트의 소개

보도와 관련해서 주의해야 할 것은 보도관계 담당 창구를 어느 부분의 기자와 할 것인가이다. 신문이나 TV는 취재기자도 분업이 되어 있기 때문에 그 정보에 관심 있는 부서의 기자에게 정확히 전달하는 것이 중요하다.

스포츠 이벤트는 당연히 스포츠부이지만 박람회의 경우에는 테마에 따라 경제부 · 문화부 · 사회부 등의 관련 기자가 다르다. 일상적인 취재활동에 대응하기 위해서는 담당자를 결정해 두고 정보를 일원화해야 한다.

라) 미니 이벤트 실시

화제성이 있거나 독특하다고 판단되는 이벤트를 실시하여 TV 및 신문에 기사화함으로써 기대감을 갖게 한다. 사전 미니이벤트는 심포지엄, 콘테스트, 모집, 퀴즈, 발표회, 캐러밴 등이다.

(3) 대상별 DM/ TM/ EM 실시

불특정 다수를 대상으로 하는 매스미디어나 비교적 제한된 소수를 소구하기 위한 세일즈프로모션 매체를 위한 홍보활동 외에도 데이터베이스를 활용하여 목표 방문객에게 직접 다가가서 설득하기 위한 다이렉트 마케팅 홍보수단이 동원된다.

　　전시이벤트는 참여업체가 중요한 구성요소의 하나로 참여하는 대회의 성공적인 개최를 위해 이들의 적극적인 행사 참여가 전제가 되는 구조적 특성을 가지고 있다. 따라서 참가업체에 대한 부스판매를 위해서 매스미디어보다는 직접적이고 이들의 특성에 맞는 표현과 정보 제공이 가능한 매체를 필요로 하는데 대부분 다이렉트 마케팅 홍보수단이 여기에 속한다.

　　또한 행사에 참여가 요구되는 전문가 그룹이나 주요 인사를 대상으로 할 때에는 그 대상별로 DM(Direct Mail), TM(Tele Marketing), EM(Electronic Mail) 매체를 활용하는 것도 홍보 수단으로서 좋은 방법이 될 수 있다.

　　오늘날 제대로 된 데이터베이스 구축과 리스트는 많은 기업체의 경쟁력을 향상시키며 높은 수익성을 보장하는 수단으로 각광받고 있는데 이와 같은 다이렉트 마케팅(Direct Marketing)의 성공률을 향상시킬 수 있는 환경 조성은 성공적인 전시이벤트 개최를 위한 좋은 밑거름이 되고 있다.

(4) 해외홍보 전략 수립

　　최근 전시이벤트는 대규모로 개최되는 추세이며 국경을 넘어 국제적으로 유치되는 전시회가 증가하고 있기 때문에 이러한 추세를 반영하여 당연히 홍보 전략도 국내뿐만 아니라 국제적으로 수립되어야 하는 실정이다.

　　일반적인 이벤트나 지역축제에 있어서도 어느 정도의 규모를 갖춘 행사에서는 각종 홍보물이나 광고 인쇄물을 제작할 때 기획 단계에서부터 국내인과는 별도로 외국인을 위하여 다양한 아이디어가 반영되고 있다. 그러나 아직도 우리나라 전시이벤트 운영전략 중 가장 커다란 문제점으로 등장하고 있는 것은 홍보 활동이다.

　　현재 전시이벤트에 있어서 홍보활동의 수준은 위에서 언급한 바와 같이 아직은 이벤트에 참가하는 외국인을 위하여 카탈로그나 안내 인쇄물과 같은 홍보물을 제작하는 것에 그치는 형식적인 활동이 대부분이다. 외국인을 제대로 설득할 수 있는 전략적 차원의 기획력이 발휘되거나 충분한 홍보예산을 투입시켜 적극적으로 해외에 해당 이벤트를 알리려는 자세나 노력은 아직도 미흡한 실정이다.

　　한편 우리가 알고 있는 성공한 대다수의 이벤트가 꾸준한 해외 홍보활동과 체계적인 계획수립, 그리고 해당 지역은 물론, 국가 차원의 지원과 협력을 통해 탄생되었다는 사실을 생각해 보면 지금부터라도 홍보활동에 대한 중요성을 이해하고 홍보담당자를 비롯한 관계자들의 홍보의 중요성에 대한 인식을 새롭게 해야 할 것이다.

이러한 문제점은 전시이벤트에 있어서도 마찬가지로 국내 전시이벤트 기획사들은 대부분 영세하고 단기적인 이익에 급급하여 장기적인 계획을 수립하지 못하거나 해외홍보에 적극적으로 나서지 못하고 있는 실정이다. 또한 국가적으로도 아직은 인식 부족으로 인하여 국제적 차원의 대규모 전시이벤트를 육성하는데 필요한 지속적인 투자와 홍보활동을 강화하지 않고 있다.

그러나 전시이벤트를 둘러싸고 있는 세계 시장 환경은 점점 더 경쟁이 치열해지고 있고 세분화, 전문화, 대형화되고 있는 경향을 나타내고 있는데 이에 대하여 우리도 적극적으로 대처해야 하는 부문이 특히 해외 홍보부분이다.

또한 국제규모의 대형 전시이벤트 개최에 따른 해외홍보 활동을 다양하게 전개하고 차별화된 전략안도 새롭게 강구하여야 한다. 적절한 타이밍과 해외언론이나 기타 대중매체 등을 활용한 효과적인 매체별 해외홍보 전략을 통하여 현지 대사관이나 공관 그리고 국내 기업 등을 통하여 직, 간접으로 알릴 수 있는 홍보방법을 다양하게 발굴하고 정부차원의 홍보에 대한 적극적인 지원정책도 더불어 강구해야 한다.

전시이벤트에 대한 전체적인 홍보 전략은 이벤트 개최 전부터 충분한 시간을 확보하여 다양한 홍보방법에 의해 화제를 유도함은 물론, 많은 관심을 갖도록 하는 것이 중요하며 특히 개막일에 정점에 도달할 수 있도록 모든 노력을 기울여야 충분한 효과를 발휘할 수 있다.

준비단계에서 개막일에 근접하게 될수록 효과가 높은 광고매체를 적절히 동원하고 이와 더불어 해당 이벤트를 사전에 알리기 위한 홍보성 이벤트나 행사를 실시하며, 또한 개최 중에는 관련 정보를 기사나 화제성 있는 뉴스 등으로 각종 매체에 전달하는 등의 적극적이고 다양한 홍보 활동을 전개하여 커뮤니케이션 효과와 퍼블리시티 효과를 충분히 기대할 수 있도록 한다.

데이터베이스를 활용하여 기존에 입수된 해외업체의 목록을 적절히 이용하는 것도 좋은 홍보방법이 될 수 있다. 일반적인 이벤트의 경우는 해외의 매스 미디어나 여행 관련 업체를 이용하여 대중적인 홍보활동을 전개할 수 있지만, 전시이벤트의 경우는 특히 전시회에 참가할 전문적인 업체나 기관이 매우 중요한 요소로 작용할 수 있기 때문에 이들을 타깃으로 하여 이벤트 정보를 제공하고 적극적인 대여 참가를 촉진하는 방법을 동원하는 것이 홍보에 효과적일 수 있다.

4 개최 및 실행 단계

개최 및 실행 단계에는 개최 전 준비업무를 비롯한 제3차 홍보계획-홍보 확산 및 참여 확대 단계, 전시회 개최, 폐단식 및 철수업무 등이 있다.

이 단계에서는 이미 오랜 기간 동안 기본계획 단계와 준비 단계, 유치 단계를 통해서 진행해왔던 노력이 결실을 맺게 되어 다양한 프로그램과 행사가 개최되고 일반 방문객의 평가를 받게 된다.

따라서 제4단계인 개최 및 실행 단계는 전시이벤트의 기획단계의 얼굴이자 하이라이트라 할 수 있으며 그동안 축적되어 있던 조직력과 실행력을 잘 결집시켜 최선의 결과가 도출될 수 있도록 노력과 역량을 발휘해야만 한다.

개최 및 실행 단계는 개최 전 준비업무, 제3차 홍보계획-홍보 확산 및 참여 확대 단계(집중 홍보전략), 전시회 개최, 폐단식 및 철수 업무 등이 포함된다.

1. 개최 전 준비업무

개최 전 단계는 본격적인 실시단계가 아니고 행사 진행의 구체화를 위한 준비단계 업무라는 점에 유의해야 한다. 개최 전 준비업무에는 (1) 준비물 발주와 (2) (전시회 개최를 위한) 사전 설명회 등이 있다. 사전 설명회는 전시이벤트의 개최를 가능한 널리 알려서 예상한 집객력을 확보할 수 있는 홍보활동의 일환으로 실시된다.

▼ 광주 광엑스포 초청장　　　▼ 광주 광엑스포 초청장봉투　　　▼ 광주 광엑스포 주차안내카드

(1) 준비물 발주

전시회 개최 준비를 위한 개관준비 항목과도 관계가 있다. 개관준비 과정은 일반적으로 전시회 개최를 위한 전시회 디렉터리 제작이나 어텐던트 채용 및 교육, 소요양식 제작, 개막행사 준비 등과 같은 포괄적인 행사 준비과정이 포함되지만, 준비물 발주 항목은 주로 전시회 디렉터리 제작이나 초청장, 등록카드 등과 같은 인쇄물의 제작과 발주 과정이 중심을 이루고 있다.

준비물 발주는 크게 디렉터리, 초청장, 등록카드, 주차 안내카드 등의 제작과 운영에 관한 업무가 관련되고 있다.

가) 초청장(invitation card)

초청장은 일반 방문객을 위한 것과 VIP 고객을 위한 것으로 구분되는데 발행 수는 적지만 VIP 고객을 위한 초청장이 업무의 중심이 되고 있다. 초청장의 제작에 있어서는 반송되는 것을 대비하여 사전에 준비한 데이터베이스의 정확성이 매우 중요한 역할을 하게 된다.

VIP 고객용 초청장은 일반적으로 일반 방문객을 위한 것보다 내용과 인쇄, 봉투제작에 이르기까지 훨씬 고급스럽게 제작하며 참가업체나 언론기관, 정부기관, 전문가 그룹 등의 주요 인사를 대상으로 하여 배포된다.

초청장 발송에는 적절한 타이밍이 매우 중요한 사항이 된다. 물론 행사 개최 전 충분한 시간을 갖고 제작, 발송되어야 하지만 너무 빠르면 쉽게 잊혀버릴 수 있고, 너무 늦게 발송되면 스케줄을 잡기 어려울 수 있다.

나) 디렉터리(directory)

디렉터리는 보통 정보를 나열하거나 소개하는 안내 책자로, 전시이벤트와 관련해서는 행사의 목적과 개요, 준비과정 그리고 행사에 관한 구체적인 자료나 정보 등이 게재되어 있는 종합적인 안내 책자를 가리킨다.

따라서 일반적인 리플릿이나 카탈로그 등의 홍보물과는 구별이 되며 제작되는 자료와 정보의 양이 매우 많기 때문에 준비과정에서부터 상당한 전문성과 시간을 필요로 한다. 훌륭한 디렉터리를 제작하기 위해서는 평소에 자료를 충실하게 모아놓거나 사전에 미리 준비하는 습관이 몸에 배어야 차질이 없이 진행될 수 있다.

또한 특별 전담팀이나 준비 위원회를 구성하여 디렉터리의 편집방향과 내용의 구성, 제작 형태 등에 대해 다양한 의견을 사전 조율 과정을 거쳐 잘 정리하고 결정하여 최상의 결과물이 제작될 수 있도록 철저한 준비를 해놓음으로써 나중에 시행착오를 줄일 수 있다.

▲ 디렉터리의 예 -
부산국제모터쇼 디렉터리

다) 등록 카드(registration card)

▼ 방문객 등록카드의 예 -
동경 국제애니메이션 페어 - 방문객조사(등록카드)

등록 카드는 전시장 입구에 카드 형태의 인쇄물로 제작되어 준비된 것으로 방문객이 작성하여 제시하도록 하는 것인데, 효율성을 높이기 위하여 일정한 프리미엄을 제공하고 이를 작성하여 입구의 일정한 장소에 투입하거나 안내인에게 제출하도록 하고 있다.

일반적으로는 작성하여 제출하는 방식을 취하고 있지만, 작성된 방문객의 등록 카드를 확인한 후, 인구통계학적 특성에 따라 즉시 현장에서 색깔별로 다른 시트를 가슴에 부착하도록 하여 전시장 내부의 참가업체가 운영에 참고하도록 한다.

등록 카드는 최근 들어 그 중요성이 매우 부각되고 있는 추세이다. 일본이나 미국 전시이벤트가 발전되고 있는 국가를 중심으로 효과적인 데이터베이스 관리 업무를 위해 잘 활용되고 있다.

(2) (2차)사전 설명회

사전 설명회는 이전 준비 단계에서도 참가업체 유치를 위해 실시(1차 설명회)한 적이 있지만 여기서는 행사 개최 직전 일반 방문객의 참가와 언론기관을 비롯한 사회적 관심을 촉진, 유도하기 위해 실시(2차 설명회)하게 된다.

1차 설명회가 참가업체를 위한 것이라면, 2차 설명회는 전시회 개최를 위해 실시되는 사전 설명회의 성격을 갖고 있다. 이 밖의 사전 설명회는 경우에 따라서 기본 단계나 유치 단계에서 홍보활동을 지원하거나 강화하기 위해 추가될 수 있고, 종료 단계에서도 피드백 과정의 일환이나 행사 후의 관여도를 강화하고 인지부조화를 해소시키기 위해 실시되는 사례도 있다.

개최 전 단계의 사전 설명회는 전야제의 형식으로 실행되는 경우도 있으며 행사에 따라서는 직접 동원에 관련된 예매권의 배포 및 판매활동이 포함되거나 이벤트의 실행조직이라 할 수 있는 각 운영 조직의 창단 활동이 진행되는 형식을 취한다. 또한 해당 행사를 사전에 홍보하기 위한 홍보 이벤트의 형태인 '프레스 프리뷰(press preview)'를 적극적으로 실시하여 각 언론기관을 통해 본 행사에 대한 기사화 활동을 지원한다.

이 단계에서의 사전설명회 업무는 전야제를 정점으로 마무리되며, 운영과 관리는 홍보업무를 담당하는 부서나 조직의 책임자가 담당한다. 담당자는 본 단계에서의 업무 전개 내용을 제대로 파악하여 개최 및 실행 단계로의 준비를 시작한다.

개최 단계의 사전설명회 업무(2차 사전설명회)는 행사 바로 직전에 집중적으로 실시되는 것이 일반적이지만 앞의 준비 단계인 1차 사전 설명회에서는 일반적으로 메가 이벤트와 같은 대규모 이벤트는 1년에서 6개월 전부터, 중소규모는 6~3개월 전부터 실시하면 일정에 쫓기지 않고 효과적으로 진행할 수 있다.

2. 제3차 홍보계획–홍보 확산 및 참여 확대 단계(집중 홍보전략)

앞의 홍보 제1단계는 전체 홍보계획의 방향이 수립되고 준비되는 단계이고, 홍보 제2단계는 수립된 홍보계획이 일정에 의해 구체적으로 집행되는 단계이다.

제3단계는 홍보 확산 및 참여 확대 단계로서 본격적인 집객을 위한 총력적인 홍보전이 이루어지는 단계로서 각 매체를 활용한 프로모션 활동이 집행되는 단계라 할 수 있다. 또한 각 홍보 매체의 미 집행분이 집행되며, 공식행사인 개막식 등에 맞춰 이를 소구하기 위한 홍보활동과 프로모션활동이 집중된다.

앞의 홍보 제1단계는 홍보의 준비를 위한 런칭 홍보전략이 주가 되고, 제2단계는 행사의 목적과 취지, 행사의 차별화된 개최 내용을 포괄적으로 알리는 인지, 고지 홍보전략이라 할 수 있는데 홍보 제3단계는 개막 직전에 동원 가능한 홍보매체를 적극적으로 활용하여 집객력을 향상시키려는 집중 홍보전략의 성격을 띠고 있다.

한편 홍보 제1, 2단계가 주로 참가업체의 유치에 초점을 맞추고 대략적인 방문객을 홍보 대상으로 하고 있는 것에 반하여 홍보 제3단계는 일반적인 방문객의 흥미와 관심을 유도하여 대중적인 참가를 소구하려는 성향이 강하다.

그 밖의 구체적인 매체별 홍보방법에 대해서는 홍보 2단계의 연장선상에 있기 때문에 중복되는 설명은 생략하기로 한다.

(1) 일반방문객 유치를 위한 대중 홍보

전시이벤트의 홍보활동은 크게 2가지로 구분된다. 첫째는 부스 판매와 전시시설 이용을 촉진, 안내하기 위하여 실시되는 참가업체나 바이어를 대상으로 하는 홍보활동과 둘째는 일반 방문객의 행사 참여를 설득하기 위한 홍보활동이다.

전자는 주로 홍보 1, 2단계에서 실시되며 대중적인 집객력을 높이기 위해 실시되기 보다는 상업적인 목적으로 기업이나 전문가 그룹을 대상으로 하여 실시되고, 후자는 대중적인 참여와 사회적인 관심을 유발하기 위해 홍보 3단계에서 실시되며 일반 방문객을 대상으로 광범위하게 홍보 및 프로모션 활동이 전개된다.

또한 홍보 1, 2단계의 홍보활동은 충분한 시간을 두고 행사 초기부터 점차적으로 진행되지만, 홍보 3단계는 대회에 임박하여 동원 가능한 매체를 활용하여 집중적으로 실시되는 것이 특징이라 할 수 있다.

(2) 개막식 홍보

개막식 홍보는 전 단계에서 티저광고나 인지광고를 통해서 고지되었던 행사에 대한 호기심과 관심을 극대화시킬 수 있는 방법이 총 동원되며, 그 동안 장시간에 걸쳐서 실시되었던 홍보활동이 개막식에 맞춰 최상의 결과를 얻을 수 있도록 모든 노력과 역량을 결집할 수 있도록 한다.

또한 개막식 대중매체의 홍보 소구 방법으로는 개막과 대회 오픈을 대대적으로 인지시키기 위해 임팩트가 강한 광고 카피와 그래픽, 비주얼을 채택하게 된다.

개막식은 대회의 하이라이트이며 모든 행사를 대표하고 있다. 개막식은 식전행사와 개막행사, 개막 축하 공연 등으로 구분되며, 경우에 따라서는 특별 프로그램의 하나로 개막 퍼포먼스 등이 전개되기도 한다. 뿐만 아니라 개막식을 통해서 의전행사로서의 역할을 수행하기 때문에 테이프 커팅이나 담당 책임자의 개요 설명, 방명록 사인 등의 이벤트 프로그램이 병행되기도 한다.

한편 개막식이 원활히 진행되기 위해서는 사전에 면밀한 계획이 수립되어야 한다. 이를 위해서 행사 도우미와 안내원, 의전요원 등의 역할과 포지션에 대한 교육이 실시됨은 물론, 어텐던트 상호간의 호흡이 일치할 때까지 많은 연습이 반복하여 실시되어야 한다.

3. 전시회 개최

전시회 개최에는 (1) 설치 공사, (2) 행사장 연출, (3) 개관준비 및 전시회 개최, (4) 이벤트 개최 중의 리스크 업무관리 등이 있다.

(1) 설치 공사

가) 전시시설의 기본사고와 개념

이벤트 전시시설의 제작과 연출에 앞서 전시시설의 기본사고와 개념에 대한 이해가 선행될 필요가 있다. 전시시설은 '전시 대상물'과 '입장객' 사이에서 시각적인 느낌을 제공하고 정보 전달기능을 수행하는 전시이벤트의 효과를 가늠하는 중요한 요소이다.

전시시설과 관련된 현장에서의 표현방법과 시공 작업은 설계도와 사양서[17], 제품설명서를 기본으로 하여 다양한 재료의 특성을 충분히 반영하고 각 분야의 전문가가 복잡한 작업공정을 거쳐서 정해진 기간까지 계획대로 완성하는 종합적인 활동이다.

공사에는 제작과 시공이 있다. 제작은 주로 공장과 스튜디오에서 만들어 특정 장소에 장치하여 완성하는 것이고, 시공은 특정의 장소에 재료를 반입하여 직접 현장에서 작업을 하여 완성하는 것이다.

전시시설 공사는 수주생산(build to order)에 의해 이루어지며 고객의 주문에 맞춰 생산과 판매를 대응시키는 방식을 채택하고 있다. 따라서 독자적인 수요 예측을 바탕으로 하기 때문에 제품의 진부화가 빠르게 진행되며, 이용자의 요구에 제대로 부응하지 못하는 기종은 불량 재고가 되는 문제점이 있다.

전시시설 공사는 이러한 특유의 수주생산 방식 때문에 설계도와 사양서 및 제작, 시공조직은 한시적으로 1회에 한하여 단발적으로 진행되며 반복되지 않는 특징이 있다. 사전에 품질과 가격을 충분히 확인하여 재차 재구매할 수 없는 특성을 지닌 물품들을 고려하여 공사를 진행해야 한다.

전시공사의 구체적인 상황과 내용은 이벤트 종류 및 규모의 크기에 따라 차이가 있지만 일반적인 전시회의 경우 다음과 같은 단계에 의해 전시공사가 진행된다.

- 기본공사 : 벽면, 천정, 바닥면, 전시 스테이지 등의 내장공사, 외장공사 등
- 장비(설비)관련 공사 : 기계 제어장치, 전기설비, 전시품 회전 장치, 급배수 설비 등
- 정보 관련 공사 : 음향, 영상, 조명, 설명 패널, 사인, 모형, 파노라마, 디오라마[18], 사진, 도표 등
- 수경, 환경 연출공사 : 장식, 환경연출, 조형, 식재, 화단, 분수 등

---

17) 사양서(仕樣書 : technical specification) - 신제품 발주 등에 사용하는 차량 또는 기계 등의 주요 제원, 성능 등을 적은 문서로서 '설명서'나 '시방서'로 표현하는 것이 일반적임.

18) 디오라마(diorama) - 전시 기법의 하나로 작은 공간 안에 어떤 대상을 설치해놓고 틈새를 통해 볼 수 있게 한 입체적인 전시 방법이다. 특히 플라스틱 현수막이나 색깔이 있는 얇은 천 등의 소재를 이용하여 입체효과를 높인다.

나) 이벤트 전시시설의 제작과 시공

전시이벤트의 회장은 다양한 기능을 가진 특색 있는 시설들로 구성되어 있다. 이벤트에 있어서 전시시설은 시각적인 디스플레이 효과는 물론, 방문객에게 직접적으로 전시물에 대한 정보를 제공하고 전시주최자의 의도된 목적대로 소구할 수 있다는 점에서 중요한 의미를 가지고 있다.

박람회나 전시회 등 성공한 대규모 전시이벤트는 전체적인 계획과 구성능력이 뛰어날 뿐만 아니라 차별화되고 화제성이 강한 전시시설과 이벤트프로그램이 널리 홍보되어 사람들에게 높은 관심을 유도하고 있다. 특히 전시이벤트에서 내부에 구성되어 있는 시설과 프로그램들은 다양한 매체를 활용한 홍보활동을 통하여 해당 이벤트에 대한 관심과 화제를 유발시키는 역할을 하고 있다.

(가) 안전하고 쾌적한 전시시설

또한 좋은 전시시설은 방문객에게 안전에 대한 배려가 충분히 고려되어야 안정감을 줄 수 있고, 본래의 설정한 목표가 달성 될 수 있다는 점에서 주의할 필요가 있다.

바람직한 전시시설의 조건은 다음과 같다.

첫째, 전시시설은 입구 부분의 공간이 넓고 여유 면적이 충분히 확보되어 태양광 및 비, 바람 등의 자연환경으로부터 방문객을 보호할 수 있어야 한다.

둘째, 전시지역과 더불어 통로가 충분히 확보되어 있어야 하고, 비상구와 피난통로가 명확하게 구분되어야 한다.

셋째, 방문객 동선이 넓게 확보되어 혼잡하지 않아야 한다.

넷째, 다양한 편의시설 및 쾌적한 휴식공간이 있어 가능한 한 방문객에게 심리적이나 육체적인 피로감을 주지 않아야 한다.

전시시설을 운영, 관리하는 담당자는 각 시설 책임자나 부서와 밀접하고 원활하게 커뮤니케이션할 수 있어야 하며 그들의 업무가 효율적으로 진행될 수 있도록 협력할 수 있어야 한다. 또한 전시이벤트 운영, 관리상의 주요 부서인 종합 안내실, 사무실, 경비실, 기계실, 의무실 등은 방문객의 편의와 서비스 제공을 위해 상시적으로 협력체제가 발휘되고 여러 기능이 서로 유기적으로 제 역할을 다할 수 있도록 노력한다.

(나) 전시시설의 효과적인 공간 연출

전시이벤트 시설물들의 공간연출은 입장객의 방문목적과 동기, 규모, 예산 등에 따라 다르게 나타나지만, 일정한 조건 속에서 효과적인 공간연출을 어떻게 진행할 것인가 하는 점은 매우 중요하다.

박람회 및 전시회, 견본시, 교역전 등의 전시이벤트에서는 다양한 영상 쇼 및 이벤트 프로그램을 비롯한 공연이벤트, 영상과 전시를 복합한 전시 프로그램 등 여러 가지 전시시설에 의한 공간 연출 방법이 있을 수 있다.

차별화된 콘셉트와 아이디어에 의해 전시의 방향을 결정하고 이를 세부적으로 실행해 나가는 전시공간의 연출 및 디자인 설계 단계는 전시이벤트의 성패를 좌우하기도 한다. 이 단계에서의 뛰어난 아이디어와 발상은 실제적으로 전시회 개막 후에 입장객의 만족과 평가에 크게 영향을 미치게 되므로 매우 중요한 작업이라 할 수 있다.

전시시설의 디자인과 설계에 있어서는 다음과 같은 사항에 유의할 필요가 있다.

첫째, 본 전시시설뿐만 아니라 주변 상황에 대한 확인이 필요하다. 건축물의 구조를 중심으로 인접 시설의 연계성, 입장객의 움직임과 동선의 흐름, 입구로부터의 위치, 기타 각종 설비를 확인해야 한다.

둘째, 전시 규모나 기간, 예산에 맞는 소재를 적절히 선택해야 한다. 전시시설을 구성하는 중요한 요소로는 천정과 바닥, 벽면 등이 있으며 전시 연출에 자주 사용하는 소재는 금속, 합성수지, 나무, 돌, 천 등이 있다. 일반적으로 전시회장은 기후나 많은 사람의 왕래로 비와 습기, 열, 바람 등의 영향을 쉽게 받기 때문에 이에 적절히 대응할 수 있는 소재의 선택은 매우 중요하다.

셋째, 다양한 전시 연출 기술과 방법이 적절히 적용되어야 한다. 입장객의 시선을 사로잡기 위해서는 각 전시시설마다 영상, 음향, 조명, 무대장치 등의 다양한 연출 방법이 동원되어 독특하고 개성 있는 전시 공간을 구성하는 것이 중요하다. 또한 전시 연출과 관련된 기술과 디자인 효과가 함께 조화를 이루어 시너지효과를 창출하고 공간의 구성이 의도한 대로 표현되도록 노력한다.

넷째, 전시내용과 규모에 알맞게 효과적인 예산이 편성되어야 한다. 전시 크리에이티브에 너무 집착하여 비용 대 효과라는 측면에서의 접근이 외면되는 일이 없도록 주의한다. 간혹 전시 공간 연출에 너무 치중하여 행사의 경제성을 따지지 않고 시각적인 요소만을 강조하다가 실패로 끝나는 사례가 발생하는데 기획단계에서부터 합리적인 예산계획을 수립하여 일관성 있게 진행해 나갈 수 있도록 한다.[19]

(2) 행사장 연출

전시이벤트의 프로그램에 대한 계획과 구성이 끝나면 행사장 연출을 위한 다양한 검토가 논의된다. 차별화된 행사장 연출을 위해 행사장 연출 시 주요 검토 사항, 이벤트 프로그램의 연출 및 전개, 전시현장 연출 등의 항목에 대해 세밀한 접근이 필요하다.

이벤트는 방문객에게 오랜 기간 동안 다양한 홍보활동을 통하여 형성된 좋은 이미지를 바탕으로 하여 차별화된 프로그램과 전시 현장에서의 시각적이고 설득적인 요소를 통하여 만족과 기대를 충족시킬 수 있다. 따라서 전시장을 어떻게 연출하는 가에 의해 전시이벤트의 성공 여부가 결정될 정도로 행사장 연출과 관련한 항목은 매우 중요하다.

앞에서 언급되었던 안전하고 쾌적하며 효과적인 공간 연출과 전시시설의 제작과 시공 등도 결국은 차별화되고 매력적인 행사장 연출을 통하여 방문객의 마음을 사로잡기 위한 과정이라 할 수 있다.

흔히 효과적인 행사장 연출을 위해 '시각적으로 임팩트가 강한 것', '방문객에게 매력을 제공하여 집객력을 향상시킬 수 있는 것' 등을 주요한 요소로 생각하게 되지만 실질적으로 방문객을 동원을 한 후에 동선관리와 프로그램을 통하여 의도한대로 효과를 얻을 수 있는 가의 합리적이고 객관적인 요소에 대한 연구와 숙고도 매우 중요시 되고 있다.

아무리 좋은 기획을 수립했다 할지라도 연출이 어떤가에 따라 관객의 만족도는 달라진다. 연출을 능숙하게 하면 그 기획은 성공한 것으로 화제가 된다.

▲ 여수 해양엑스포 - 캐릭터 퍼레이드

19) 장영렬 외, 『이벤트계획실무』, 커뮤니케이션북스, 2002, pp107~110

연출은 이론만을 체득해서 되는 것이 아니며 인간적이고 감각적이어야 하며 현실의 장에 기본을 두고 있어야 한다.

이벤트는 관객과의 상호관계 속에서 여러 가지 변화하는 상황에 적응한 독자적인 연출이 되어야 한다. 따라서 이벤트 기획에 있어서의 연출은 관객들에게 중요한 요소임에는 틀림이 없다.

행사장 연출 시, 시설이나 장비를 통한 효과도 중요하지만 사람의 마음을 움직일 수 있고 감동과 교감을 유발할 수 있는 다양한 연출방법이 동원되어야 한다. 특히 전시이벤트는 전시품이 가장 중요하게 부각되어야 하기 때문에 화려함이나 시각적인 요소보다는 가능한 주최자의 의도가 제대로 방문객에게 전달될 수 있도록 다소 절제된 연출방식이 필요하다.

(3) 개관준비 및 전시회 개최

전시이벤트의 공식행사인 개막식과 함께 이루어지는 개관준비 과정은 이벤트의 성패가 판가름 나는 매우 중요한 관리 항목이다. 개막식은 경우에 따라서 축하를 위한 식전 행사와 식후 행사 등으로 구성되어 함께 열리게 되며, 정부의 고위층 인사를 비롯해 외부의 귀빈과 VIP 인사들이 참석하는 자리로서 방문객과 출품업체 관계자 및 다양한 언론기관들의 취재 및 관심이 집중되기 때문에 모든 역량을 집중시키고 노력을 기울인다.

또한 개관준비에는 여러 가지 주의해야할 사항이 있지만 전시장 운영의 일정관리 속에서 일어날 수 있는 모든 상황과 원활하게 이벤트가 개최, 진행될 수 있도록 지켜야 할 사항 등을 미리 점검하여 예기치 못한 일이 발생하지 않도록 세심한 주의를 기울인다.

전시이벤트의 본래의 목적을 효과적으로 달성하기 위해서는 가장 기본적인 부스의 운영과 함께 현장 활동에 있어서의 계획과 현장 사무실의 운영, 장치공사, 전시회 디렉터리 제작, 어텐던트 채용 및 교육, 소요양식 제작, 개막행사 준비 등이 필요하다.

개관준비의 과정은 전시이벤트의 목적과 콘셉트, 테마와 설정하여 회장을 확보하고 필요한 조직 구성이 끝나면 방문객과 많은 참가자들의 호의적인 평가를 얻기 위해 가장 신중해야 하며 공을 들여야 하는 부분이다.

개관준비에 만전을 기하고 그 결과가 전시회 개최 과정에서 잘 표출되면 최상의 결과를 기대할 수 있게 되고, 만약 준비가 소홀하여 그렇지 못하게 되면 전시이벤트가 추구하고자 하는 목적과는 상이한 결과가 도출될 수도 있기 때문에 준비과정은 세심한 주의를 기울여야 한다. 개관준비 및 전시회 개최에 관한 내용을 살펴보면 다음과 같다.

표 4-10 개관준비 과정 및 전시회 개최

개관 준비	항 목	세부 항목
전시회디렉터리 제작	디렉터리 원고 접수 및 제작	게제 신청서 및 광고신청서 접수, 업체별 수록내용 정리, 광고원고 제작
	배포	주요 인사 및 보도기관, 주요 참가업체 인사
어텐던트 채용 및 교육	고용계획	목적, 기간, 자격, 채용방법 등
	기본업무	안내원 및 도우미: 바이어·방문객 등록, 전시회 안내 및 서비스 제공, 연락업무 등
		경비원: 출입자 및 물품 통제, 전시장 안전관리, 질서유지 및 경비 업무 등
문서양식 제작	물품 및 위험물 반입(반출)신고서, 일일성과보고서, 시공업체용 출입증, 전시업체 설문서, 관리비 납부 요청서 등	
개막행사 준비	행사계획 수립	장소 및 일시, 초청업무, 행사진행 계획, 다과회, 안내계획, 준비물 등
	초청대상자 주소록 작성	
	초청장 및 봉투제작	
	초청장 배포	
	준비상황 점검	
	현황판 제작	

자료 : 문영수. 2003: 145-180 참고로 저자 재구성

(4) 이벤트 개최 중의 리스크 업무관리

관객동원과 돌발 사태에 대응한 예비비 설정에서도 언급한바 있지만 이벤트 개최 중 단계에서는 리스크에 대한 관리업무도 매우 중요하다. 대규모 이벤트는 물론 중소규모의 행사도 리스크 매니지먼트 전담부서를 운영조직 내에 정식으로 마련하여 운영하는 것이 좋다.

계획 추진 과정에서 미리 검토된 '리스크 관리대장'의 중점 항목에 근거하여 그 대상 항목을 해당 부서의 담당자가 매일 정기적으로 점검한다. 위험도가 높은 시설물, 또는 설비와 장치 등을 현장에서 사용하는 작업자, 연출가들은 임의적으로 그때그때 비상 상황에 대응하는 것보다 설정된 매뉴얼에 의해 중복해서 점검하는 방식을 취하는 등의 완벽한 리스크 관리 체제를 갖추고 대응해야 한다. 일반적인 리스크 관리 업무는 다음과 같이 진행한다.

① 임의적인 방식보다는 매뉴얼에 근거하여 대응한다.
② 리스크 상황에 대한 정보는 모두가 공유해야 하며 전담부서가 일원화되어 신속한 대응 태세를 갖춘다.
③ 리스크 관리의 조직체계는 리스크 규모와 위험의 정도에 따라 '상황실', '긴급대책실' 또는 '(비상)대책본부'를 중심으로 가능한 조직을 일원화하여 돌발 상황에 대한 조사와 검토, 대응 등의 리스크 매니지먼트 업무가 신속히 처리될 수 있도록 한다.

또한 리스크 관리는 가능한 한 초기단계에서 미리 대처하여 보상과 피해의 범위를 최소화하는 것에 중점을 두어야 하며, 이와 함께 리스크가 확산되지 않도록 홍보활동에 대한 프레스 대책을 수립하여 피해를 막는다.

언론기관에 대한 관리는 전담 홍보담당부서와 담당자를 마련하는 것은 물론, 리스크의 원인이 화제로 파급되지 않도록 하고 이미지의 손상을 방지하며 해당 이벤트에 대한 호감을 형성할 수 있도록 상시적으로 적절한 대응을 마련하는데 중점을 둔다.

4. 폐단식 및 철수 업무

폐회식은 개막식과 같이 공식행사의 하나로 방문객을 비롯한 외부의 모든 참석자에게 대회의 폐막을 알리는 중요한 행사이다. 이에 반하여 폐단식은 주로 내부의 행사 관계자 및 협력업체, 스텝을 대상으로 하여 대회의 종료를 알려서 그 동안의 노고를 위로하고 공과를 평가하려는 뒤풀이 행사의 성격이 강하다.

또한 개최 종료 후의 철거 및 철수 업무는 전시회가 끝나고 전시장에 설치되었던 시설과 전시품을 공식적인 철차와 정해진 순서에 의해 철거 작업을 진행하게 된다. 그러나 철거 작업은 행사 시작 전보다 일정이 긴박하고 어느 면에서는 긴장감이 해제되는 등 정신적인 것에 의해 철저한 계획과 사전 준비가 소홀하면 사고의 위험성이 높게 된다.

따라서 사실상 철수 업무는 안전사고 발생을 감소시키고 대회의 유종의 미를 거두기 위해 철저한 사전 계획 수립 및 준비 과정에 만전을 기할 필요가 있다. 철거 작업이 원활히 진행되려면 제작, 시공 회사와 발주 단계에서부터 사전 준비 및 계획을 수립하고, 행사의 진행에 따라 중간에 여러 확인 과정을 거쳐 철수 업무를 수행하는 것이 바람직하다.

철수 작업은 계약서에 명시되어 있는 일정대로 행사의 공식적인 종료와 함께 제대로 진행되도록 하고, 세부적인 사항을 구체적으로 확인해 나간다. 또한 회장 관리자 및 시설 책임자와 사전에 충분한 협의 과정을 통해 구체적인 일정에 대한 협의를 진행해야 하며, 제작 및 시공회사로부터 행사 개최 직전뿐만 아니라 재료 및 행사 장비 납입 시, 각 업무 책임자에게 일정 계획서 등의 관련 서류를 제출받고 이를 근거로 철수 업무의 확인 작업을 실시한다.

회장 대여자 및 소유자의 입장에서 볼 때 철수 작업의 핵심은 무엇보다 행사장 사용자나 임대인이 전시시설을 원상태로 복구하는 것이다. 따라서 전시장 사용자는 향후 지속적인 대여 및 사용을 위해 계약서에 명기한대로 약속을 철저히 이행하며 사용한 모든 것은 안전하게 철수하여야 한다.

또한 행사에 사용된 모든 물품 및 시설, 장비는 정해진 철수 계획에 의해 소정의 장소에 운송하고 반납한다. 만약 철거 과정에서 파손 및 손상된 것이 발생하면 이에 대해 약정대로 변상하거나 복구를 책임져서 약속을 이행하고 회장 소유자와의 신뢰를 유지하는 것이 중요하다.

철수 업무를 효율적으로 진행하기 위해 철거 설명회 개최와 철거 일정 계획 수립 등의 과정을 마련한다.

(1) 철거 설명회 개최

일반적으로 소규모 전시행사의 경우, 철거 설명회는 대회 종료 전 하루나 이틀 전에 실시하고 대규모 행사의 경우는 1~2주 전에 진행하고 있다. 또한 전시회의 규모나 전시품과 시설, 장비 등의 특성과 내용에 따라 설명회의 진행 방법에 차이를 두고 실시하게 된다.

① 대상자 - 참가업체 및 협력회사
  규모가 작을 때는 대상자의 전원을 참석시킬 수 있지만 반대로 규모가 클 때는 혼잡을 방지하기 위해 참석 법위를 제한하고 회의 결과를 불참자에게 전달한다.
② 철거 설명회 내용 - 철거 일정을 확정하여 대상자의 순서를 통보하며 이때의 철거 순서는 철거에 소요되는 시간을 고려하여 해외로 반송될 전시품 및 시설물, 국내 전시품 및 시설물 중 경량품, 중량품 등의 순으로 진행한다.

(2) 철거 일정 계획 수립 및 고려사항

첫째, 철거 일정은 참가업체 및 협력회사의 사정을 고려하여 전시품을 비롯한 시설 장치의 반출 순서에 의해 철거를 진행한다.

둘째, 행사에 동원된 전시품 및 시설, 장비는 정해진 철수 계획 일정에 의해 실시하지만, 전시 과정에서 파손되거나 손상되어 문제가 발생하면 약정대로 이를 변상하는 등의 책임을 이행하여야 한다.

셋째, 하자 점검 내용에는 전시품을 비롯하여 시설물, 장비, 전시장 건물, 전시장 내부 바닥 및 기둥 등의 손상이나 파손 여부가 포함된다.

넷째, 점검 결과는 정확한 확인 작업을 거친 후, 파손 상태나 책임 소재, 변상의 정도 등에 관해 자세한 사항을 반드시 문서에 의해 기록, 작성한다. 만약에 하자가 발생하게 되면 누가, 언제, 어떻게 해서 발생한 것인지, 또는 이번 행사 때에 발생한 것인지의 여부를 확인하여 변상을 결정하도록 한다.

다섯 째, 철거에는 청소에 의한 보수도 포함된다. 하자 보수 작업의 하나로 종료 후 전시장의 청소에 정성을 기울여야 한다. 청소는 전시장 사용에 대한 성의의 표현으로 실시되기도 하지만 하자의 발생 정도를 정확히 알 수 있는 방법이 될 수 있다. 청소 대상에는 주로 전시장과 부스 주변의 시설물과 바닥 등이 포함되며, 전시 과정에서 발생하는 부산물이나 폐기물, 쓰레기 등도 처리 대상이 된다.

5 종료 단계

종료 단계는 전시이벤트의 기획단계의 마지막 단계이다. 이 단계의 중요한 항목으로는 결산 및 정산 업무, 제4차 홍보계획-사후관리 및 평가 단계 등이 있다. 종료 단계는 대회 종료 후, 이를 마무리하기 위한 결산과 정산 업무가 이루어지고, 이벤트 의뢰자에게 수집, 보존된 자료를 해당 행사의 성과를 보고하고, 평가를 받게 되는 피드백 단계이기도 하다.

전시이벤트의 기획과정이 결실을 맺고 소기의 성과가 달성될 수 있고 유종의 미를 거둘 수 있도록 세심한 계획을 수립하여 마지막까지 최선을 다하는 자세가 필요하다.

1. 결산 및 정산 업무

이벤트의 최종적인 자료정리 업무관리 중의 하나로 결산과 정산업무가 있다. 행사 종료 와 함께 정산과 결산처리로 의뢰받은 행사의 진정한 의미에서의 완결을 맞게 된다.

이러한 결산과 정산업무는 이벤트기획 단계의 마지막인 예산계획과도 밀접한 관계가 있 으며 계획의 기초단계인 기본계획과 전체적인 계획과정과의 관계를 생각하며 입안되어야 한다.

기본적으로 이벤트는 수주업무이기 때문에 계약을 기본으로 수주 · 발주가 이루어진다. 따라서 제작 · 시공회사에게 발주하는 시점에서 계약이 필요하기 때문에 당해 이벤트의 대 부분의 지출이 파악되고, 전체의 실행예산이 정해진다.

이벤트 특유의 불확정 요소로 인해 때로는 부분적으로, 즉 일부 회사에 있어서는 잠정 금 액으로 가계약에 의한 발주도 있을 수 있지만, 납입기한은 결정되어 정식계약이 이루어져 야 한다.

종료시점에서의 결제는 개최 중의 불확정 사항, 예를 들면 입장객 수에 따라 달라질 수 있는 배포물, 소모품, 긴급인사, 대응설비 등이 추가로 임시 지출될 수 있다. 즉 '예비비' 또 는 '운영직접경비'의 범위에서 처리할 수 있는 것에 한한다.

(1) 결산 업무

개최 종료 후의 예산관리, 즉 결산업무는 예산의 주요 부분을 형성하는 계획추진 업무가 계약대로 수행되었는가의 확인과 그 정산(차액조정, 지불액 확인 등)에 있어서 다시 그 금액을 조정하는 미결제, 더구나 미계약(가계약 포함)이 종료시점까지 있어서는 안 된다.

성공한 이벤트로 완결하기 위해서는 명쾌한 결산보고가 되어야 한다. 주최자는 납득할 수 있는 금액으로 성과가 높은 이벤트의 완수에 만족하고, 제작공급 관계자도 착실한 실적을 올림과 동시에 적정 이윤을 확보하여 이벤트 관계자 전원이 만족할 수 있는 성과를 올려야 한다. 이렇게 함으로써 이벤트는 훌륭한 산업으로서의 발전 기반을 구축해 갈 수 있다.[20]

(2) 정산 업무

전시이벤트를 실시함으로써 가장 중요한 것은 전시장 내부에서의 단순한 전시 대상물의 진열이 아니라, 근본적으로는 참가자의 수익성을 확보하기 위하여 객관적인 효율성을 바탕으로 적극적인 마케팅 차원에서 기획되어 전개 해 나가는 과정이 중요시 되고 있다. 다시 말해서 전시이벤트를 주최하는 주최자나 기업은 해석의 논리만 다를 뿐 제1차적 목표는 시장 개척 및 판매촉진을 통한 수익성의 확보이며 이러한 전시이벤트를 통하여 전략 차원적인 전시라는 차별성을 부각시켜야 한다.

정산이란 전시회 종료 후, 결산업무와 함께 진행되며 수입비용과 지출비용의 내역을 집계하여 그 결과를 얻어내는 최종 결산 단계를 말한다. 정산 작업은 전시 주최자의 수익성 산출과 연관이 깊기 때문에 충분한 검토와 분석이 뒤따라야 한다. 정산 업무는 크게 전시장 정산과 업체 정산, 수지 정산 등으로 구분할 수 있다.

가) 전시장 정산

임대료 정산과 공과금 정산 방식이 있다. 주최자는 전시회 개최를 위해 전시장 소유자로부터 전시장을 일정한 기간 동안 임대할 필요가 있는데 일반적으로 전시장 사용료에 대한 정산 방법에는 계약 당시에 10%를 지불하고 개최일 전까지 순차적으로 납부하는 방식을 취하고 있다.

또한 전시장 내부의 시설물 사용료에 대한 정산도 함께 진행되며 플래카드, 배너광고, 옥외광고물 사용료 등도 여기에 포함된다.

전시장 정산에는 공과금에 대한 정산도 있다. 여기에는 전화, 전기, 수도, 가스 등의 공공시설물의 요금 등이 포함되며, 이에 대한 각종 사용료도 정산해야 한다.

20) (주) 장영렬 외, 『이벤트계획실무』, 커뮤니케이션북스, p203

나) 업체 정산

참가업체나 협력업체로부터 받아들인 각종 수입금에 대해 정산을 진행한다. 먼저 참가업체 정산은 참가업체로부터 제공받은 부스 사용료를 비롯하여 장비 및 시설물 사용료, 경비 및 청소 용역비, 안내원 및 행사 도우미 인건비 등에 대해 정산 처리해야 한다.

또한 협력업체 정산은 참가업체로부터 받아놓은 홍보물 발주업체나 광고 및 이벤트·마케팅 관련회사, 인력파견 회사나 경비 등의 용역회사 등의 비용에 대한 정산을 실시한다.

다) 수지 정산

수지 정산은 전시회의 기획 및 출발 단계에서부터 전시회 종료 시점까지 발생하는 총수입과 총지출에 대한 결산 작업을 의미한다.

총수입은 전시회 진행과정에서 들어온 비용 총액을 말하며, 여기에는 전시회 참가비에서 부스 사용료, 협찬금, 각종 시설물 사용료가 해당된다. 또한 총지출은 전시회를 개최하고 진행하는 과정에서 지출된 비용의 총액을 가리킨다. 총지출 항목은 직접 경비와 간접 경비 등과 같이 크게 2가지로 구분된다.

직접 경비에는 임대료를 비롯하여 인건비, 광고·홍보비, 통신비, 설치비, 시설물 사용료 등이 포함되고, 간접 경비에는 접대비를 비롯한 수수료, 기타 비공식 지출경비 등이 포함된다.[21]

한편 성과분석 및 수지정산에 대한 평가 과정은 전시이벤트 진행과정에서의 수입비용과 지출비용을 산출하고 당초 목표설정과 비교하여 그 성과에 대해 종합적으로 평가하는 단계를 가리킨다. 최종결산은 차기 전시이벤트의 진행에 영향을 미칠 뿐만 아니라 전시이벤트 주최자에게는 수익이 우선되어야 하는 사업이기 때문에 철저하게 진행되어야 할 것이다.[22]

따라서 전시이벤트를 통한 수지정산에 대한 내용을 나타내면 다음과 같다.

---

21) 문영수, 『전시학개론』, 한국국제전시회, 2003, pp269~273
22) 이재곤, 「전시이벤트 운영계획에 관한 연구」, 관광경영학연구 제11호, 2001, pp151~152

표 4-11 수지정산과 세부항목

내용	항목	세부항목
수지정산	수입금 현황파악	업체별 수입금 현황(광고비, 관리비, 참가비), 미수금 현황 및 대책 수립
	지출금 현황파악	사업별 종합원장 확인 및 미종결사항 정리, 품목별 집행현황 작성, 지출금 내역서 작성
	수지 총괄표 작성 및 정산	

참고 : Black, Sam. How to Plan Exhibitions and Conferences from A to Z. Universal Books Stall, 1989를 참고로 수정작성

2. 제4차 홍보계획-사후 관리 및 평가 단계(피드백을 위한 홍보전략)

이벤트 개최 종료 후 단계의 주요업무는 개막식, 폐막식 등의 공식행사가 끝나고 폐회식 및 폐단식을 통해 이벤트의 종료를 알리며 행사를 마무리하기 위한 업무와 다음 행사를 위하여 공식기록과 성과보고서의 작성과정을 통해 공과를 평가하는 피드백 업무가 중심이다.

이 단계가 중요한 의미를 갖는 것은 방문객에게 보이기 위한 이벤트의 모든 프로그램이 끝났지만, 공식행사가 종료된 후에도 각종 성과에 대한 객관적인 기록과 방문객의 반응에 대한 조사와 평가를 명확히 하여 보다 나은 미래의 행사를 대비할 수 있기 때문이다.

앞의 홍보 제1단계는 전체 홍보계획의 방향이 수립되고 준비되는 단계이고, 홍보 제2단계는 수립된 홍보계획이 일정에 의해 구체적으로 집행되는 단계이다. 또한 제3단계는 홍보 확산 및 참여 확대 단계로서 본격적인 집객을 위한 총력적인 홍보전략이 이루어지는 단계라 할 수 있다.

본 항목의 홍보 제4단계는 마무리와 사후관리 및 평가 단계로서 피드백을 위한 홍보전략 단계이다. 각종 방송, 신문광고 보존 및 수집, 종합 결과 보고서 제출(결과보고서), 또한 영상자료, 사진자료 등에 대한 기록 및 보존 작업이 진행되고 행사결과에 대한 보도자료가 배포되며, 행사 진행 후 구축된 인프라의 지속적인 관리 및 유지가 지속되는 단계이기도 하다.

(1) 홍보자료 수집 및 보존

박람회 개최 등 이벤트를 실시하기로 결정한 시점부터 기록을 시작해야 한다.

기록도 홍보에 있어서 중요한 부분 중의 하나이므로 기록담당자를 정해서 계획적으로

기록을 하는 것이 중요하다.

초기단계에서 기록담당자가 확실히 결정되어 있지 않은 시점에서는 기록이 산만해지기 쉽고 보고서 작성 시에도 어려움을 겪게 된다.

기록의 종류로는 문자기록, 인쇄물 기록, 사진, 영상, 음성, 현물 자료가 있지만 이들 기록 업무를 한 사람이 모두 담당하기는 어렵다.

(2) 결과보고서 제출

전시이벤트의 결과보고서와 공식 기록서는 행사가 종료된 후, 주로 홍보 담당자에 의해 작성되어 이벤트를 의뢰한 주최자와 관계기관, 그 밖의 행사 관련 실무 부서에 배포된다. 공식 기록서와 성과 보고서는 행사의 진행상황과 결과에 대한 내용이 상세하게 기록되며 방문객의 만족도와 기대효과에 대한 평가 등 이벤트와 관련된 주요한 내용이 거의 총망라되어 작성되는 것이 보통이다.

특히 이 가운데 행사 규모가 큰 대형 이벤트는 행사가 끝난 후, 공식 보고서가 발행되는 것이 거의 관행화되어 있고 보고서의 형식 및 틀 또한 정형화된 예가 많다. 또한 대회의 권위를 나타내기 위해 상당한 예산을 들여서 상세한 내용과 함께 고급스럽게 작성되어 이를 필요로 하는 곳에 나누어진다. 이러한 공식 보고서는 때로는 거래처 및 관계 단체, 도움을 준 사람에 대한 고마움을 표시하기 위하여 발행되기도 하며, 노벨티(novelty) 등의 기념품과 함께 배포되는 등 다양한 형태로 이용되는 사례가 많다.

일반적으로 홍보업무의 일환으로 홍보 담당자가 주관하는 공식 보고서나 공식 기록 작성은 이벤트 주최자가 의뢰하여 진행하는 경우도 있고 그렇지 않으면 전시 행사를 담당한 단체가 업무 서비스 차원과 자신이 담당한 특정 이벤트의 효과를 제시하려는 의도에서 실시된다.

공식 보고서에는 행사의 경과보고나 의뢰받은 이벤트의 성과보고, 관련 통계자료, 각종 기록 사진 등의 내용이 잘 정리되어 기록되며, 각 부문의 행사 진행자는 이벤트의 개막 전 계획단계부터 자신이 담당한 프로그램에 대한 기록을 의무화함과 동시에 보고서 등의 서면으로 제출하는 것을 습관화하도록 한다.

각 행사 담당자는 일상적으로 행사와 관련된 기획서나 서류, 사진 등의 자료를 수집, 보관하거나 평소부터 메모를 하는 등의 노력을 게을리 하지 않는 습관을 들여 제출 시에 혼란을 줄이도록 준비하는 것도 보고서를 잘 작성할 수 있는 방법이다.

이벤트 담당자에게 있어서 보고서를 작성하는 업무는 일회성으로 그치지 않고, 담당하는 행사가 끝나면 반드시 제출해야 하는 업무의 연장으로서 자료를 기록하고 보관, 작성하는 업무가 반복되는 가운데 많은 노하우(know-how)가 축적되고, 다음 행사에 활용할 수 있는 데이터나 지적 자산의 의미로 자리 잡고 있다.

표 4-12 평가(성과분석 및 수지정산)와 피드백[23]

내용	항목
설문분석	배포에 대한 회답을 전시업체 수 대비 회답율, 항목별 회답내용 및 원안분석, 총괄분석(문제점 해결방안)
성과분석	참가업체 현황 및 분석, 참관객 현황 및 분석(바이어, 내국인), 참가업체 설문분석, 총괄분석
성과통보 및 감사서한발송	유관기관에 대한 성과통보: 개최성과, 성과분석에 따른 개선방안, 차기전시계획, 참가 및 협조에 대한 감사 표현
	참가업체에 대한 감사서한 발송
종합보고서 작성	전시이벤트 개최개요, 추진내용, 수지총괄, 성과분석, 문제점 및 개선방안, 결론
차기 전시계획 수립	설문지 분석, 정책방향, 시장규모 및 산업현황 변동사항, 주변국 관련전 성과 등 정보분석, 후원, 협찬기관 의견수렴, 계획안 작성

참고 : Black, Sam. How to Plan Exhibitions and Conferences from A to Z. Universal Books Stall, 1989를 참고로 수정작성

23) 이재곤, 「전시이벤트 운영계획에 관한 연구」, 관광경영학연구 제11호, 2001, pp151~152
문영수, 『전시학개론』, 한국국제전시회, 2003 참고

Appendix

부록

축제·이벤트의
전략과 기획실무

일본 아리타축제

이벤트행사 앰퍼서비댄스

민헨 맥주축제 맥주바차

뮤헤럭산축제 서울 드럼페스 티벌

브라이드 산옥윤제

지역이벤트 강진청자축제

부록1 문화관광축제 정책방향

「한국이벤트컨벤션학회 세미나」를 통하여 발표된 문화관광부의 「문화관광축제 정책방향」은 현재 우리나라 축제의 현주소를 비롯하여 문화관광축제 제도 현황, 문화관광축제 운용결과로 본 전국의 지역축제 기획 및 운영에 대한 평가, 문화관광축제기획 사례, 그리고 문화관광축제 기획시 주안점 등이 소개되고 있다.

▼ 지역이벤트 사례 - 강진청자축제

특히 「문화관광축제 정책방향」에는 우리축제의 문제점 및 전국 문화관광축제 기획 에 관한 사례, 기획수립 시 키포인트가 자세히 설명되고 축제운영에 있어서 마케팅 개념을 도입을 역설하는 등 향후 지역축제의 나아갈 방향을 새롭게 제시하고 있기 때문에 이벤트담당자에게 많은 참고가 될 것이다.

1 우리나라 축제의 현주소

우리나라 지역축제는 지역이미지를 구축하는 사업과 연계되기도 하고 지역축제를 통해서 지역경제의 활성화를 목적으로 개최되는 경우가 많다. 이러한 목적으로 인하여 다양한 주제의 축제를 개발하게 되고 박람회의 특성을 가지는 대규모 축제를 기획하기도 하며 예술 페스티벌이 성장하는 등 여러 특징이 나타나고 있다.

지역축제는 1990년대 지방자치시대에 본격화 되었다. 이때부터 각 지방자치단체가 지역축제에 관심을 가지면서 양적으로는 크게 성장하였지만 독창성을 발휘하지 못했고 전문축제를 기획하기에 부족했으며 관리운영상의 전략도 부족하였다. 그리고 운영 인력이 부족하였고 지역주민의 참여율이 저조하다는 등의 문제점이 공통으로 나타났다.

또한 지역축제 간에 차별성이 거의 없이 유사한 행사를 하고 있어서 일부 언론에서는 낭비성 행사로 보도되는 경우도 많다.

매년 1,000여개의 축제가 전국 각지에서 개최되고 있는데 그중 대다수가 5월과 10월에 집중되어 열리고 있다.

이 시기에 축제가 많이 개최되는 이유는 계절적으로 관광객을 모으기가 쉽고, 기후가 상당히 좋기 때문에 신생축제의 대부분은 개최시기를 5월, 10월로 정하는 실정이기도 하다. 문제는 시기와 그 축제의 주제가 서로 잘 맞아야 하는데, 겨울철이나 관광비수기 축제가 개발되어 관광성수기로 연결된다면 같은 시기에 경쟁적인 축제가 적어서 매스컴을 통한 홍보가 용이하며 관광객 유치에도 유리할 수 있다. 그렇기 때문에 지역축제의 발전을 위해서는 5월과 10월에 집중되는 축제의 개최시기를 분산할 필요가 있다는 것이다.

또 축제가 발전하면서 축제의 상품화도 급속하게 증가하고 있다.

주5일 근무제의 전면 시행으로 인해 국민의 여가가 증가하면서 축제나 이벤트 행사 그리고 문화관광행사가 지역발전과 지역경제 활성화에 아주 중요한 핵심요소로 등장하였다. 각 지방자치단체는 저마다 경쟁적으로 관광객을 유치하여 소득을 창출하는 이벤트 상품 전략으로 관광성 축제 양상을 띠게 되었다.

2 문화관광축제 제도 현황

1. 문화관광축제 제도운영의 새로운 방향 모색

- 먼저 관광비수기를 극복하고 관광성수기를 연장시킬 수 있는 축제를 육성해야 한다. 인제 빙어축제, 화천 산천어축제, 제주 정월대보름들불축제 등이 여기에 해당된다.

- 다음으로 현대인들의 관광 욕구를 충족시킬 수 있는 볼거리, 살거리, 놀거리 등의 관광매력성이 풍부하고 관광가치가 높은 축제로 육성되어야 한다.

- 그리고 다양한 소재와 저비용으로 고효율의 합리적인 소프트웨어 중심의 축제를 개발해야 한다. 춘천 마임축제 등이 여기에 해당한다.

▲ 지역이벤트 사례 - 해신 테마파크

- 문화관광축제 전반에 공통되는 사항으로 문화 콘텐츠를 확충하고 관광객들의 삶의 질과 연계된 축제 콘셉트와 프로그램 내실화를 추구해야 한다.
- 예산 낭비적 요소를 극소화 하고 문화관광축제의 생산성을 극대화해야 한다.
- 사후평가 실시하고 피드백 시스템을 강화함으로써 축제의 장기 발전을 추구해야 한다.

3 문화관광축제 운용결과로 본 전국의 지역축제 기획 및 운영에 대한 평가

1. 축제운영에 경영마인드를 도입

- 이는 열악한 축제재정을 보완하고 문화관광축제의 경제성 향상을 위해서는 반드시 필요하다. 유료 프로그램 개발의 예로 청도 소싸움축제, 진주 유등축제를 들 수 있다.
- 축제 캐릭터 상품 개발의 예로 남원 춘향제와 함평 나비축제 등이 여기에 해당한다.
- 연계 관광상품 개발로 인한 지역관광소득 향상의 예로 강진 청자문화제와 하동 야생차문화축제 등이 있다.

2. 축제의 근원적 기능을 고려

- 현대 축제가 유희적 기능이 강한 탈 일상의 해방감과 삶의 통풍구 역할을 수행하면서 축제의 경제적 편익을 지나치게 강조하는 산업형 축제의 발달로 축제의 본원적 기능이 상실되는 경향을 보이고 있다.
- 문화관광축제가 인간성을 회복하는 계기로 활용하고 축제의 쌍방향커뮤니케이션 기능을 강화시킴으로써 축제 참가자들에게 삶의 활력소를 제공하기도 한다.

3. 계절성 및 지역 편중성을 극복

- 우리나라 대부분의 축제가 5월 및 10월에 개최됨으로써 축제의 관광효과가 반감되고 있어 관광 비수기를 극복할 수 있는 다양한 문화관광축제의 개발이 시급하다.
- 우리나라를 찾는 외국인 관광객들의 체류지가 대부분 대도시 및 특정관광지에 한정되어 있기 때문에 이들을 위한 도시형 문화관광축제의 개발도 필요하다.

4 문화관광축제 기획 사례

1. 지역문화의 고부가가치화에 주안을 둔 축제기획

- 지역의 특성이나 고유문화를 문화관광축제로 개발하여 문화의 부가가치를 높임으로써 지역주

민들에게 문화적 자긍심을 높여줄 뿐만 아니라 지역문화발전과 전승의 계기가 된 경우도 있다. 예를 들면 강화도의 고인돌축제, 이효석의 소설 메밀꽃 필 무렵의 무대가 된 강원도 평창의 효석 문화제, 남원 춘향제 등이다.

- 지역특화와 연계된 축제를 개발함으로써 지역관광발전에 기여한 경우도 있다. 경남고성 공룡테마파크, 담양 대나무 생태공원 등이 그러한 예이다.
- 축제를 통해 문화의 브랜드를 창출한다. 이러한 예로는 안동 탈춤 페스티벌, 함평 나비축제, 남도 음식문화축제가 있다.

2. 현대인의 욕구를 축제에 반영한 축제기획

- 현대인들이 많은 관심을 가지고 있는 웰빙(Well-being) 트렌드를 축제이벤트로 개발하여 관심과 만족도를 높인 경우도 있다. 예를 들면 대구 약령시 축제, 지리산 한방 약초 축제 등이 있다.
- 도시화와 공업화로 말미암아 발생되고 있는 현대인들의 탈 일상욕구를 환경친화적인 축제를 통해 충족시키는 것인데, 그 예로 함평 나비축제, 무주 반딧불축제 등이 있다.

3. 기존의 인프라를 활용한 축제기획

- 각 지역에 산재하고 있는 기존의 인프라를 최대한 활용함으로써 축제를 경제적으로 진행한 경우이다. 예를 들면 재래시장 활용한 대구 약령시축제, 금산 인삼축제, 강경 젓갈축제, 부산 자갈치축제 등이 있다.

5 문화관광축제 기획시 주안점

1. 축제운영에 마케팅 개념을 도입

- 문화관광축제의 수요자는 관광객들이므로 이들을 위한 축제운영이 필요하다. 이러한 인식이 부족하면 축제기획자 위주의 축제 운영으로 말미암아 관광객들의 불만은 더 커지게 된다.
- 축제장의 공간은 관광객들의 체류시간 및 관람시간 등을 고려하여 동선을 구성하여야 하며 특산품 판매를 위주로 하는 산업형 축제에서는 축제장 공간을 기·승·전·결 형태로 구성함으로써 특산품 구입 후 이를 휴대하고 다니는 시간을 최소화해야 한다.
- 야외의 제한된 공간에 일시적으로 많은 관광객들이 밀집하는 축제장의 편의시설 중에서 화장실은 남·녀의 성비를 고려하여 설치하여야 하며 음료대 및 휴대품 보관소, 유아휴게실 등은 관광객들을 위한 필수적인 편의시설에 해당되므로 반드시 고려해야 할 사항이다.

2. 축제 콘텐츠를 차별화

- 축제의 야간 프로그램 확대편성은 체류 관광객을 창출하고 이로 인해 지역경제 활성화에 도움을 줄 수 있으며 관광객들의 프로그램 몰입도를 높여 축제참가 만족도를 높일 수 있다.
- 세계적으로 성공한 축제들은 축제의 정체성을 유지할 수 있는 뚜렷한 중심 프로그램이 있으며 다른 프로그램은 중심 프로그램을 보조하는 기능만을 가지고 있음을 참고할 필요가 있다.
- 명확한 표적시장을 설정하지 않은 문화관광축제는 실패할 가능성이 매우 높다. 즉 명확한 표적시장을 설정하지 않은 문화관광축제에서는 모든 계층을 위한 프로그램을 따로 마련해야 되고 결과적으로 이는 축제의 정체성을 훼손할 수도 있다.
- 현대인의 관광패턴 즉 동적관광 및 참여관광에 가장 잘 부합되는 참여프로그램을 개발하여 확대할 필요가 있다.

3. 관광목적지 다변화 및 지역이미지 제고에 주안점

- 지역의 독특한 사회, 문화적 특성을 축제 이벤트로 개발함으로써 관광흡입력을 높일 수 있고 이를 통해 수도권 및 일부관광지에 집중되고 있는 관광객들의 관광 목적지를 다변화하여 국토의 균형적 발전에 도움을 줄 수 있다.
- 축제의 테마는 축제 개최지역의 이미지 형성에 많은 영향을 주게 되므로 부정적인 이미지가 강한 지역일수록 이를 긍정적으로 변화시킬 수 있는 축제테마를 선정할 필요가 있다.

4. 지역주민의 관심유발과 참여를 확대

- 관 주도형이었던 축제를 민간 주도형 축제로 전환함으로써 지역주민의 관심을 더욱 유발할 수 있으며 자발적인 참여도 유도할 수 있다.
- 민간 주도형 축제는 프로그램의 탄력적 운용을 용이하게 할 뿐만 아니라 새로운 프로그램을 개발할 때에도 많은 도움을 준다.
- 지역주민들의 다양한 아이디어를 프로그램에 반영함으로써 주민들이 축제에 지속적인 관심을 가지고 적극적으로 참여할 수 있게 해야 한다.
- 민·관·학 협력 체제를 구축함으로 인해 전문성을 제고하고 역할분담을 통해 축제행정을 효율화하여야 한다.[1]

---

1) 문시영, 「문화관광축제 정책방향」, 「제2회 한국이벤트컨벤션학회 세미나」 2005.12

부록 2   세계의 축제 사례

　　우리나라의 지역축제는 1990년대 지방자치제도의 시작과 함께 급성장을 이루었다. 현재 1,000여 개의 축제가 전국 각지에서 개최되고 있으면서 다양한 내용의 프로그램을 선보이고 있지만 아직도 개선해야 할 문제점은 너무 많은 것 같다. 먼저 지역축제의 현 실정을 올바로 직시하여 우리의 현실에 맞는 발전방향을 모색하는 것도 의미 있는 일일 것이다.

　　최근 문화관광부가 제시한 「문화관광축제 정책방향」은 이러한 문제점을 개선하는 데 많은 참고가 되고 있다. 대표적인 정책방향으로는 축제운영에 마케팅 개념을 적극적으로 도입할 것은 물론 축제 콘텐츠의 차별화에 의해 부가가치나 경제성이 높은 축제를 개발할 것 등을 제시하고 있다.

　　한편 세계적으로 잘 알려진 지역이벤트에 관한 사례를 분석하면 우리에게 새로운 개선방안을 안내해 줄 뿐만 아니라 현재의 지역축제가 양적인 팽창에도 불구하고 성장 한계점에 머무르고 있다는 비판의 목소리가 높아지고 있는 이 때에 좋은 시사점을 던지고 있다.

　　성공한 세계축제는 그 수가 매우 많지만 여러 사례 중에서 비교적 우리에게 널리 소개된 세 개의 축제를 선정하였다. 먼저 예술축제로 유명한 오스트리아의 '잘츠부르크 음악 페스티벌'과 지역산업을 연계하여 경제 활성화에 연계한 대표적 산업축제의 하나인 독일의 '뮌헨 맥주축제(옥토버 페스트)', 그리고 마지막으로 전통축제로 잘 알려진 일본의 '하카다 기온야마카사 축제(마쯔리)'등이다.

　　이와 같이 선정된 3개의 축제는 지역적인 안배와 예술, 산업, 전통축제와 같은 나름대로의 일정한 기준을 설정하여 적은 수에도 많은 참고가 될 수 있도록 노력하였다.

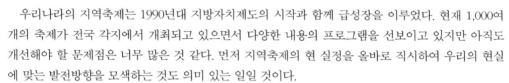

세계 성공 축제에서 배울 점

① 고전과 현대의 조화 ② 문화적 가치와 경제적 이익의 조화 ③ 홍보 전략을 이벤트 발전에 연계

세계의 유명축제를 살펴보면 3가지의 중요한 공통점을 발견하게 된다. 이것은 크게 두 가지 측면으로 정리할 수 있다. 첫째는 사고나 가치의 조화이다. 오래된 관광자원이나 문화재를 잘 보전하면서도 현대적인 감각과 편리성을 잘 결합시켜 시대의 변화에 적응해 나가며 문화적 가치를 존중하는 가운데 경제적 이익을 추구하고 있다. 둘째는 홍보 전략을 적극적으로 활용하여 이벤트 발전에 연계시키고 있다.

먼저 그들은 문화제를 발굴하거나 전통성을 유지, 보존하는데 최선을 다하면서도 현대적인 시점에서 이를 가공하고 새로운 감각을 받아들이는데 인식하지 않다. 따라서 다양한 세대나 여러 나라의 해외 방문객이 폭넓게 축제에 참여하며 만족할 수 있어 많은 수입을 올릴 수 있다. 또한 문화적 가치와 경제적 이익이 함께 조화를 이루며 이벤트 기획에서 문화성은 충분히 살리면서도 수입을 높일 수 있는 프로그램과 상품을 개발하여 두 개의 상충되는 개념에 대한 균형을 유지하고 있다.

반면에 우리의 이벤트의 현장에서는 너무 한 쪽만을 고집하고 주장하는 경우를 자주 발견할 수 있다. 고전과 현대를 조화시키거나 문화성과 경제성의 균형을 추구하기 보다는 두 개념이 충돌되어 조화로운 발전이 저해되고 있다. 우리나라 이벤트의 대표적인 문제점으로 자치단체나 관이 이벤트를 주도하기 때문에 이들로부터의 지원금이 중단되면 대부분의 지역축제는 지속적인 발전에 한계가 있음을 지적하고 있다. 지역축제나 문화·공연이벤트의 본질이 경제적 이익을 올리는 데 있지 않더라도 장기적인 관점에서 수익성이 충분히 확보되지 않고는 더 이상의 발전은 확신할 수 없다.

다음으로 3개 축제사례에서 발견할 수 있는 특징은 홍보에 대한 인식의 중요성이다. 잘츠부르크 음악 페스티벌'은 매년 모차르트의 출생지에서 개최되고 있다. 모차르트에 대한 세계적인 인지도를 이용하여 별도로 모차르트 음악제는 물론 다양한 캐릭터 상품을 개발하여 홍보에 적극적으로 나서고 있다. 또 '뮌헨 맥주축제(옥토버 페스트)'는 1972년 올림픽을 유치한 뮌헨에서 열리고 있는데 200년 전부터 개최된 맥주축제가 전 세계적으로 발전된 계기에는 뮌헨이 올림픽을 유치하면서 이와 함께 세계적으로 홍보되었기 때문이다.

앞으로 진정한 이벤트 발전을 위해서는 무엇보다 사고의 유연성이 기획력에 반영될 필요가 있다. 예산을 효율적으로 관리하고 목적에 알맞게 집행하는 것도 중요하지만 이와 함께 다양한 이벤트 프로그램과 상품 개발에 주력하여 수익성을 높이는데 소홀함이 있어서는 안 될 것이다. 또한 이벤트가 단순히 지역행사에 머물지 않고 많은 지역으로부터 다양한 계층의 사람에게 관심을 유도하기 위해서는 홍보 전략이 필요하다는 것을 하루 빨리 인식해야 할 것이다.

▪1 잘츠부르크 음악 페스티벌

잘츠부르크 음악 페스티벌'은 매년 모차르트의 출생지 잘츠부르크에서 개최되고 있다. 이 음악축제에는 매년 7월 하순부터 8월 까지 5~6주간에 걸쳐 개최되어 다양한 프로그램의 음악 콘서트가 열

▼ 잘츠부르크 음악축제 -
'사운드 오브 뮤직' 촬영지(미라벨 정원)

리고 있다. 전 세계적으로 잘 알려진 모차르트에 대한
인지도를 이용하여 별도로 모차르트 음악제를 개최
하는 것은 물론, 부근의 모차르트 생가를 복원하여 관
광지로 개발하며 다양한 캐릭터 상품을 개발하여 경
제 활성화에 주력하고 있다.

잘츠부르크 음악 페스티벌은 세계적으로 가장 수
준 높은 음악축제로서 여름 축제 기간이 되면 세계
각국의 음악애호가 들이 잘츠부르크로 모여든다. 축제 기간 동안은 온 도시가 음악회장이라 해도 과
언이 아닐 정도로 방문객 들이 분비고 있다. 이 페스티벌에서는 모차르트의 음악이 공연되며 베를린
필, 비엔나 필 등 세계적인 필하모닉이 연주되고 명지휘자들이 음악 팬의 마음을 사로잡는다.

잘츠부르크 음악 페스티벌이 세계적인 축제로 발돋움하기에는 또 다른 계기가 있었다. 축제장소
옆에는 고객 창연한 성과 아름다운 미라벨 정원 등이 뮤지컬 영화의 대명사인 '사운드 오브 뮤직'의
촬영지로 제공되면서 스크린을 통하여 전 세계 영화 팬에게 사랑받게 된 것이다.

1. 유럽에서 가장 많은 후원금을 받는 비결

2002년 잘츠부르크 음악 페스티벌의 총예산은 4천 3백만 유로(499억 원)에 이른다. 이 중 74%는
자체수입으로, 26%는 보조금으로 충당한다〈표 1〉.

잘츠부르크 페스티벌은 유럽에서 가장 많은 후원금을 받는 축제의 하나이다. 후원금은 축제예산
의 14%를 차지하는데 여기에는 개인 기부금, 기업의 협찬금, '축제의 친구들'이 내는 후원금 등이 주
종을 이룬다. 기업으로는 세계적으로 잘 알려져 있는 '네슬레', '아우디', '지멘스' 등의 회사가 협찬
한다.

특이한 것은, 잘츠부르크 페스티벌을 후원하기 위한 단체인
'잘츠부르크 페스티벌의 친구들'이라는 협회가 있다. 이 협회
는 1961년에 결성되었는데 매년 우리 돈으로 약 10만 원씩 납
부하는 정회원이 현재 1,800명 있고, 약 100만 원씩 후원하는
후원회원이 2,000명이 있다. 세계 각국의 모차르트 애호가들
이 잘츠부르크 음악제를 지원하고 있는 셈이다. 한편 이들 후
원회원과 정회원들에게는 입장권 구매에 우선권이 주어진다.
우리나라에도 이러한 음악 후원자들이 많아질 때 문화 예술
분야의 발전이 앞당겨질 것으로 생각된다.

그 외 기타수입(연주홀 대관료, TV·라디오 중계권료 등)이

▼ 잘츠부르크 음악축제-모차르트 캐릭터

13%를 차지하고 있다. 보조금은 축제예산의 26%를 차지하는 1천 3백만 유로(130억 원)로 이 중 40%는 연방정부가, 나머지는 주정부와 시정부가 각각 20%, 그리고 잘츠부르크 관광진흥기금에서 20%를 지원한다〈표 1〉.

잘츠부르크 상공회의소가 조사한 자료에 의하면 잘츠부르크 축제가 오스트리아 경제에 미치는 파급효과는 매년 약 1억 8천만 유로(2,100억 원)에 달한다고 한다.

표 1 2002년 잘츠부르크 페스티벌의 예산 및 수입

(단위 : 백만 유로)

구분	금액	구성비(%)	비고
예산총액	43(499억 원)	100	자체수입+보조금
자체수입	31.8(369억 원)	74	● 티켓 판매 47% ● 후원금(개인적 기부, 스폰서, 친구들, 후원자) 14% ● 기타수입(대관료, TV · 라디오 중계권 등) 13%
보조금	13.2(130억 원)	26	보조금 총액 중 ● 40%는 연방정부 ● 20%는 잘츠부르크 주정부 ● 20%는 잘츠부르크 시정부 ● 20%는 관광진흥기금에서 지원

자료 : 김춘식 · 남치호 지음, 『세계 축제경영』, 2005, p142

2. 잘츠부르크 페스티벌에서 배울 점

첫째, 지역의 역사적 인물과 설화나 전설 등 문화적 자산을 격조 높게 축제화하려는 노력이 필요하다.

잘츠부르크는 지역이 낳은 모차르트라는 유명한 음악가를 토대로 세계에서 가장 수준 높고 유명한 음악축제를 만들었다. 그러나 그들은 고전적 유산을 오늘날의 청중들에게 현대적 방식을 통해 전달함으로써 전통과 현대의 완벽한 조화를 추구하고 있다. 또한 모든 이벤트들을 일반 대중이 쉽게 접할 수 있도록 제공하기 위하여 젊은이들을 위한 싼 가격의 티켓 수를 늘이고 새로운 공연장소를 모색하는 등의 노력이 돋보인다.

전국의 어느 지역을 막론하고 지역이 낳은 유명인물들이 있게 마련이다. 그러나 대부분의 지방자치단체에서는 지역이 낳은 역사적 인물과 그 유적이 지역에 대한 긍지는 심어주기긴 하지만 매년 많은 예산을 투입해서 관리해야 하는 부담스러운 유적일 뿐 이들 문화자원을 적극적으로 활용하여 문화산업으로 연결시키지 못하고 있는 실정이다.

어떤 지역이 아무리 훌륭한 문화유산을 가지고 있어도 이를 부가가치를 창출하는 문화산업으로 연결시키지 못하면 경쟁력 있는 상품이나 산업으로서가 아니라 보호받아야 되는 문화현상일 뿐이다.

지역문화자원에 대한 산업적 접근이 성공하기 위해서는 무엇보다도 마케팅 개념의 도입이 필요하다. 문화소비에 대한 세분화된 소비 집단의 심리통계를 분석하고, 소비의 거시적인 트렌드를 읽을 줄 알며, 그에 따라 경쟁력 있는 문화자원을 상품화하고, 가격·유통전략과 홍보 등을 통해 판매를 증대하고 고객을 만족시키는 전략 없이는 성공하기가 어렵다.

우리도 그 지역이 낳은 유명한 역사적 인물, 독특한 그 지방의 설화나 전설, 그 지역에서 일어난 역사적 사건 등 그 지방이 가지고 있는 문화적 자산을 활용하여 적절한 마케팅 전략을 구사한다면 그 지방만의 독특한 축제로 발전시킬 수 있을 것이다. 예컨대 전남 장성의 홍길동 축제, 경남 통영의 윤이상 음악제 등은 아직 초기 단계이긴 하지만 얼마든지 성장 가능성이 있다. 각 지방마다 그 지역만의 독특한 소재를 토대로 축제나 이벤트가 가능할 것이다.

둘째, 적극적인 후원금 유치전략이 필요하다. 고급 공연예술이 그 본질을 잃지 않으면서 자본주의 체제 속에서 살아남으려면 영리조직의 경쟁력과 비영리조직의 공익성을 적절히 혼합함으로써 입장료 수입과 후원금을 동시에 극대화하는 방안이 강구돼야 한다. 그러나 우리의 예술문화는 아직 이런 예술 외적 인프라를 충분히 갖추고 있지 못하며, 예술인들 역시 전문적 마케팅 기법은 고사하고 예술을 상품으로 인식하는 것조차 꺼리고 있는 실정이다.

서구에서는 기업이 문화예술 활동을 후원하는 '메세나'가 매우 활발하다. 특히 영국과 유럽에서는 기업의 문화예술 지원이 '스폰서 십'으로 일반화됐다.

잘츠부르크 페스티벌은 유럽에서 가장 많은 후원금을 받는 축제의 하나이다. 후원금은 축제예산의 14%를 차지하는데, 여기에서 개인기부금, 기업의 협찬금, 축제의 친구들이 내는 후원금 등이 주종을 이룬다. 잘츠부르크 페스티벌의 경우 기업체의 협찬 외에도 '잘츠부르크 페스티벌의 친구들'이라는 협회가 1961년에 결정되어 매년 우리 돈으로 10만 원~100만 원씩 후원하고 있다.

월드컵에서 붉은 악마들이 세계 4위를 하는 데 큰 역할을 하였듯이, 축제도 적극적인 후원자들이 필요하다. 이를 위해 가만히 앉아서 후원자들이 나타나기를 기다리기보다는 애호가를 중심으로 적극적으로 후원조직의 결정을 유도하는 노력이 필요하다.

그 외에도 금융기관과 제휴하여 '축제와 연계한 신용카드'를 개발하여 신용카드 사용실적에 따라 축제비용을 적립하거나, 할인점 등에서 영수증을 모아 지역단체 후원금으로 자원하는 제도 등을 활용하는 방법도 있을 것이다.

2 뮌헨 맥주축제(Oktoberfest)

'맥주축제 옥토버 페스트'는 독일의 맥주산업 도시 뮌헨에서 매년 9월 하순에서 10월초에 걸쳐 개최되며 650만 명의 방문객이 참가하는 세계 최대의 맥주 축제이다. 200여 년 전(1810년)부터 황태자의 사랑을 소재로 발전돼왔던 것을 근대에 이르러 산업형 축제로 다시 전환시켜 오고 있다. 그 당

▼ 뮌헨 맥주축제 - 맥주마차

시 바이에른의 왕자 루드비히와 작센의 테레제 공주와의 결혼을 축하하면서 맥주를 다함께 마시게 된 것을 소재로 활용하여 대규모 맥주 소비를 유도하는 산업축제로 거듭나게 되었다. 축제기간 16일 동안 맥주 소비량은 1리터짜리 550만 잔에 달하고 축제로 인하여 파급되는 경제적 효과는 1조원에 달한다.

독일은 맥주의 나라이다. 그 중에서도 뮌헨은 6개의 유명한 맥주회사가 몰려 있는 맥주의 도시이다. 오늘날 뮌헨 맥주축제는 단순히 맥주를 즐기는 축제를 넘어서 각종 퍼레이드와 공연이벤트를 통해 세계 여러 나라의 고유 민속 문화를 자랑하는 축제로 발돋움하고 있다.

뮌헨 맥주축제가 세계 3대축제의 하나로 까지 발전된 이유는 역시 적극적인 홍보 전략에 있었다. 1972년 제 20회 올림픽을 유치한 뮌헨은 TV로 중계된 스포츠 경기를 통하여 뮌헨시를 홍보하고 더불어 이 지역에 맥주축제가 있음을 적극적으로 소개하였다. 200년 전부터 개최된 맥주축제가 짧은 기간 동안에 전 세계적으로 발전된 계기에는 뮌헨이 올림픽을 유치하면서 이와 함께 세계적으로 홍보되었기 때문이다.

1. 뮌헨 맥주축제의 성공비결

▼ 뮌헨 맥주축제 - 연주악단

맥주축제의 성공비결을 말해달라는 우리의 주문에 뮌헨 관광사무소 특별이벤트 팀장인 비에초렉 박사는 "우리는 전통을 지키면서 오늘 이 시대에 필요한 정신이 무엇인가를 항상 고민한다. 그리고 새로운 기술을 과감히 도입한다."라고 대답한다.

전통은 지키되, 끊임없이 새로운 것과의 조화를 추구하는 정신이 뮌헨 맥주축제가 200년 가까이 전통을 유지해오면서 세계 제1의 맥주축제로 성장한 비결이라는 것이다.

2. 뮌헨 맥주축제에서 배울 점

첫째, 적은 노력과 비용으로 축제를 성공시킬 수 있는 아이디어 개발과 경영 마인드의 도입이 필요하다. 뮌헨 맥주 축제의 경우 주최측은 장소만 선정해주고 각 회사가 알아서 시설을 설치하고 운영하는 것이다. 그러므로 불과 6명의 직원이 650만 명이 방문하는 맥주 축제를 기획하고 운영할 수 있는 것이다. 이제 우리나라도 고비용 저효율의 축제에서 저비용 고효율의 축제로 전환하지 않으면 안 된다.

둘째, 환경친화적 축제를 만들기 위한 노력을 본받을 만하다. 음식 축제는 특히 쓰레기가 많이 나온다. 뮌헨 시는 이를 규제하기 위해 1991년부터 1회용기의 사용금지, 캔 음료수 판매금지, 쓰레기의 용도별 분리수거 등 강력한 규제방안을 마련하여 시행하였다. 그 결과 쓰레기 배출량이 무려 40%나 감소하였다.

셋째, 축제를 통한 지역의 경제적 효과를 극대화할 수 있는 전략이 필요하다. 특이한 점은, 뮌헨 시 행정당국으로서는 맥주 축제를 개최함에 있어서 행사장 임대를 통해 보다 많은 이익을 남길 수 있음에도 불구하고 경비를 충당하고 약간의 이익만 남기도록 가이드라인을 정하고 있다는 점이다. 오히려 입주업체들에게 임대료를 가능한 한 낮추어 주려고 노력함으로써 싼 가격으로 맥주를 즐길 수 있게 유도한다. 결과적으로 더 많은 사람들이 축제장을 방문함으로써 시 전체에 이익이 돌아가게 하는 전략인 것이다.

축제나 이벤트를 통한 지역의 경제적 효과를 극대화하기 위해서는 개츠(Gets)의 권고처럼 ① 축제방문객들이 이벤트를 개최하는 장소나 주변지역에서 숙박을 필요로 할 만큼 장기적이거나 매력적인 이벤트를 개최하고, ② 방문객들의 구매욕구를 불러일으킬 만한 매력적인 상품을 판매하며, ③ 이벤트와 함께 다른 볼거리들을 만들고, ④ 이벤트를 위한 스텝이나 출연진의 대부분을 그 지방 사람으로 고용하며, ⑤ 상인이나 노점상 그리고 전시자들이 영업을 하도록 부스를 분양할 때 지역민에게 우선권을 주며, ⑥ 이벤트를 위한 상품의 구매 시 가급적 그 지방의 공급자로부터 구매하는 것이 바람직하다.

넷째. 여러 유형의 휘장산업을 통한 재원확보 마련책이 강구되어야 한다. 뮌헨 맥주 축제의 경우 로고를 국제적으로 공모하여 사계 24개 국가에 등록하고 그 사용료(licence-fee)를 받고 있다. 우리의 경우도 제대로 로고를 만들고 이것을 통해 계속적으로 친근한 이미지를 심어주고 로고 사용료도 받을 수 있게 될 날을 기대해본다.

3 하카다 기온야마카사 축제

일본의 전통축제 마츠리(축제)를 접하면 지역민들이 그들의 경연을 통해서 축제에 빠져온 공동체가 축제로 출렁거리는 모습을 발견 할 수 있다. 이것은 관주도의 일방적인 축제다 진행되는 우리에게 배울 점을 던져주고 있다. 왜냐하면 지역주민이 하나가 되어서 축제에 참가하고 이끌어나가는 자세야말로 가장 경쟁력이 있는 축제의 본질이기 때문이다.

▼ 일본 아리타축제

최근 일본에서 부활하고 있는 것이라면 마츠리다. 얼마 전까지만 해도 참가자의 부족으로 짊어지지 못했던 「신위 가마-(제례 때) 신체(神體)나 신위(神位)를 실은 가마」도 최근에는 지역인의 참가로 충분히 이루어지게 되었다. 젊은 세대의 마츠리 참가가 부활되고 있다는 것이다. 마츠리의 즐거움을 한마디로 표현한다면 그것은 역시 「현장감」이다. 마츠리 공간은 역시 신바람으로 관중을 사로잡는다. 그것은 신사의 신을 기리는 것이기 때문에 당연하다고 하는 것은 두말할 나위도 없지만 특히 신위 가마를 이고 있는 사람들이 느끼는 흥분은 실로 마츠리가 신과 함께 여흥을 즐기는 행사라고 하는 것을 느끼게 하기에 충분할 것이다.

'왓쇼이', '왓쇼이(최근에는 소이야 소이야가 주류가 되고 있지만)' 하며 크게 외치는 함성과 함께 가마꾼 들이 함께 어울려 가는 마츠리의 세계는 일본인의 마음 속 깊이 존재하고 있는 놀이 문화에 내재 된 유희력의 발현(發現)일 지도 모른다.[2]

1. 하카다 기온야마카사의 성공요인

하카다 야마카사의 성공요인을 한마디로 요약한다면 전통적 마츠리의 특성을 지키고, 마츠리가 본연의 모습에 충실하였다는 점이다. 하카다 야마카사도 760여 년 동안 수많은 변화와 변모를 거듭하였다. 그러한 가운데서도 전통적 마츠리가 지니고 있는 특성을 잃지 않았고, 수행해야 할 역할과 기능에 충실하였다.

전통적 마츠리가 지니고 있는 일반적 특성은 네 가지로 요약할 수 있는데 그 첫째가 신성(神聖), 둘째가 일상적인 것으로부터의 탈출, 셋째가 주기성(周期性), 넷째가 집단참여(集團參與)이다. 물론 이러한 특성은 마츠리의 전통 속에서 축적되고 생성되어 온 것으로 볼 수 있다. 그러나 이러한 특성을 잘 지키느냐 못 지키느냐는 역시 마츠리를 수행하는 지역민들의 몫이다.

2. 하카다 야마카사에서 배울 점

전통적 마츠리인 하카다 야마카사로부터 우리의 지역축제의 나아갈 방향에 대해 많은 시사점을 얻을 수 있다고 생각한다.

첫째, 전통적 요소를 기초로 지역사회의 정체성을 확인하는 축제가 되도록 노력해야 할 것이다.

---

2) 타니구치 마사카즈, 김희진 옮김, 『노는 힘을 기른다』, 지식공작소, 2003, pp82~83.

지역축제에서 채택되고 있는 소재는 다양하지만 대체로 그 지역에서 전승되어온 전통적인 요소를 기초로 하고 있다. 이는 그 지역민들의 삶과 의식 속에서 살아 숨 쉬며 긴 역사 속에서 축적된 것들이다.

이러한 전통적 자원을 남에게 보여주기 위한 축제보다는 지역주민 스스로가 참여하여 즐기고 체험할 수 있는 축제가 되도록 구상하고 설계하는 것이 바람직하다. 지역민들에게조차 관심의 대상이 될 수 없는 축제, 정체성이 없는 축제는 결코 외부인들의 관심대상이 될 수 없기 때문이다.

이러한 입장에서 볼 때 일본의 마츠리가 지니고 있는 정체성의 확인 기능은 우리 축제에 많은 시사점을 던져주고 있다. 대개의 경우 마츠리는 그 주체집단이 가장 중심이 되는 행사를 하게 되는데, 이때 제일 중요시되는 것은 일치단결된 정신과 힘이다. 가령 가마나 수레로 거리를 누비게 될 때 그 팀의 리더십에 따른 팀워크가 유감없이 발휘되고 확인된다. 이와 함께 부수 집단이 행하는 각종 예능이나 경기에도 이들 팀 구성원들의 결속과 의사통일은 집단의 정체성을 확립하는 매체로 작용하고 있다.

둘째, 일상으로부터 벗어날 수 있는 축제, 사람들을 열광시킬 수 있는 속성을 지닌 축제를 만들어야 한다. 일본의 마츠리나 서구의 카니발에서 사람들을 열광시키는 가장 큰 원동력은 비일상적인 것이다.

사람들을 열광시킬 수 있는 축제가 되려면 평소에 '안하는 것', '해서는 안 되는 것', '할 수 없었던 것'을 찾아볼 필요가 있다. 사람들은 금지시킨 것을 하고 싶어 한다. 축제는 내게 금지된 것 바로 그것이기 때문이다.

일상으로부터 해방되었을 때 생기는 희열감에 모두가 열광적으로 도취되는 유명 카니발이나 마츠리를 조금만 주의 깊게 살펴본다면, 다소 과장된 듯한 위의 주장에 깊이 공감하는 사람들이 많을 것이다. 확실히 우리 지역축제에서는 비일상성을 즐길 수 있는 속성이 부족하다. 따라서 지역민들의 관심에서도 멀어지고 있는 축제가 대부분이다.

물론 우리의 지역축제에서도 비일상성의 속성을 잘 살려 나갈 수 있는 여지가 보이는 지역축제가 없는 것은 아니다. 바닷가 갯벌 속에 온몸을 던져 새로운 경험을 즐길 수 있는 충남 보령의 대천해수욕장에서 벌어지는 머드 축제라든지, 도시에서 볼 수 없는 야생의 반딧불이 찾아 떠나는 무주의 반딧불 축제, 탈이 지닌 익명성을 빌려 탈을 쓰고 일탈(逸脫)을 즐길 수 있는 안동 국제탈춤 페스티벌 등을 그 예로 들 수 있을 것이다. 비일상성의 속성을 통해 참가자들을 열광시킬 수 있는 한편, 그 축제만의 정체성을 맛볼 수 있는 축제, 그러한 축제만이 지역축제로 성공할 수 있을 것이다.

셋째, 다수의 지역민들이 주체적이고 직접적으로 참여하는 중심연행과 이를 수행할 수 있는 각급 단위의 지역민 조직의 활성화와 기량의 연마가 필요하다.

하카다 야마카사의 경우 7개 팀이 각각 약 1톤 무게의 가마를 26명이 매고 5km 거리를 빨리 달리는 초대형 경연이 중심연행이다. 야마카사를 매고 달리는 이들은 물론, 이를 뒤쫓고 물을 끼얹고 목이 터져라 응원하면서 마츠리에 깊이 몰입하는 그 모습을 보기 위해 국내외에서 수많은 관광객들이 몰려드는 것이다.

그러나 우리나라 대부분의 지역축제 현장에서 느끼는 가장 큰 문제점은 지역민의 무관심과 주변적 연행의 산만한 나열이라고 할 수 있다. 다수의 지역민들을 끌어안을 수 있는 중심적 연행이 없기 때문이다. 지역민들의 주체적이고 직접적인 참여가 보장되지 않는 축제는 필연적으로 관중을 소외시킬 수밖에 없고, 축제 본연의 폭발적 해방감을 확보할 수 없다. 따라서 지역민들의 주체적으로 참여하여 집단적으로 신명을 풀어낼 수 있는 중심적 연행이 개발되어야 한다. 이런 맥락에서 일정 단위의 지역민들이 집단적으로 참여하여 겨루는 초대형의 경연이 이루어지고 이를 통해 지역성과 축제성을 확보하는 축제가 되어야 한다.

축제 자체의 경쟁력은 다른 무엇보다도 중심적 연행을 원천으로 한다. 세계적으로 보았을 때 가장 성공적인 축제라도 할 수 있는 브라질의 리우카니발, 일본 삿포로의 요사코이 마츠리 등은 모두 '삼바'와 '요사코이'라는 중심적 연행을 다수의 지역민들이 주체적이고 직접적으로 참여하는 초대형의 경연방식으로 활성화함으로써 국제적인 축제로 성장한 것이다. 리우카니발 2001의 경우 삼바 경연에만 10여만 명이 참가하였고 스트리트 카니발과 카니발 보울, 오프 카니발까지 합치면 무려 100만 명 정도의 지역민이 주체적으로 축제에 참여하고 있다. 한편 삿포로에서 열린 요사코이 마츠리 2001의 경우, 375개 팀 38,000명이 경연에 참가하였으며 5일 동안 총 182만 5,000명이 참가하였다.

이들 축제가 제시하는 프로그램의 내용은 매우 단순하다. 리우 카니발은 삼바댄스, 요사코이 마츠리는 요사코이 춤이 전부이다. 잡다한 주변적 연행의 나열도 없고 외국 팀의 공연도 없다. 지역민들이 적게는 백여 명에서 많게는 수천 명에 이르는 인원으로 한 팀을 꾸려 열광적으로 경연을 벌이거나 자축하는 것이 전부이다. 관광객들은 지역민들이 열광적으로 축제에 몰입하는 것을 보고 즐기기 위해 축제장을 찾아온다.

현재 우리나라 대부분의 지역축제들 중에서 지역민 다수가 수십 개의 단위집단을 이루어 직접 참여하는 초대형의 경연을 중심적 연행으로 설정한 사례는 찾아보기 어렵다. 그렇기 때문에 대부분의 지역축제는 필연적으로 지역민들을 구경꾼으로 전락시켰고, 도대체 축제가 지역민의 삶에 기여하는 것이 무엇인가 하는 냉소적인 물음에 할 말을 찾지 못하곤 하였다.

이상과 같은 입장에서 보았을 때 하카다 기온 야마카사는 우리에게 많은 점을 시사해주고 있다. 비록 전통적인 마츠리라 하더라도 지역민들이 주체적으로 벌이는 대형 경연을 중심연행으로 삼은 이 마츠리는 지역민들에게 지금 여기에 살아가는 맛을 체험하게 함으로써 축제의 본래적 기능을 수행할 뿐 아니라 수많은 내외 관광객들을 끌어 모음으로써 지역 경제적 기능도 충분히 수행하고 있다.[3]

---

3) 김춘식 · 남치호 지음, 『세계 축제경영』, 2005, pp141~230 참고

참 고 문 헌

『디자인 용어사전』, 미진사, 1983

TAMA, 『멀티미디어 광고전략과 실제』, 커뮤니케이션북스, 1998.

_____, 『캐릭터 마케팅의 이론과 전략』, 케이에이디디, 1999.

국토연구원, 『세계의 도시』, 도서출판 한울, 2002.

김문영수, 『전시학개론』, 한국국제전시회, 2003

김성혁 외, 『MICE산업론』, 백산출판사, 2010

김영순 외 지음, 『축제와 문화콘텐츠』, 다할미디어, 2006

김용관, 『기업과 전시회마케팅』, 백산출판사

김원수, 『광고학개론』, 경문사, 1993

_____, 『광고학개론』, 경문사, 1993

김재민, 『신관광경영론』, 일신사, 1996.

김종의 외, 『마케팅이론의 응용 및 특수마케팅』, 형설출판사, 2004

김준기 외, 『테마의 시대』, 세진사, 1996.

김창수, 『테마파크의 이해』, 대왕사, 2007

김천중 외, 『관광상품론』, 학문사, 1999.

김춘식 · 남치호, 『세계 축제경영』, 2005.

김희진 외, 『이벤트전략과 기획실무』, 월간이벤트, 2006.

_____, 『IMC시대의 이벤트기획론』, 커뮤니케이션북스, 2001

_____, 『MICE, 고부가 전시 이벤트』, 커뮤니케이션북스, 2011

_____, 『세일즈 프로모션』, 커뮤니케이션북스, 2004.

_____,『일본테마파크의 사례와 전략』, 커뮤니케이션북스, 2007.

_____,『테마파크의 이해-커뮤니케이션이해총서』, 커뮤니케이션북스, 2014

_____, 이벤트-커뮤니케이션이해총서』, 커뮤니케이션북스, 2013

김희진 · 안태기,『문화예술축제론』, 한울출판사, 2010

류정아,『축제인류학』, 살림, 2003

문원호,『국제문화 예술제와 도시발전』, 도시문제, 1996

문화체육부,『한국의 지역축제』, 1996.

박명호 외,『마케팅』, 경문사, 2000.

박신의 외,『문화예술 경영 이론과 실제』, 생각의 나무, 2002

서범석,『광고기획론』, 나남, 2004.

서승진 외,『컨벤션산업론』, 영진닷컴, 2006

송낙웅,『캐리코트 뱅크』, 창지사, 1997

송래헌 외,『컨벤션경영과 기획』, 대왕사, 2003

송성수,『박람회가 1등 기업을 만든다』, 박영사, 2007

안경모 · 이민재,『이벤트기획전략』, 백산출판사, 2005

안광호,『국제회의 운용실무론』, 기문사, 2006

엄서호 · 서천범,『레저산업론』, 학현사, 1999.

이각규,『이벤트 성공의 노하우』, 월간이벤트, 2001

이경모,『이벤트학원론』, 백산출판사. 2005

이봉석 외,『관광사업론』, 대왕사, 1998.

이상일,『놀이문화와 축제』, 성균관대학교출판부, 1996

이영식,『이벤트 PD』, 청문각, 1997.

이정록,『지방+화시대의 지역문제와 지역정책』, 푸른길, 2000

임의택,『이벤트론』, 대왕사, 2004

장영렬 외,『이벤트 운영 실무』, 커뮤니케이션북스, 2002

_____,『세일즈이벤트 전략실무』, 월간이벤트, 2003

전성환,『실전이벤트 기획론』, 예영커뮤니케이션, 1997

정강환,『이벤트 관광전략』, 일신사, 1996.

주현식 외,『컨벤션기획과 실무』, 대명, 2002

최재완,『이벤트의 이론과 실제』, 커뮤니케이션북스, 2001

코래드 광고전략연구소,『광고대사전』, 나남, 1999.

한국 문화 경제 학회, 『문화 경제학 만나기』, 김영사, 2002

한국관광공사, 『국민관광연구의 이론과 실제』, 1986.

한국도시연구소, 『도시공동체론』, 한울, 2003.

한상진, 『도시와 공동체』, 한울, 1999.

현대경영연구소, 『회사 이벤트기획 백과』, 승산서관, 2000

홍성용, 『스페이스 마케팅』, 삼성경제연구소, 2008

황희곤 외, 『컨벤션마케팅과 경영』, 백산출판사, 2002

Michael E. Porter, 조동성 역, 『경쟁우의』, 교보문고, 1992.

Philip Kotler, 유동근 역, 『최신마케팅론』. 석정, 1987

Phillip Kotler, Principles of Marketing ; 윤훈현 역, 『현대 마케팅』, 석정, 1996.

Ruth P. Stevens, 윤선영 · 김정아 역, 『산업 전시 박람회와 이벤트 마케팅』, 한경사, 2008

기타모토 마시타케 외, 『이벤트의 천재들』, 커뮤니케이션북스, 2006.

다카하시 마코토 지음, 김영신 역, 『기획력을 기른다』, 지식공작소, 2002

도비오카 겐, 최유진 역, 『이벤트의 마술』, 김영사, 1998

레오나드 호일, 『이벤트마케팅』, 경문사, 2005

미야시타 마코토 · 정택상 역, 『캐릭터비즈니스 감성체험을 팔아라』, 넥서스BOOKS, 2002

森 崇(모리 타카시) · 寺澤 勉(테라자와 츠토무) 공저, 『디스플레이 소사전』, 다비트 사, 1996

스즈키 데츠오, 차기철 역, 『잘 팔리는 점포 만들기』, 21세기북스, 1996

스즈키 시토시, 한상국 외 역, 『MICE시대 사람과 정보의 흐름을 디자인하는 전시성공노트』, 유니원
          미디어, 2010

시노자키 료이치, 장상인 역, 『홍보,머리로 뛰어라』, 월간조선사, 2004

일본전시학회, 안용식 역, 『전시학사전』, 책보출판사, 2009

타니구치 마사카즈, 김희진 역, 『노는 힘을 기른다』, 지식공작소, 2003.

파코 언더힐, 신현승 역, 『쇼핑의 과학』, 세종서적, 2002.

필립 코틀러, 윤중현 역, 『마케팅관리론』, 범한서적, 1988.

히라노아키오미, 정무형 역, 『이벤트플래닝 핸드북』, 한울아카데미, 2002

SERI 경제포커스, 관광투자 확대를 위한 과제, 2009년 9월

강양석, 「대전박람회장의 도시기반시설 계획에 관하여」, 건축도시연구정보센터, 1990년 11월

국가균형발전위원회 · 국토연구원 · 한국지방행정연구원, 『살기좋은 지역만들기 유형별 해외사례』, 2006.

김시중, MICE 기획가의 전시컨벤션 개최지역 선택속성 중요도 및 만족도 분석, 한국지역지리학회지, 제11권 제5호 2005년.

김은영, "테마파크 이용객 라이프스타일에 따른 선택속성 요인에 관한 연구", 세종대경영대학원 석사논문, 2000.

김은주, "세계박람회 한국관 전시환경디자인에 관한 연구", 이화여자대학교대학원 석사학위논문, 1990.

김은하, 매력적인 컨벤션 개최장소의 활성화방안에 대한 탐색적 연구, 『컨벤션연구』(한국컨벤션학회), 2002년 추계정기대회.

김정옥, "주제공원 이용객의 만족 형성에 관한 연구", 한남대학교, 2000

김창수, 전시박람회 이벤트관광자의 특성 분석, 『관광경영학연구』(관광경영학회), 제6권 제3호 (통권 제16호) 2002년 10월.

김창수, 전시박람회 이벤트관광자의 특성 분석, 『문화관광연구』 6권 3호(통권 제16호), 관광경영학회, 2002년 10월, p.91.

김태연, 메세나 운동, 그 진정한 의미를 찾아서, 『피아노 음악』, 1996

김현주, "캐릭터와 캐릭터 산업에 관한 연구", 광주대학교 석사학위 논문, 1997

대전시 국제무역산업지원단, 대전 EXPO '93 준비추진계회부록: 세계 박람회개요, 1990.

대전엑스포 과학 공원 이용객의 관광 행태에 관한 실증연구, 대전전문대학. 1995

대전엑스포 '93과 한국의 미래, 대전세계박람회조직위원회, 1994

류선우, "유통업계 할인점의 SP전략에 관한 사례연구", 광주대학교대학원 석사학위논문, 2006.

문시영 문화관광축제 정책방향, 「제2회 한국이벤트컨벤션학회 세미나」, 2005.12월

문화관광부, 『2006~9 문화관광축제 종합평가보고서』, 2006~9.

박숭준, "세일즈 프로모션 효과와 심리학 이론에 관한 고찰", 상암기획 연구논문집, 2000년 하반기 호

박창수, "대전세계박람회가 대전지역 관광에 미치는 영향에 관한 연구", 경기대학교 대학원 석사학위논문, 1992

백영호, "선진국의 테마파크 형황 분석 및 개발전략에 관한 연구", 부산대학교, 1998

서울시정개발연구원, 『문화도시 서울을 위한 문화공간 기획에 관한 연구』, 2002.2.

안경모 외, 한국 MICE산업 육성 과제 도출을 위한 실증적 연구, 『컨벤션연구』(한국컨벤션학회), 제8권 제2호(통권 제19호), 2008년 8월.

안석근, "산업사회 도시축제의 기능에 관한 연구", 중앙대학교대학원 석사학위논문, 1990.

_____, 광고연구원 이벤트 프로듀서과정 교안(과목 전시회).

여수세계박람회 조직위원회 전략기획단, 2012 여수엑스포 추진과제와 기본계획(안), 2008년10월.

유승우 외, 지역축제가 농촌지역 활성화에 미치는 영향,『한국 농촌경제 연구원』, 2004

유현옥,『춘천마임축제 리포트 : 도깨비 되어볼까』, 다움, 2003

윤기훈, SP미디어 광고의 현황과 전망,「제일기획사보」, 6월호, 1996.

윤길준, 문화, 예술 지원 기업 메세나 운동에 관한 고찰,『문화연구』제8집

윤선영, 전시 박람회이벤트에 관한 연구 - Travel Fair를 중심으로 -,『관광경영학연구』(관광경영학회), 제6권 제3호 (통권 제16호) 2002년 10월

이경모, 이벤트학 개념에 관한 연구,『관광경영학연구』(관광경영학회), 제16호 2000년.

이미혜, 전시이벤트의 운영전략에 관한 연구,『문화관광연구』제4권 제4호 (통권14호)

이삼호 외, 기업이미지 제고를 위한 문화마케팅 활성화 방안에 관한 연구,『디지털디자인학연구』제11권

이왕건,「지역공동체 조성과 민관협력」, 국토, 통권288호, 2005.10

이은수, MICE 참가동기와 연계관광프로그램의 선호도 분석,『관광연구』(대한관광경영학회), 제20권 제1호 2005년 6월

이재곤, 전시이벤트 운영계획에 관한 연구,『관광경영학연구』(관광경영학회), 제11호, 2001

이주한, "테마파크 이용객의 만족도에 관한 연구", 경기대학교대학원, 석사학위논문, 2000.

이지행, "모터쇼 관람객의 이용과 충족에 관한 연구 : 2008 부산국제모터쇼 관람객을 중심으로", 고려대 언론대학원 석사학위 논문, 2009

이현식,「한국의 지역축제 지원정책 현황」,『축제정책과 지역현황』, 연세대학교 출판부, 2006

임다혜, "기업의 문화마케팅이 브랜드이미지에 미치는 영향-일본 파나소닉과 LG사이언스홀의 사례 연구", 일본 센슈(專修)대학교대학원 석사학위논문, 2009.

임영수, "테마파크 산업의 서비스마케팅 믹스전략에 관한 고찰", 관광경영학 연구 제7권 제1호, 관광경영학회, 2003.

임하영, "전남 지역이벤트의 문제점과 개선방안에 관한 연구", 광주대학교대학원 석사학위논문, 2005.

장대련, 마케팅ㆍ광고ㆍ판촉의 통합평가 방법,『월간 마케팅』, 8월호, 1996.

전성희, 춘천마임축제의 현황과 발전방향,『한국연극연구』, 제7권.

전영옥, 어메니티가 도시경쟁력이다, 삼성경제연구소, 2003.12.

정우람, "기업의 전략적 사회공헌활동에 관한 연구", 일본 메이지(明治)대학교대학원 석사학위논문, 2009.

정재선, 우리나라 테마파크의 개황 및 발전방향,『관광정보』, 1995.

주민경, "사이코그래픽스와 테마파크 선택행동의 관계", 광주대학교대학원 석사학위논문, 2004.

주영민, MICE 산업의 기회와 도전, SERI 경제 포커스 제281호, 2010년 2월

차미정, "2010 여수세계박람회 성공적인 유치에 관한 연구", 여수대학교대학원 석사학위논문, 2001.

채원호 외, 한국의 기업메세나 활성화 방안 연구, 『지방정부연구』 제9권 제1호

한국관광공사(2005), "국제회의산업의 경제적 파급효과분석에 관한 연구."

한국관광공사, 국제회의산업의 경제적 파급효과 분석에 관한 연구, 2005

『ブレーン』, 1996년 12月.

『プロモーション企劃技法ハンドブツク』, 日本能率協會總合硏究所 1993年 6월.

『レジャー産業』, 1997년 12月

『日經イベント(月刊)』, 95 '~'99.

『電通廣告年監, 電通, '95~'99.

P. Cotler, 『マーケティング 原理, ダイヤモンド社, 1996.

フリー百科事典『ウィキペディア(Wikipedia)』

ブレーン編輯部, 『企業文化創造の時代』, 誠文堂新光社, 1991.

高橋油郎, 『企劃イベント發想小事典』, ぎょうせい, 1995.

高橋由行, 『企劃大事典』, KKベストセラーズ, 1998.

廣告用語事典プロジェクトチーム編, 『廣告用語事典』, 電通, 1990.

廣告用語事典プロジニクトチム, 『廣告用語事典』, 電通, 1999.

國谷宇太, 『大規模イベント企劃 實務資料集』, 綜合 ユニュム, 1994.

根本昭二郎, 『廣告コミュニケーション』, 日經廣告硏究所, 1993.

及川良治, 『マーケッティング 通論』, 中央大學出版部, 1995.

大木眞熙, 『クーポン廣告からのメツセージ』, 日經廣告硏究所報 144.

渡隆之外, 『セールスプロモーションの實際』, 日本經濟新聞社, 2000.

鈴木邦雄, 『陳列と販促の敎科書』, 商業界, 2000.

梅澤正一, 『企業文化の革新と 構造, 有斐閣, 1992.

柏木重秋編, 『現代消費者行動論』, 白桃書房, 1994.

福田知行, 『大成功するイベント・展示のメリ方』, 中經出版, 1994.

西川明宏, 『クーポン廣告に對する廣告主の反應』, 日經廣告硏究所報.

石井敏編, 『異文化 Communication, 有斐閣, 1992.

宣傳會議編,『新時代のイベント戰略』, 宣傳會議, 1989

星野克美編,『文化・記のマーケティング』, 國元書房, 1993.

小林太三郎,『大木眞熙, クーポン廣告』, 電通出版社, 1997.

小坂善治郎,『イベント戰略の實際』, 日本經濟新聞社, 1998.

守口 剛,「プロモーションの 質的 果」, marketingscience, No. 34, 1989.

安藤貞之,『タイレクトメール』, ダウィット社, 1996.

野村總合研究所,『企業の意と風土』, 野村總合研究所, 1993.

原澤明,『イベント戰略入門』, 産能大學出版部, 1998

油井陵,『展示學』, 電通選書, 1995.

日經廣告研究所編,『廣告用語辭典』, 日本經濟新聞社, 1989.

日本イベントプロデュース協會,『イベント戰略データファイル』, 日本通商産業省, 1999.

平野繁臣,『イベント富國論』, 東急エージェンシ, 1995.

日本開發銀行調査部,『豫測 日本の産業地圖』, ダイャンド社, 1998.

田島義博,『クーポン・プロモーション』, ビジネス社, 1989.

田村 明,『 プロモーション 戰略に ついて,』, 大坂産業大學論集社會科學論, 63호, 1989.

電通スペースメディア研究會・電通集客装置研究所,『新集客力』, PHP研究所, 1996.

重田豊彦,『進撃する SP』, 電通 ,1993.

清水公一,『廣告理論と戰略, 創成社, 1993.

村田昭治,『マーケティング 用語事典』, 日本經濟新聞社, 2000.

坂井田稻之,『SP プラナー入門』, 宣傳會議, 1995.

坂井田一之,『プロモーション企劃技法ハンドブック, 日本能率協會, 1996.

八卷俊雄,『廣告小辭典, ダイヤモンド社, 1998.

Astroff M. T. and J. R. Abbey, 1998. Convention Sales and Services(5th ed.), Waterbury Press, N. Y.

Astroff, M. T. & Abby, J. R.(1998). Convention management & service, AH & MA.

Black, Sam. How to Plan Exhibitions and Conferences from A to Z. Universal Books Stall, 1989.

Blattberg & Neslin, ≪Sales Promotion Concepts, Methods and Strategies≫ Prentice Hall, Englewood Cliffs, NJ, 1990

Carl, Ioviand, Irving L. Janis, & Harold H. Kelly,≪Communication and Persuation≫, 1983.

DailyTravel & Tourism Newsletter, (2006-10-26). MICE Industry Trends & Markets.

Dodson, Joe A, Alice M Tybout, and BrianSternthal,≪"Impact of Deals and DealRetraction and Brand Switching", Journal of Marketing Research,≫ Vol. 15, NO 1,1978.

Duncan Light, Characteristicsof the Audience for 'Events' ata Heritage Site, Tourism Management, Vol.17, No.3, 1996.

Frederic E. Webster, Jr., ≪Marketing Communication≫, RonardPress Company, 1981.

Getz, D. (1997), Event Management and Event Tourism, New York: Cognizant Communication Corporation.

Gove, Philip Babcock(1986), Webster's New International Directory, Morrian-Webster inc.

Johnson, L. (1999). MICE - Sizeand Economic impact of the meeting sector, BTR Tourism Research. 1.

Lawless, J.F. : Statistical Models and Methods for Lifetime Data, Wiley, New York. 1982

Lawrence, M. & McCabe, V.(2001). Measuringconferences in regional areas: a practical evaluation in conference management, International Journal of Contemporary Hospitality Management, 13(4): 204~207.

Lester R. Brown etal., ≪State of the World 1988≫, W.W.Norton & Company, 1988.

McCabe, V. & Poole, B., Weeks, P. & Leiper, N.(2000). Thebusiness and management of conventions. John Wiley & sona Australia Ltd. Brisbane.

McCabe, V., et al,(2002), The Business and Management ofConventions, John Wileyu & Sons.

Mcdonnell, Ian · Johnny Allen · William O' Toole, Festival and special event management, 1999.

Meeting ProfessionalsInternational(2007), Meetings Activity in 2006.

Mervyn Jones, T. S., "Theme Parks in Japan" Program in Tourism, Recreation and Hospitality Management, John Wiley&Sons, 1994

Metha, S. C., Loh, J. C. M. & Mehta, S. S.(1991). Incentive-travel marketing: The Singapore approach. Cornell Hotel & Restaurant Quarterly, October:

Nielsen Clearing House (1990).≪Coupon distribution and redemption patterns≫. Chicago, NielsenClearing House

Peter D. Bennett, ≪Dictionary of Marketing Terms≫, The American Marketing Association, 1988.

Peter D. Bennett, Dictionary of Marketing Terms, The American Marketing Association, 1988.

Promotional Marketing, ≪William A. Robinson, Christine Hauri≫, NTC Business Book.

Ritchie, J.R. Brent, 1984. 'Assessing the impact of hallmark events', Journal of Travel Research, vol. 23, no. 1

Schreiber, A. L. & Barry Lenson, ≪Life Style & Event Marketing≫, Mcgrew Hill, 1995.

Shimp , T. A and Kavas, "Attitude Toward the Ad as a Mediator of Consumer Brand Choice", Journal of Advertising, No. 10, 1981.

Simpson, J. A. and E. S. C. Weiner(1998), The Oxford.

Wilkie, William L.≪Consumer Behavior≫, John Wiley & Sons, 1986.

William A. Robinson, Christine Hauri, ≪Promotional Marketing, NTC Business Book, 1995.

『日經イベント』, 1993년 7월호

월간이벤트 2006년 3월 ~ 2007년 4월호

위클리 경향 2005년 8월 3일

일본 판촉회의 2000년 4월호

LG 사이언스 홀 홈페이지 (http://www.lgscience.co.kr)

LG사이언스 홀 안내 카탈로그

www.archdaily.com/

www.c3d.co.kr/

www.elfaro2008.org/

www.expo2005.or.jp/

www.expo2005.or.jp/kr/index.html

www.expo2010china.com/

www.expo2012.or.kr/

www.expo-park-hannover.de/

www.expozaragoza2008.es/

www.flickr.com/

www.fmangado.com/

www.fukuoka-wh.com

www.grandhyattfukuoka.com

www.luszcz.de/expo2000/

www.unescap.org/

www.zaragozaexpo2008.es/

대덕밸리포털정보시스템 홈페이지 (http://www.ddv.co.kr/main/index.html)

만국박람회기념공원 홈페이지 (http://www.expo70.or.jp)

부산 모터쇼 홈페이지 (www.bimos.co.kr)

삼성 어린이박물관 안내 카탈로그

삼성 어린이박물관 홈페이지 (kids.samsungfoundation.org)

삼성 홈페이지 (www.samsung.co.kr)

삼성전자 홍보관 홈페이지 (www.samsung.com/sec/aboutsamsung/movie/delight.html)

서울 모터쇼 홈페이지 (www.motorshow.or.kr)

소니플라자 홈페이지 (www.sonyplaza.co.jp)

시구레덴 홈페이지 (http://www.shigureden.com)

엑스포과학공원 홈페이지 (http://www.expopark.co.kr)

캐널시티 홈페이지 (www.canalcity.co.jp)

테마파크를 만드는 사람들 홈페이지 (http://cafe.daum.net/imagineer)

한국전시학회(KIE) 홈페이지 (http://blog.empas.com/rogadis1)

화훼주제공원 큐켄호프 홈페이지 (http://flower-wolf.com/keukenhof.htm)

저자 소개

김 희 진

[경 력]

· 광주대 광고이벤트학과 교수
· 광주대 문화이벤트연구소장
· 한국 이벤트컨벤션 학회 부회장
· 전남발전정책 축제자문위원회 자문위원
· 동방기획 전략연구소 자문교수
· 일본 쥬오(中央)대학 상학박사
· 중앙대학교 광고홍보학과 졸업

안 태 기

[경 력]

· 광주대 호텔경영학과 교수
· 동국대학교 대학원 호텔관광경영학과 박사
· KEMA(한국이벤트마케팅협회) 회장
· 전라남도 축제현장평가위원(전)
· (주)맥스파워 대표
· 전국체전, 유네스코국제공연예술제,
  광주충장축제, WFB한국대회,
· 완도해조류박람회 개 · 폐막식 총감독,
  순천만 갈대축제 총감독 등
· 축제 및 관광, 이벤트 연출 및 컨설팅 자문

축제 · 이벤트의 전략과 기획실무

초판 1쇄 발행 2014년 8월 30일
초판 2쇄 발행 2017년 3월 10일

저　　자 김희진 · 안태기
펴 낸 이 임순재
펴 낸 곳 **한올출판사(주)**
등　　록 제11-403호
주　　소 서울시 마포구 모래내로 83(성산동, 한올빌딩 3층)
전　　화 (02)376-4298(대표)
팩　　스 (02)302-8073
홈페이지 www.hanol.co.kr
e - 메 일 hanol@hanol.co.kr

값 19,000원 ISBN 979-11-5685-029-8